林村的故事

一個村書記眼中的新中國變遷

一版序 5
二版序 11
三版序 16
誌謝 22
本書主要人物介紹 25
前言 27
第一章　林村印象——41
一九八四年十一月初，我首次到達林村，認識了葉書記，他的公共形象，是個暴君般強悍有威嚴而又傲慢的人，但在私底下，卻有溫和感性的一面。
第二章　家族歷史——61
葉書記和我走得很慢，他不時陷入沉思。突然他對我說道：「這不公平，我父親過了一輩子苦日子，從早到晚做得跟牛一樣……」他一股腦把所有的情緒發洩出來，此時正竭力平復呼吸。
第三章　解放——83
葉書記娓娓述說剛解放的景況：「變化最大的就是一些大地主，簡直就是從天上掉到地下。」
第四章　饑餓歲月——105
「那時候，我雖只是個初中二年級的學生，卻對共產主義的講法深信不疑。我相信，如果大家都全心全意地照毛主席的

話去做，就可以超越世界上其他國家。」葉書記所講的有關大躍進的一席話，令我印象深刻。

125 第五章 參加政治運動——「你怎麼會捲入政治運動之中？」我好奇地問。葉書記說：「我是在一九六三年從江頭高中畢業。像我這樣的鄉下孩子，當時只有兩條路可以走，第一條是考大學，第二條路是去當兵。既然這兩條路都走不通，我只好再回到林村來。」

149 第六章 返鄉——「不，」他不耐煩地說：「我並不是說農村和農民並無受到傷害。我本身就是文化大革命的受害者。相形之下，對於城市人而言，那真是一場夢魘，但是在鄉下情形略為好一點。」

177 第七章 治保主任——葉書記才是村裡的統治者，他的作為像個勤政的首長。我們說他是個父母官，他負責訂定全村共同遵守的法規，排解糾紛，伸張正義。

209 第八章 欣欣向榮——表面上看來，村裡的人在生財能力、自我抬高身分方面不斷激烈競爭，但他們似乎也深受傳統的影響，互相幫忙合作。

239 第九章 解體——我慢慢瞭解葉書記不願參加寺廟活動的原因，黨的信條要他敵視一切迷信或足宗教事務。而且他的父親生前曾積極參與宗教活動，更令他心中深感歉疚。

273 第十章 農村幹部——葉書記聳聳肩，無奈地笑道：「農民根本不知感恩，他們老是希望你什麼事情都幫他們安排得好好的，但卻沒想過自己能夠為大眾的利益貢獻什麼。」

309 第十一章 一九九〇年代的變化——後來，我問葉文德我的結論對不對，他打趣地回答：「你的觀察永遠是一部分對。村民們覺得這些外來打工的不大好分。他們既不完全是外來的陌生人，也不是我們處處打交道的村民。從這上說，林其發不把這兩個嫌疑人抓起來是對的。你不會把一個村民抓起來，就因為另一個村民告他偷東西。」

325 第十二章 林村何去何從？——卡拉OK音響開始放葉書記點的一首革命歌曲。他跳起來，一把抓住面前的話筒，用他的高嗓門唱了起來。

345 第十三章 進入二十一世紀的林村——二〇一五年我重返林村時，印象最深刻的不只是巨大的林村廣場、村民的豪宅、排成一列的大潤發接駁車，還有看見三十多年前那些堅毅勤勞的村民，變成在富裕生活面前不知所措的有閒階級中人。

381 參考書目

383 附錄

彩頁說明：二〇一五年的林村

一版序

葛伯納（Bernard Gallin）[1]

我之所以會參與本書並為之作序，除了學術上的因素之外，還有個人的淵源。一九六九年，我在臺灣與黃教授初識。當時我正在進行關於中國文化及社會的人類學研究，黃教授此時剛畢業於國立臺灣大學人類學系，在中央研究院擔任研究助理。我很高興他願意與我共事，做我的研究助理。那次的田野調查圓滿成功，黃教授功不可沒。從那時候開始，多年來我們一直聯繫不輟，起初像師生一般，黃教授在一九七〇年到密西根州立大學攻讀博士學位之後，我們便在中國研究的領域上互相切磋。

一九八四年十一月間，我到福建去拜訪剛開始在當地做研究的黃教授，雖然我只做短暫停留，卻對中國農村生活有更深切而重要的認識。黃教授向我介紹村子和村民的狀況，並指出近來的經濟改革對鄉村的影響，以及它與臺灣的社經發展、變化之間的關聯。

長期以來，大多數的研究學者，甚至中華人民共和國政府都認為，臺灣經驗與中國大陸無關。兩地的政治和經濟系統相差懸殊，根本無從比較。但到了一九七〇年代後期，中國開始宣導經濟改革，並且「開放」之後，才有人認識到，中國經濟重組所引起的改變，尤其是農村的改變，與臺灣的發展過程相當類似。故一般認為，這樣的比較，使得雙方的範例都可作為詮釋中國改變的起步，同時也是瞭解中國社會不可或缺的關鍵。

黃教授的研究正可作為這類比較的基礎。在他早期針對臺灣所做的深度研究中，記錄了政府政策導致「農業衰退」（degradation of agriculture）並侵蝕社區共同體聚合的礎石。[2] 他目前的研究，則凸顯了類似的文化背景下，不同的國家政策的運作情形。他針對福建的農村所做的研究，敦促我們注意下列幾項因素之間的關聯：政府政策、農村的變化和長久存在中國研究中的幾個課題——例如，政府介入農村生活，深入農村的基層組織並加以控制的本質；地方領導的結構，以及它如何在政府和農民之間扮演緩衝的角色；農村生活中，家庭、血親和非血親的社會關係所扮演的角色和定位。

黃教授對農民的分析，特別有助於我們對此社會階層做適當的定義，並瞭解中國政策中的「迂迴曲折」（twists and turns）。長期以來，農民到底是非資本主義的實質生產者，還是企業資本家（capitalist entrepreneur），一直是頗受爭議的話題。由於這個問題與國家現代化進展緊密相連，所以中國共產黨對此類農民政策持反對立場。中國共產黨深怕一旦走資本主義，而非社會主義的路線之後，會導致「資本家復辟」（Hinton 1972: 9-22），所以採取了不同的，而且看似自相矛盾的措施，來看待廣大的中國農民。[3]

中國共產黨執政多年以來，用韓丁（William Hinton）的話來說，其領導人認為農民是「充滿中產階級意識的小規模生產工具持有人」（1972: 25），滿心夢想要「擴大私人土地……擴充自由市場，將經濟計畫降到家庭層級，而且以家庭為單位來進行生產」（1972: 42）。從政府的觀點來看，「中產階級意識」無異是中國進步的障礙，因此國家必須積極糾正農民「短視」、「倒退」和「迷信」的心態。中華人民共和國建國最初二十年的歷史，最引人注意的計畫莫過於根除「（農民的）意識形態、文化、風俗和習慣……以及一切反映和保存此類陋習的機制」的計畫。

黃教授對福建農村的研究，可作為分析這種改革力量的過程和成因的重要觀點。在本書中，我們可以看到政府如何嘗試改變農民心態，並以土地和經濟的集體化來推動國家現代化。但到了一九七〇年代後期，卻改弦易轍，以強調家庭耕作的生產責任制（Responsible System）來取代過去失敗的政策。本書道出原先被視為造成中國落後根源的企業心態、「中產階級」思想和農民的價值觀等，如何搖身一變，成為解決中國農民問題的答案。

農民、經濟的進步發展，還有中國農村社會與市場和國家之間互動的特性和方式等，一直是研究中國共產黨和傳統的、革命前的中國的學者所關心的課題。不幸的是，在文化大革命結束和毛澤東去世之前，我們對現代中國所知甚少。外人難以獲准進入。而我們的資訊來源，多倚重與現實有相當差距的政府匯報，和獲准進入中國大陸的人士的報告。但是這些人士，在意識形態上多早已認同中國共產黨及看似必要的各種政策。有些較實事求是的「中國觀察家」亦獲准進入中國大陸。但由於他們的行程受限於某些特定地點，而他們主要的資料來源，又經過當局的篩選，所以大為削弱了他們觀察和記錄中國大陸現況的能力。研究人員即使獲准從事調查工作，活動區域亦受限於工作地點，而且通常不得在任何農村一次停留數週以上。

毛澤東去世後，特別是在經濟改革的時期，中國共產黨開始允許外國研究者在中國從事長期研究。所以我們對中國大陸的認識，便隨著廣泛的田野調查而增加了。西方學者通常與中國學者合作，在單一地點做田野調查，時間多延續得相當長。若要觀察中國的經濟、政治和文化改變，蒐集相關資料，進行充分的分析，像這樣的研究條件是不能缺少的。

黃樹民教授能夠展開研究，是因為中國共產黨對學界的立場有了改變，使他得以客觀地呈現一個農村多年來的演變。同時，黃教授本人的條件，對於他在中國的研究也很有助益。他在中國大陸出生，在臺灣成長並接受教育，在臺灣和美國完成人類學訓練；無論是漢語或是閩南語（或稱福建話、廈門話）都講得極為流利。這樣的條件不但有助於他的田野調查，也使他得以深入探究分析農村的發展。

在本書中，黃教授詳述了該村村中最重要的幹部的生活歷程，但行文時亦融入廣泛的記述人類學的研究心得，以及和村裡村外人士的訪談紀錄。他以記述人類學和生活歷程雙管齊下的方式，呈現並分析受訪者的個人看法，詮釋他們在經歷中國革命不同階段時，個人社會生活的改變。黃教授亦深入剖析了在中國進行田野調查和人類學田野調查所遭遇到的整體問題。他透過與受訪者之間的自由交談，道出他個人的看法，讓讀者體驗到田野工作者訪談的策略、恐懼、壓力，和在訪談過程中尋求自我肯定的心情。藉此機會，讀者得以瞭解，為何在做出最終結論時，田野調查會有決定性的影響。

黃教授已移往中國其他地區做田野工作——現在他在北方的山東從事研究——我們可以預見會有更多資料出現，讓我們瞭解中國農民在中國大陸不同地區發展和改變上所扮演不同的角色。在這個階段，我們需要更多著重於地域性差異的中國比較研究。像黃教授所做的研究，正可構建必要的基本資料，以便瞭解中國社會多面向的本質。本書針對中國單一省分的變化進行探討，不但對於這類知識的累積有極大的貢獻，而且也將成為未來比較研究的經典之一。

一九八九年序於美國密西根州立大學

1 葛伯納先生曾任美國密西根州立大學人類學系系主任（一九七二至一九八七年），長期從事臺灣農村研究工作。

2 Huang Shu-min (1981). *Agricultural Degradation: Changing Community Systems in Rural Taiwan.* Washington, D. C.: University Press of America.

3 William Hinton (1972). *Turning Point in China: An Essay on the Cultural Revolution*. New York: Monthly Review Press.

二版序

黃樹民

自一九八九年本書第一版面世，我從大學生、學界同仁、朋友和普通讀者那裡得到熱情、肯定的反響。這本書在一些大學裡被指定為必讀參考書，大多數學生認為，他們通過閱讀黨支部書記葉文德的生活史，看到一幅關於一個人、一個村莊和一個國家，成長、動盪和轉型的清晰而熟悉的圖景。把這些紛繁的事件交織在葉文德的生活中加以講述，有學生從普通大學課本中通常得不到的一種直觀性。

普通讀者的反應更加不一。有位女士的祖先一百多年前從廈門地區來美，她請我幫助尋根（我建議她和提供這種服務的廈門市政府僑辦聯繫）。一位曾在中國工作過的工程師寫信向我致謝，說我幫他解開了他在中國遇到的許多難解之謎。另一位讀者感謝我，她因葉書記那樣的基層政府官員的模範工作而對人性保持希望。東海岸的一群社會活動家問我是否願意率團赴華旅遊，這樣他們就能得到關於中國農村潛在問題的直接知識。如此等等。

與此同時，我在山東的研究，也使我能在一九八七和一九九一年間常回中國。雖然，我集中研究山東的迅猛發展，但也時常會思考林村可能發生的變化。我偶爾給葉書記寫信，大約一年一次。他很少回信，也許是因為他時間緊，也不會用英文寫信封。我真的設法在一九八五年離開林村後去看過他兩次。第一次是在一九九〇年，當時我辦事路過廈門。還有點時間，就打計程車去林村。我在葉書記家和他吃午飯，再沒有其他時間。隨後，我於一九九一年夏天路過廈門，在市裡和他待了一個小時。我的印象是，林村的情況不錯，葉書記像往常一樣，對未來表示樂觀。

儘管中國大陸在一九八〇年代末發生了一場政治風波，[1]西方多數持中立觀點的報導表明，中國經濟的持續發展可謂正在出現的另一個東亞「奇蹟」，中國大陸將很快成為推動地區經濟迅速發展的火車頭。一九八八年以後，臺灣當局放鬆了對中國大陸的貿易和投資限制，這使華南，尤其是近在咫尺、共用閩南話的福建，成為臺灣勞動密集型「夕陽工業」的出路所在。臺灣的資本、整個工廠和管理人員的流入，把中國大陸的東南沿海地區變成了吸引人的發展區。

最近的發展勢頭讓林村在何種程度上受益？村民們是否頑強地依附在自己的農田上，以農事勉強維生？或許他們抓住臺資帶來的機遇，積極轉向工業生產？村民們如何應對從臺灣海峽對岸帶來的移植文化？一九九一年我結束了在山東的研究計畫，開始考慮重返林村的可能性，來看它在如何變化。

我的重返計畫終於落實下來：美中學術交流委員會（CSCC，過去為CSCPRC，它曾支持我前次的林村研究）於一九九五年通過了我的專案資金申請，讓我在林村進行為期兩個月的研究。不過，由於美中學術交流委員會的決定是在三月做出的，除了下一年，我已經沒有足夠的時間來安排旅行。一九九六年初，我在美中學術交流委員會的協助下向中國政府申請研究許可，但兩次都被拒絕。我的直覺告訴我，是當時臺灣和中國大陸之間高度緊張的軍事對峙毀了我的行程，因為林村位於廈門島的東側，正對著國民黨政府占領的金門群島（那年夏天中國向臺灣附近海域試射了導彈）。

一九九六年八月，臺灣和中國大陸間的緊張局勢有所緩和，我又產生了重返林村的願望。在我過去的學生范可的幫助下——他為完成華盛頓大學的博士學位論文正在閩南做田野調查，在給地方有關部門寫了許多信之後，隸屬於廈門市政協的社會發展研究所終於向我發出了為期一個月的邀請。此時暑假將過，要考慮一個長假已經為時過晚。我改變計畫，把研究放在一九九六年冬季，因為我的資助金屬於一九九六年財政年度。我迅速去信通知葉書記，告訴他我想在一九九六年冬天成行，請他幫我找當月的住房。他讓我放心，說可保證萬無一失。

在那個月，我得以和許多村民重溫舊誼。確實，多數村民歡迎我，就像在海外待了十二年後回來的親戚。許多人家設宴款待我。村民們急切地讓我看他們新蓋的房子和新買的高級商品，例如卡拉OK音響、汽車、大螢幕電視等等。我在葉書記的幫助下，抄了村裡從一九九二至一九九六年的底帳。這些帳目是關於這個村子人口構成及生產力變化的清晰寫照。由於村辦企業的激增，我得以造訪五位廠主，詢問關於運營、資金和材料來源、招工和市場網絡的情況。我還陪著葉書記跑大投資，和政府當局、貿易代表以及其他商業代理打交道。關於那個月的觀察和資料，我在本書的第二版裡增加了兩章內容。第十一章從總體上描述了一九八〇年代中期以來的林村。我在這裡分析引起變化的動因，分析因而發生的物質生活條件的改善，以及村內社會分層的增加。

第十二章我把焦點放在葉書記和他在村裡遇到的問題上。他親自選定的接班人、年輕的村長侯桐一九九四年死於肝癌，徹底改變了葉。儘管葉仍然是個獨裁人物，大多數村民也怕他，但他變得愈來愈與大家疏遠和漠然。經濟繁榮也在村裡引發了新的權力之爭，基於共同的經濟利益或近親紐帶彼此爭雄。葉書記面對這些新的壓力和挑戰，愈來愈多地待在村外——躲進新建的娛樂設施中，例如餐館和卡拉OK廳。我看到葉在這些卡拉OK餐館中消磨大量的時間，唱過時的革命老歌，藉以逃避現實。他與歌廳小姐們的交往，顯示出一個時代、一個忠誠的共產黨幹部和把集體利益置於私利及私欲之上的那種思想的消逝。我們可以從林村看到，中國社會正在進入一個經濟迅速增長的新階段。但是，這種變化的機制卻與既定的西方經驗相左，這些西方經驗在經濟學、政治學和社會學的理論和模型中常常被定義為現代化過程。在中國，做買賣和風險投資的時候，建立在家庭、親屬、鄰里、語言以及同事或同學的共同經歷基礎之上的原生紐帶仍然起作用。同時，儘管國家和政府由於實行權力下放政策而弱化，失去了許多控制普通公民生活的無限權力，但一直在竭盡全力建造一個規範的政治和法律框架，以確保社會的良性運轉。我們正是在這樣一個貌似無序的繁榮發展中看到了村民們的創造性智慧，他們能夠為自己和自己的家人開拓一個較好的生活空間。我希望用這些新增篇章來捕捉林村出現的充滿躍動的變化。

序於一九九八年

1 即發生在一九八九年的六四事件（亦稱天安門事件）。

三版序

黃樹民

二〇一五年，我卸下學術行政工作，並準備從中央研究院民族學研究所退休時，便開始期待閒雲野鶴般的自在生活。在規劃盤算之際，突然想到，何不利用時間抽空到林村待上一段時間。除了拜訪往年舊友之外，還可以將我以前在林村拍攝的幻燈片，放映給他們看，一起共同回憶往事。一九八四至八五年間，我在林村住了七個月。那時，中國才改革開放未久，我仍在美國愛荷華州立大學任教，是第一批中國允許進入農村進行深入田野調查的少數外來研究者；一九九六至九七年，我再度回到林村住上五個星期。在此之前，我每次的回訪都很短。在這兩段較為長期的田野調查中，我一共拍攝了五百多張的幻燈片，記錄當時的生活面貌。如今回看，可說是為村子留下一些稀有的歷史影像。尤其，當年貧困的林村並沒有照相館，連一臺相機都沒有。

這個念頭一生出來，我就開始整理擱置在檔案櫃中許久的幻燈片。只是，要放映這些幻燈片時，才發現近年來科技發展迅速，我當初去田野時所使用的一些影音設備，大多已被淘汰。不但拍攝幻燈片的照相機已鮮少人用，放映幻燈片的放映機更是宛如絕版，難以取得。經多方探詢，終於在中央研究院民族所的博物館找到一臺還能使用的投影機，商借出來使用。博物館管理員知道我要帶著這臺古舊且沉重的放映機到中國放映幻燈片時，還特地幫我準備一個二百二十伏特的電壓轉換器和多個備用的幻燈機燈泡，以防兩地電壓不同對放映機或燈泡造成傷害。

二〇一五年二月二十二日，我抵達林村，準備住上三個星期。書中的書記主角葉文德先生請現任的村委書記林阿里先生安排我住在村內的大飯店，這是村裡合資新建的二十七層樓大飯店。飯店位於全村的中心點，很方便我提著幻燈機和幻燈片，走訪村民的家。入住旅館之後，我就開始聯繫一些老友，準備登門拜訪，並安排放映幻燈片給他們看。

說來好笑，正如民族所博物館那位管理員的預測，這臺老舊幻燈片放映機頻頻出現問題。有時是放映機或變壓器過熱，冒出煙來，只能趕快關機，免得機器損壞。有時是燈泡燒掉，只能換上新燈泡。常常是才放映幾分鐘，就得停下來，不是得讓機器冷卻，就是更換新燈泡。但即便困難重重，村民們還是看得津津有味，尤其年輕一代更是興奮。當他們看到上一代父執輩衣著簡陋，冬天打著光腳在田裡工作，或是在簡陋的工廠裡從事粗活、操作工具時，都發出驚嘆之聲。甚至，村子內外普通的田園景像，像是村邊菜園和遠處背景的山丘，都令他們驚異。滄海桑田，當前的林村不但本身高樓大廈林立，也被附近的外村高樓包圍，放眼望去，根本見不到農耕田地和幾公里外的山丘。對村內三十歲以下的年輕一代來說，農地和山丘早已不是他們生活圖像中的浮光片影。

從一九八四年起，到後來陸續的追蹤訪談，我在林村的田野調查紀錄，可說是見證了中國改革開放後的驚人變化。在物質生活上，一九八四年的林村還是個遠離廈門市區十公里外的簡陋農村。那時，農民赤足下田，住在簡陋的磚木平房裡。三、四位頭腦靈光的村民把握機會，搭上改革開放的便車，籌集資本購買一臺二手的解放牌卡車或農用拖拉機，就開始幫人運送物質，賺取勞務工資，開始發跡致富，成為「萬元戶」。有了點錢後，他們又籌劃蓋建傳統閩南式的兩層樓石板屋，開啟第一波的建築熱。當時，能通行大貨車和大客運的柏油路還未接到林村，從市區搭乘廈門市郊公車到一公里外的洪山柄就得下車，然後走完這段泥土路，才會進村。那個年代的主要交通工具，除了兩條腿外，就是自行車和三、四輛的摩托車。

一九八〇年代，整個林村只有村辦公室有一臺手搖的有線電話機，而且經常不通。電風扇、電視機或電冰箱等家電，都是村民們嚮往而不可得的奢侈品，除了需要付出巨額的現金外，還得搭配政府配給的工業券才可能買得到。當時中國的境外人士很稀少，而我又有臺灣與美國的背景，成為村民好奇與關注的目標。在與村民閒聊時，他們最常問我兩個問題。一個是，「你在美國大學教書，一個月的工資是多少？」我的回答必定引起他們一陣驚呼，直說比中國大學教授的工資高出百倍。第二個常有的問題則是，「在美國，一對夫妻可以生幾個小孩？」當我回答美國並無具體的生育政策、也不限制可以生育多少子女時，又會引起另一陣驚呼。對這些剛從嚴密控制的集體公社制中解放出來的中國農民而言，個人的自由選擇權，似乎還在他們想像之外，也還未構成他們認定的基本公民生存權的一部分。後共產主義社會的人民，才剛掙脫極權政府的專斷控制，要培養獨立自主的人格，還有待時間的蘊育和持續的爭取。

中國從一九八〇年代開始大力推動鄧小平提出的改革開放政策，逐漸除卻了銬在全國人民頸上的枷鎖，給予他們一點基本的人性尊嚴和生存的驅動力。其具體的成就，即如林村三十多年的改變所彰顯的，是不斷改善的生活條件、強大的生產力、寬鬆和諧的人際關係，以及較為理性的社會治理。在這樣的變遷下，林村與外界的重大差距，已逐漸消失，生活水平甚至超越中國的主流社會。

二〇一五年，我在一場林村的宴席中，半開玩笑地請問在座的村民，全村四百多戶中，有多少戶的家庭資產超過人民幣一億元？他們仔細討論後，告訴我至少有十戶之多。同時他們也指出，村政府有足夠的財政收入，提供給少數幾戶的貧病村民每月至少人民幣五千元的生活費。所以，村內不存在真正衣食無著的貧困戶。

以林村的歷史來看，這一代的中國青少年，無疑是幸福的一代。他們不像父祖輩般經歷過國共內戰的血腥、土改的暴力、大躍進的饑荒，和文化大革命的殘酷鬥爭。改革開放四十多年來，他們看到的是平淡但衣食無缺的生活，低調但卻逐步寬鬆的言論控制，專權卻開始注重民意的共產黨，和一個似能保證不斷改善的未來。「社會主義的優異性」，似乎在中國大陸得到證實，也被這一代許多青少年接受、擁抱。

換言之，在二十一世紀初期，我們似乎看到在中國大陸一個運作合理的公民社會萌芽，似能將帝制中國遺留下來的專斷、殘暴、不公平、非理性，逐漸削減、排除，甚至透過市場化的社會主義治理，走向馬克思夢想的烏托邦。

不幸的是，中國大陸這個尚未成熟的公民社會夢，現在似乎已夭折，甚至早已胎死腹中。近年來，中共官方對一般民眾的言論、思想、行動控制，逐漸收緊。文化大革命時期那種鋪天蓋地而來的領袖崇拜、政治學習、社會動員、檢舉上報、輿論控制等，又逐漸成為今日中國人民生活的新常態。那些中國社會中的有為菁英，才勉強掙脫出紅衛兵瘋狂暴力的陰影未久，如今再度被噤聲。初嘗基本公民權的平民百姓，在面臨無軌跡可循的黨政暴力衝擊時，基於人身安全的恐懼，只能選擇放棄或逃避，而非據理力爭。最近中國的「潤學」當紅，移民海外成為民眾心願。

在林村，最近幾次中國政府推動打房政策，房地產較多的村民選擇躲避到香港、澳門或海外渡過難關，亦可見一斑。有的村民選擇消費型的自我麻醉，包括酗酒、吸毒、賭博等。當然，仍有一些村民堅持舊有信念，繼續從事公益服務和社區改善的工作。

林村是近百萬中國農村中的一個經典縮影。我有幸在林村的轉型過程中，目睹並記錄下來它所經歷的波瀾起伏和日常剪影，留下一點歷史回憶。作為凸顯中國發展的時間與空間縮影，林村的經驗對我們有兩個啟示。在時間上，林村可說是改革開放的快速版，告訴我們理性適當的公共政策和措施，如何可以加速社會發展，造福群眾。從空間上來說，林村的特殊地理位置和濱海條件，搭上改革開放的大浪潮，順勢取得令人讚嘆的經濟成果。

不過，林村過去四十年來得以成功的時空際遇，現在卻面臨新興的未知數和政經挑戰。這個我曾有幸參與記錄村民生活與夢想的村子，如今已大樓林立，但仍保有村落型態的人際網絡與無形界線。未來能否繼續順利轉型，克服變幻莫測的政治力量，我衷心祝福並拭目以待。

序於二〇二二年七月

誌謝

本書是我數年來在中國東南福建省南部所做研究的總結。我的經費來自幾個不同組織，美國學術團體聯合會（American Council of Learned Societies）幫助我在一九八一年時到廈門市參加一個國際性會議，愛荷華州立大學（Iowa State University）暑期研究計畫贊助我在一九八一年時到哈佛大學東亞研究中心做一個月的研究，美國國家科學基金會（National Science Foundation），及美國—中華人民共和國學術交流委員會（Committee on Scholarly Communication with China）提供的獎助金，使我得以在一九八四至一九八五年間到福建展開田野調查計畫，我非常感謝上述機構對我的研究的支持。

一九八五年秋天，愛荷華州立大學給我一個學期的教員研習假，使我得以開始撰寫本書。促成這次假期的是當時的副校長克利斯坦生博士（Dr. Christensen），及社會暨人類學系系主任克隆蘭博士（Dr. Klonglan）。一九八五至一九八六年間，有兩位研究助理協助我進行研究工作。一位研究助理的經費來自愛荷華州立大學世界糧食研究所（當時擔任所長的是羅德魯克博士（Dr. Roderuck）），另一位的經費則來自科技及社會改革計畫（Technology and Social Change Program，申請經費時是由瓊斯博士（Dr. Jones），本書出版時則由華仁博士（Dr. Warren）主持）。我深深感謝他們慷慨提供財務支援，並對我保持信心。羅德魯克博士還提供經費以供草稿的編輯工作之用。

我的研究生涯受到許多人的影響。因為他們的教導、友誼及鼓勵，我才能從研究中國農村的過程中，發展出對人類學的喜好。中央研究院李亦園教授，及日本筑波大學比較文化系主任王崧興教授，首先引導我從事臺灣漢人農村的田野調查。他們執著所學、堅持立場的蒐集理念，不受政治壓力左右，深深地影響我的學術生涯。在我就讀研究所的那幾年，密西根州立大學的葛伯納、葛瑞黛（Rita Gallin）教授夫婦不但視我如家人，並且一再給我導引、鼓勵及知識上的交流。我和他們親密合作多年，所以才能以新的角度來面對不同的主題。

廈門大學的臺灣研究所前任所長陳碧笙教授使我得以在福建展開研究。他也指派四名廈門大學的研究生幫助研究的進行：臺灣研究所的葛小佳和蘇為民，以及人類學計畫的石裕龍和郭志超。如果少了陳教授的持續支持和適時的建議，這個計畫便無法完成。黨支部書記葉文德和林村的村民盡其所能讓我感到賓至如歸，筆墨實不足以形容我心中對他們最真誠的感謝。

有幾位師友曾看過本書的初稿並提供寶貴意見。葛伯納教授首先提議本書採用目前的結構，並在看完全部草稿後，對如何修訂提出了重要意見。愛荷華州安梅市的凱西．嘉德納女士（Kathy Gardner），以專業的能力，協助完成定稿的編輯工作，並在內文中加入重要的附錄。密西根州立大學人類學系的懷弗德（Whiteford）和德蘭（Derman）教授，西景出版社（Westview Press）的副總裁柏根肯普（Dean Birkenkemp）也和我商討書中必要的修訂之處，以使本書獲得廣大讀者的接納，非僅流傳於少數中國通之間。

本書中文版第一版一九九一年在臺灣出版，是由張老師文化主導，請素蘭女士翻譯。第二版簡體版在中國大陸出版時，是由北京三聯書局主導，請上海復旦大學人類學系的納日碧力戈教授翻譯新增的兩章。我在此向他們致謝。目前的第三版，在撰寫過程中不斷得到中央研究院民族學研究所劉紹華研究員的鼓勵和建議，才能及時順利完成。春山出版社的莊瑞琳總編輯和盧意寧副主編，在文本論述和版面設計上提供各種專業意見，增加本書的能見度，也一併致謝。

本書主要人物介紹

- 葉文德：本書主角，歷任林村的小學教師、大隊會計、民兵營長兼治保主任，一九七八年起繼黑皮林之後擔任林村的大隊黨支部書記。
- 陳寶珠：本書主角葉文德之妻，林村的赤腳醫生，兩人育有三子。
- 林其山：作者於林村田野時租居處的房東。
- 田雞吳：本名吳良，與其兄吳明曾分別擔任林村的村長、副村長，大躍進時期的大隊黨支部書記、大隊隊長，權傾一時；但在四清運動時失勢，與雷公林、鴉片洪爭權。
- 雷公林：本名林樂山，林村的第三生產隊隊長、保安隊長、大隊隊長，失勢後死於肝癌。雷公林的妹妹是葉文德的弟媳。
- 鴉片洪：本名洪三，第一生產隊隊長，後接任吳明為大隊黨支部書記，當時的大隊長是雷公林。

- 黑皮林：本名林祥，第二生產隊隊長，一九六八年雷公林下臺後接任大隊隊長，一九七五年繼鴉片洪之後擔任大隊黨支部書記。
- 雙頭蛇：本名李德海，林村的村長，一九七五年接任黑皮林的大隊隊長職位。
- 林承瑞：一九七八年起擔任大隊辦事員，繼雙頭蛇之後擔任大隊隊長和林村的村長。
- 林其發：一九七八年繼葉文德之後接任林村的民兵營長兼治保主任，也是雷公林的妹婿。
- 胖　林：本名林柏亭，因為被劃分為富農而受盡迫害，最後因觸電意外身亡，是一名悲劇性人物。
- 洪靈麗：林村的婦女隊隊長／婦聯主任，兼任大隊出納。
- 侯　桐：第三生產隊隊長，領導小隊投資組建沙磚廠而迅速致富，頗有才幹，一九九三年林承瑞退休後接任村長，葉文德原屬意其接任自己的職位，但英年早逝，於一九九五年死於肝病。

前言

中國是世界上少數幾個古老的大河文明之一。從最早開始農耕的北方，數千年來，勤勞而聰慧的農民，開墾了黃河流域無數豐饒的河谷和沖積平原，發展出穩定的農耕社會，並擴張到亞洲大陸東部濱海的每一個角落。[1]

中國歷史上的農民

在傳統中國裡，農民是社會的經濟基礎。但是他們的地位，最多只能說差強人意。一方面，傳統的儒家學者和官員認識到農民在農業經濟中的重要角色，慨讚農民之偉大，並捧至僅次於仕紳階級的半貴族地位。在理想化的儒家世界中，這些貧困卑微的勞苦農民和仕紳階級一樣受到尊敬，因為他們重視傳統、和諧，而且對政府忠誠。儒家學者最早就是從踏實的鄉民習得人類社會的知識，由此滋長為在政治上為公眾服務的企望。

但是，這種正統的思想，只存在理論上而非現實中，而且幾乎沒有人相信它。農民從未享有儒家學者尊奉他們的崇尚地位。而且現實差不多與理想相反。戰國時的孟子在與當代的小國君主和貴族對話時，談到農民飽受虐政之苦：

凶年饑歲，子之民，老羸轉於溝壑，壯者散而之四方者，幾千人矣。（《孟子・公孫丑下》）

譯文：在凶荒饑饉的年歲，您統治的人民，老弱和體弱的都不免一死，屍身被搬去填在田溝山澗裡，年輕力壯逃到四方去的約有幾千人。（三民書局，《新譯四書證本》）

除了居住城鎮中的商人、地主和高利貸債主會期望農民愚昧無知或發生不測，以壯一己之私外，連仕紳階級本身也常巧取豪奪農民手中僅餘的糧穀，使得農民失去抗搏天災、外敵或任何突發危機的本錢。賽珍珠（Pearl Buck，1892-1973）敏感地對中國農民的無力感下結論：「他們是一群沒有聲音的人，雖然他們占了中國人口的五分之四。他們……受到地主的壓榨、政府的課稅。若能躲過饑荒和洪水之害，才能生存下來。」[2]從孟子的時代到賽珍珠的時代，這兩、三千年之間，似乎沒有多少改變。

中國農民的社會地位模稜兩可。此外，他們還須面對亙古以來的大敵——自然界。他們必須克服貧瘠的耕地、困難重重的山坡、敵對的游牧民族，甚至是海洋，才能取得有限的耕地。同時，農村家庭的人口不停地增長。膨脹的人口和有限的經濟生產無可避免地會產生摩擦。這正是馬爾薩斯（Thomas Malthus）在《人口論》一書中，悲觀預測的人類慘劇的典型。

在中國歷史上朝代更替中，更凸顯了人與自然的衝突。對此，中國和西方的學者，都將之視為中國歷史上最顯著的特徵。[3] 此特徵是，在朝代初興時會有一段穩定繁榮期，接著慢慢產生分裂，導致騷亂及戰爭，最後舊的政權被推翻，由新的政權取代。在末期的動亂中，有相當的人口會死於戰爭、饑荒、遷徙和瘟疫，直到人口和土地重新達到平衡，新的輪迴於焉開始。

偶爾，中國的傳統農業技術會有重大的革新和突破，使得農業生產的極限往上提高，於是延緩了人和自然之間無可避免的衝突。這種傳統農業技術的發展，像是鐵犁或間作（intercropping）都屬於這類。十六世紀時中國引進美洲發現的農產品種，明顯地助長了後來數百年間人口的增加。同樣的，十七和十八世紀間，農民人口擴張到中國西南，十九世紀時向滿洲移民，也減少了潛在毀滅性因素之威脅，人地之爭才不至於在二十世紀前升到臨界點。

傳統上，農民吃盡苦頭。但他們的生命卻活得有意義而且易於滿足，社會也就有彈性得以復原。在經歷朝代政權更替之後，農民往往很快地回到農村，默默建造簡陋的房舍，辛勞刻苦地耕種。在新的社會秩序中，農民的勞苦和聰慧早被人遺忘，依然居於社會最底層。也許有人會問，為什麼他們如此穩定，默默忍受這一切？是什麼因素，使得中國農民不斷遭受暴虐帝王和刻薄仕紳之害？我們可以指出一些可能的因素。

在中國農民的社會生命中，最能使他們保持穩定的因素是對「家」的顧念。在傳統農民世界中，家不僅是提供食物、舒適、保護及老年照顧等徒具物質和經濟意義的房舍而已。更重要的是，家更具有社會、意識形態和儀式上的意義。透過家這個實體，農民才能求得時空的連續性，並為自己死後的靈魂覓得棲身之所。在這個層面上而言，家不僅為現存的成員而存在，在現世的觀念之中，家是已逝的祖先和未出世的子孫匯集的地方。所以男性在塵世上的定位，端視他連繫過去和未來的能力而定。對他的祖先，要妥為安葬並定時以牲禮祭拜；對於子孫，要讓他們有屋可住，娶得嬌妻，生個兒子。

許多學者曾指出，[4]由於對家的關注，促使傳統的中國農民奮發工作，無止境地競爭，並從立即的消費需要中勻下一些來以備將來之用。每一個家都是一集合體的單位，各家庭成員的能力須予以仔細評估計算，分出優先順序，擬定長期計畫以使他們共同的潛力得到最大發揮。家庭的成功，在於給各成員安身立命，並在精神世界中占一定位。因為對家的關注，使傳統中國農民隨時準備定居下來，建造房舍，與貧瘠的土地搏鬥，累積一切可能需要的物資。

第二個有助於農民保持穩定的因素是，在傳統的中國社會中，階級體系具有相當彈性。雖然農民長久以來一直居於社會底層，但這樣的階級劃分並不僵化。在精心計劃，調度可用的資源之下，農民家庭也有可能將天資聰明的兒子往上推，讓他做起買賣，習得一技之長，甚至做官。既然農民並未被拒於社會流動（social mobility）的門檻之外，他們最重要的夢想便是在既存的社會體制之中獲得成功。就如同儒家學者所言，農民心中並不存在反體制的念頭。

而且傳統中國農村社會也不是一直由高壓、暴虐、苛刻的政權來統治。孔子所倡的仁政，的確吸引了許多能力好、又忠於職守的知識分子加入從政的行列。更重要的是，許多學者亦曾指出，中國在帝制時期，官僚體系實在太小，中央政府統治無法有效地深入每個角落。廷令頂多只能到達縣級，縣級之下則形成某種地方自治的形式。此時地方上的名流仕紳或強勢家族，便成為中央政府和廣大的平民百姓之間的橋梁，負起收稅和徵兵的任務。處於這種關鍵地位上，這些仕紳或豪門是很可能濫用職權的。但由於中央政府密切監視這些地方權貴的作為，同時地方菁英和農民之間有多重親屬關係，濫用職權的情形不至於太嚴重。地方事務諸如地租的訂定、放貸的利率高低，都有公認的標準。契約是經由雙方的認可而訂定，而且在自由市場中，雙方皆可各憑己意協商契約內容。農民家庭可能會受到地主或債主的壓榨。但只要量入為出，勤儉奮發，總有可能還清所有的貸款和債務，甚至回過頭來向人收租或放貸。

從這樣的風俗民情之中，我們可以看出中國農民社會的連續性、執著性和創造性。在進入十九世紀之前，中國多多少少可算是孤立於世界其他主要文明之外。當幾個鄰近的小國向中國挑戰之時，這個天朝模型似乎運作得頗為順利。朝代更替，從衰退、敗壞到再生，這個不變的輪迴，一直在考驗著文化傳統是否有足夠的智慧和能力來因應這些變化。而傳統知識分子所依循的原則，是保守而非創新。

但到了十九世紀中葉，歐洲殖民勢力挾其船堅炮利，將中國導入了現代世界之中。該世紀後半期，面對與外國軍隊交戰的一連串挫敗，傳統菁英首先想要模仿、複製「洋鬼子」的技術和器械。但當精心仿製的武器也無法抵擋步步進逼的殖民勢力時，最激進的知識分子開始不耐地質問傳統文化的價值和用處何在。他們提議，重新評估或乾脆放棄一些最遭人詬病的傳統習俗。為了鼓動這種風潮，一九一九年五月四日，有數千名學生上街遊行示威。

這種漸進的改革方式，終究未能抵擋一九二〇至一九三〇年代間日本對中國領土的蠶食鯨吞。於是打著徹底革命改造中國，一洗過去令人羞愧的歷史經驗旗號的共產黨，愈來愈受到廣大民眾的支持。中國共產黨革命於一九四九年完成，此後，人與土地之間的衝突需要重新定義，而中國也踏出前塵，邁向未知的新頁。一夕之間，守舊的農民被共產黨帶入了勇敢的新世界中。

關於本書

我希望用這本書來呈現一九四九年解放之後，針對中國東南部的農民生活所做的、以歷史為主幹的個案研究。在解放之後，中國東南部，特別是廣東和福建沿海地區，經濟上有較好的發展。我們已經知道該區在尚未進入二十世紀之前便已曾試種新品種作物，並以精耕方式，使稻米生產多達一年三熟。農業商品化之後，該區發展出以現金為基礎的活躍市場經濟。在帝制時代，頻繁的海上貿易亦使沿岸大商埠如廣州、泉州和福州等，享有國際聲譽。

在這樣的發展之下，華南地區其實承受著農地不足及人口過剩的雙重壓力。此種壓力迫使當地朝兩個相關的方向發展：第一，本區的土地租佃制非常精緻，而且佃農比自耕農還多。其次，在清朝後期，較為貧窮的農村，人口大量外移到東南亞、北美及臺灣。海外華人致富之後，帶回積蓄，在家鄉購買農地作為家產，更加深了土地租佃的問題。

共產黨革命使得這一切完全改觀。土地租佃制被廢止了，一九五〇至五一年間實施的土地改革，使得許多農民得到了私有的農田。但是他們還未及享受革命的果實，便先嘗到挫敗的滋味：農村人口不得遷移他地，不僅無法離開國境，甚至連遷往國內其他地區的自由都沒有。農民突然成為依附於土地的農奴，不但行動受限，連提升社會地位的機會都很渺茫。

同時，新的行政系統無孔不入地伸向社會基層，頻頻催促各地的進展。不但正式的各級行政機構延伸到鄉間，共產黨本身還設置了與之平行的機稱，以確保基層民眾會貫徹黨的決策。一九五八年，集行政、經濟、教育及醫療等功能於一身的公社一一成立，將所有農民整合在這種全面性的組織之中。中國歷史上，從來沒有任何一個政權能夠如此深入地控制農民的日常生活。

人民政府企圖運用有效的政治控制力量，以現代化、創新的途徑減低人地衝突。繼而推動的種種運動，如集體耕作和控制生育等，其目的即為打破這種帝制時代殘留下來的輪迴。從一九四九年開始，中國農村便關上了對外的大門，外界人士無從得知政府到底做了什麼，以及農村所產生的變化。所以，近年來在中國從事的田野調查都很重要，因為我們可以藉此以實質資訊彌補這個知識真空。

在本次研究中，我採用生命史的方法（life history approach），描述「林村」在過去三十五年來的變化。本書的主角是在林村長大的黨支部書記葉文德，由此側見中國歷史上騷動不安的一頁重要篇章。

這個像故事般發展的情節，以葉文德為主幹。我們透過他的生活來瞭解政府如何改變村民和村中的風俗。但我要特別指出，本書絕非只是根據某一個人的實錄。固然葉文德觀察入微，思想新穎，除此之外，他和一般人相似，會有先入為主、矛盾、自私的想法。作為一個忠貞黨員，他應該要能大公無私才對；作為村中的領導幹部，也應該公平而開放。雖然他盡量讓自己信服這些理念，並努力去做，但他常常未能如願，而不知道其中的矛盾處。

讀者們會發現，葉文德在統理村中事務時，對於執法的態度前後不一。葉文德精明地掌控村中人脈和傳統象徵，而成為全鎮最成功的農村行政官。葉文德毫不掩飾他的關係遍及大小官員，且在適當的運用下，給他帶來不少好處。但這也就是目前中國推行法治化及政治改革的最大阻力。所以我特別插入幾段說明，讓讀者清楚地看出葉文德的理想和行為之間到底有何不同。

在本書中，我以葉文德的個人事蹟來反映林村的改變和發展。但書中所講的並非單由他本人提供的資料。葉文德的確是主要的資料來源，但在我生活在林村的這七個月之中，我也和村中形形色色的人深入談論他們的家族歷史、個人生涯、經濟活動和宗教信仰等。我使用的是人類學研究中最主要的工具：參與和觀察，一一蒐集有關林村的歷史、風俗、內部摩擦、宗教信仰和目前發展等種種資料，然後再用這些資料來印證及補充葉文德的歷史。藉此，我希望能達到相當程度的客觀性，以免落入傳記的窠臼。

本書特點

雖然農民占了中國人口的最大部分——根據政府的分類法，約占總人口的八〇%——但一直到最近，外界才得以直接而仔細地觀察解放之後農村變化的程度。類似這次的研究，到底呈現了農村何種風貌？有幾個明顯的特徵已有定論。

首先，農民的生活得到很大的改善。這點毋庸置疑。農業生產教育和公共衛生的重大進步，已剷除了千百年來威脅中國農民的許多社會問題。大多數的農民都有書可讀，糧食無缺，生病有醫生可找，平常做分派的工作。要達到這個程度，前提無疑是要有一個效率高強、深入社會各角落的政治機制。由於條件改善，加上自一九四九年以來沒有大型戰事，算是承平的時代，所以人口顯著增加。林村的人口也增加了兩倍半。從一九四九年的四百人，到了一九八五年已超出一千人。

本研究所揭示的中國農村的第二個特徵，是一種全國性文化明顯抬頭。傳統上小型、半自治而獨立的農村社區，慢慢被以中央政府為主的大眾文化所取代。層峰的決策，極有效率地一路貫徹到最基層，只做了些微的調整。政治機構深入村級單位，村中幹部以充滿政治術語的辭令，每天宣導黨中央的指示。農民的地位又難以提升，這一切似乎撤除了傳統上地理的及社會的藩籬，助長了全國單一文化的形成。更重要的是，村民似乎變得非常政治化而且與國家政治鬥爭息息相關。

除了這些重大改變之外，我也同時指出農村生活中，較不為人注意但卻相當重要的層面：某些傳統信仰及價值觀仍不斷流傳，如孝順父母和三代同堂的理念、風水、祭祖、重男輕女等等，都是村民每天在生活中會考慮到的問題。政府試圖以高壓手段來改變這些傳統信仰及習俗，但只有在某些時期有效。政治力量一旦鬆懈，農民便迅速回到上溯千百年的老路子。

目前的中國政府似乎不太願意延續這些傳統信仰和習俗，並一再嘗試將之根除，使得延續傳統信仰和習俗的問題，成為耐人尋味的兩難。以改革方式促成進步的社會，面臨的嚴重問題，是如何在主觀的政策目標和客觀的人民需要之間找到適當的平衡點。按照字面上的意義，革命是種劇烈的強制過程，其目的是要推翻現有的社會秩序。革命政府經常驅使人民去達成可見的目標，而傳統價值和習俗則飽受批評，甚至遭到唾棄，被視為阻撓達成目標的障礙。統治菁英則以本身識見，創造新的習俗和價值觀，並且從中央一路推行下來。在革命的旗號下，個人的尊嚴和正義感輕易地被掃到一邊，取而代之的，是對當權的百般順從。到了最後，即使達到了實質可見的進步，民眾卻失去了對革命政府的信心和認同感。所以在對林村的研究中，處處可見其內部充滿怨懟和仇恨的對立衝突，在劇烈改革的時期中，這種情形尤為嚴重。

最後，我想討論中國農民在現代中國社會裡的地位。在共產黨革命中，農民被視為異端。眾所皆知，馬克思公開表明對農民的輕蔑之意。根據他的說法，農民是「文明的野蠻人」，或是「歷史的無政府主義者」，或說「（農民）是馬鈴薯堆裡的馬鈴薯，馬鈴薯裝在袋子裡，還是一堆馬鈴薯」，「他們無法代表自己，必須由他人主其事」。中國共產黨的領導靈巧地耍弄這套正統教條，因為中共之所以革命成功，全得力於農民衷心的支持。[5]

一九四九年後，農民變得如何呢？農民享受到革命的果實了嗎？他們是否真的脫離過去封建的桎梏，得到解放？不幸的是，從葉文德的生涯，和林村其他人的情形來看，今日的中國農民，仍處在社會的最底層。與城市居民，那些在工廠、服務機構、政府辦公室上班的人相比，農民的福利是最差的。直到一九七〇年代後期的經濟改革之前，農民還被迫按照各種收購計畫，以賤價將大部分的農產品賣給政府。等到他們需要購買工業品時，卻得付出高昂的代價，因為工業需要補助。所以這把中國官員口中的「剪刀差」（price scissors），兩面都對農民不利。

中共最令人詬病的政策，莫過於企圖將農民的家庭改造為簡單的經濟和社會單位，並剝奪其傳統意識中精神的和儀式的意涵。政府宣傳不斷攻擊祭祖、宗族組織、風水信仰和父權觀念，並斥之為「封建迷信」，即是這種措施。這樣的政策至多只能在表面上得到成功，或使這些傳統習俗化明為暗。家族的連續性，仍是農民生活的重心。

政府施政中，真正打擊了傳統農民生活習慣並使之起根本變化的，是一九八〇年代初期，在農村地區推行的一胎化政策。既然每家只能有一個孩子，不問男女，大多數的農民立刻感到這個政策對他們造成立即的威脅。一般而言，女兒出嫁後就遷出與丈夫同住，所以只生一個女兒的夫妻在無力耕作之後，在經濟和社會上都會面臨危機。在退休房舍和老年福利付之闕如的情況下，年老農民的最大保障，莫過於生個孝順的兒子，多一雙手下田幫忙。

在精神層面上，情形也差不多。一個家要是沒有男丁，就斷了香火。若沒有子孫來承繼，男性在社會中便得不到定位。更糟的是，原先依附家中供奉的祖先也會慢慢脫離，無處可去，也沒有得吃，最後成了孤魂野鬼。

由於這樣的考慮，農民激烈地反對一胎化政策。從政府的角度來看，為了要降低生育率，延緩人地之間的摩擦，即使要用再強硬的方法，也得成功達成政策目標。雖然就整體而言，近年農村改革是朝向地方化並放寬對人民日常生活的管制，但是生育控制運動之雷厲風行，令人吃驚。這造成許多家庭以殺死女嬰的悲劇方式來解決問題。

農民自由移動的能力和財富都在增加，也變得更能抗拒政府推行此一政策的壓力。也許新一回合的人地衝突正在成形，但是在現代社會、科技和國際的背景之中，在下個世紀裡，這一齣新劇如何開展，將對中國和世界產生不可磨滅的影響。不論結果如何，改變的種子已於今日種下。林村的這一頁歷史，可以讓我們瞭解今日的中國農村，也可以讓我們遠眺未來的發展。

1 Anderson 1988
2 Buck 1949, p. vi
3 Owen and Eleanor Lattimore 1944; Elvin 1973; Perkin 1969
4 Harrell 1985; Hsu 1948; Nee 1985
5 Bianco 1971; Chesnaux 1973

第一章　林村印象

一九八四年十一月初，我首次到達林村，認識了葉書記，他的公共形象，是個暴君般強悍有威嚴而又傲慢的人，但在私底下，卻有溫和感性的一面。

我從沒想到我對林村葉書記的觀感，會在這麼短的時間內起這樣大的轉變。更沒想到我原先對他的敵意竟然迅速消失得無影無蹤，甚至可以心平氣和地坐在桌前記下他的生命歷程。

我和葉書記第一次見面時，是討論我該付多少房租的問題。當時的一景一物，至今仍歷歷在目。時間是在一九八四年，一個溼熱的十一月天。在我愛荷華的家中，大概已是晚秋，夜晚有霜，寒意襲人。但是在處於亞熱帶的福建南部，陽光仍炎熱潑辣。加上公廁傳來陣陣惡臭和牆上泥灰的霉味，幾乎令我呼吸阻塞。我坐在竹椅上，背脊和腿都在流汗。我可以感覺到汗水從大腿流到小腿，再從小腿滴到地上。這種溼熱的天氣使我頭昏腦脹，但我還是打起精神，舉手揮趕那些聚集在蜜餞上不肯離去的蒼蠅。這盤蜜餞是可能要做我房東的林其山準備的。

葉書記和我隔著桌子相對而坐。他是村中共產黨黨支部的領導。村子裡雖也有經由提名和選舉選出的村長，但在中國，大家都知道實際上黨書記才是真正的決策人物。葉書記動也不動地坐著，看著我揮趕蒼蠅的無用舉動，不發一言。

葉書記並不高，大概只有一百六十公分。雖然天氣又溼又熱，他卻已穿上土黃色的長袖毛裝，看起來很正式。他大概剛剪過頭髮，小平頭，後面露出青青的頭皮。他是個老菸槍，臉總是藏在吐出的煙幕之後。但從我看到他的第一眼起，他明亮銳利的眼神馬上讓我警覺到這個人既小心又頑固，而且很機靈。

他以慣有的高音，清楚的咬字，平靜地道出這層房子的合理房租：「你知道在廈門的經濟特區房租是多少？一平方米（即一平方公尺）四塊人民幣，約一塊六美元。當然我會算便宜一點給你。我想一平方米兩塊五是挺合理的。這層房子大概有一百平方米。你要想跟林同志租這層房子，就得一個月付二百五十塊。」

二百五十塊人民幣一個月！像這種破房子，光兩個房間加一間客廳，一個月要一百塊美金！我真是氣極了，他竟然開出這種不合行情的價錢。我突然有股衝動想把桌上那盤蜜餞砸到他臉上。

當然我並非付不起這價錢，這趟行程不但有兩個美國的基金會贊助，而且數目可觀，足供研究所需。這個價格比起我付給當地廈門大學每個月兩百塊錢的房租，也不會顯得太誇張。但我知道當地的行情，像這種房子，一般的租金最多不會超過十五塊人民幣，而非葉書記要算便宜給我的二百五十塊人民幣。這簡直是敲詐！我心裡憎惡起來。要是在大城市遇到這種人，我不會覺得意外。不管是在中國或其他國家的大城市，總有人會吃定外地來的生客。但我沒想到會在小村子裡碰到這種事；我真討厭他跟我談房租的那副嘴臉，他又不是房東。我暗罵自己運氣不好，碰到這種事。我到底為什麼要住到這裡來呢？

回顧前因往事

有好一會兒，我陷入沉思，不僅在想我起初為何到中國來，也在想如何妥善解決居住的問題。為了評估自己的處境，我條理出到中國的理由，以衡量目前這個兩難的局面。

中國是我的故鄉，但是沒住幾年就離開了。我生於第二次世界大戰末期，家中多人在國民黨的政府中謀職。共產黨在一九四九年席捲大陸時，我家也隨著國民黨政府遷到臺灣。離開大陸時我還是個幼兒，所以對它沒什麼記憶。一九五〇年代和一九六〇年代，我都在臺灣度過，先念小學，然後是國中、高中、大學。我從國立臺灣大學畢業之後，就到美國進修人類學。一九七五年，我即將在密西根大學取得博士學位之前，愛荷華州立大學聘我到該校任教。一九八四年，愛荷華州立大學給我一年的教學假期，到國外從事教學及研究工作。當時我已成家了，所以要選擇在何處與妻子度過這一年倒成了難題。可能的地點之一是中國，它之所以吸引我有好幾個理由。一九八一年我曾到廈門做為期一週的訪問，在這段期間我和廈門大學的教員建立了良好的關係。三十年來，中國的各種社會科學機構都被勒令停辦，但是廈大想恢復其人類學研究計畫，所以需要這方面的專才。若能在當地待上一年，必定對該校有所幫助。還有我的孩子，一年的居留能讓他們多瞭解自己的文化遺產，還可以學點中文。而且，直到當時中國仍對西方學者在鄉間的研究計畫限制重重，如果我能從事研究，便能超前在美的同行了。

我透過朋友的協助，表達我願赴該地教學的意願，該校樂意接受並給我正式的邀請函，我受邀教授人類學，而廈大將提供必要的公文讓我到鄉間從事研究。

我原先預定的目標，是要研究一九八〇年代初期中國農村政策的大轉向，即生產責任制的施行。中國媒體已廣泛報導此事，但華人以外的學者尚未注意到。根據中國官方報紙的報導，生產責任制解散了自一九五〇年代初期開始設立的集體公社組織。這個新政策還有另一個更為大膽的措施：真正恢復以私產和家庭耕作作為農業的核心。深入探究這個政策轉向，可以使我們同時瞭解幾個引人矚目的社會問題：農民對新的農耕制和財產制有何反應？政策方向改為以家庭耕作為主之後，對上下兩代的關係有何影響？這個轉變是否會削弱婦女的地位，使其再次淪為革命前父權家庭的次要人物？如果集體公社在中國農村行不通，最大的問題在哪裡？中國共產黨的政策從集體制轉變為私有制，這個現象顯示了中國社會的何種本質？還有，在更抽象的層面上，顯示了人類的何種本質？這些問題似乎都有跡可尋，而且以此為起步繼續研究下去，必定對瞭解中國有很大的貢獻。

不久我便發現此行沒有我想像中順利。即將啟程以前，我接到廈門大學的信，聲稱由於校區內宿舍短缺，我不得攜妻小同往。此時，我已來不及改變計畫了。我已將不在愛荷華州立大學這一年中的各項事務處理完畢，代課老師也請好了。如果早知道我的家人不能同行，我就會選擇去香港、泰國或日本，在這些地方找題目做研究並不難。

但是行程已無法更改，我內心掙扎了好一會，還是跟家人說明此行可能的好處，然後和他們道別。

一九八四年八月我抵達廈門大學。課程一開始，我就發現我的教法不妥。在僵化、教條式的教育體制下教出來的學生，對美國學府倡導的自由派觀點和研究方法抱著很大的疑心。他們唯一認可的，是馬克思、列寧和毛主席的嘉句銘言。要鼓勵他們以創意方式思考，或針對疑點進行辯論，簡直是白費工夫。

更糟的是，校方將為數不多的外籍教員安置於特別的宿舍，嚴防這些人和外界接觸。舍監每晚會到宿舍的會客室來看電視，到了九點半或十點，電視節目播完了，他就把大門鎖起來。早上六點鐘，大門又重新開啟，讓教員去做晨間運動。門沒鎖上時，那八、九個舍監就輪流坐在進門的桌子旁，監視到底是誰來看我們這些外國人。來訪的學生要在登記簿上寫明姓名、地址、主修科目，還有來訪時間和原因。由於在過去的政治鬥爭中，任何與外國扯上關係的人都會被視為叛徒或間諜，所以冷靜理智的中國人不會和我們交朋友，這個道理非常明顯。我很快就厭煩了，而且開始想家。既然在校內多花時間毫無意義，我便施加壓力，要求當局批准我的農村研究計畫。我想農民會比較友善、老實，而且會和校內單調、孤寂的感覺大大不同。

公文往返兩個月之後，我終於得到許可得以在廈門市郊從事研究（見圖1-1），市政府建議我選林村；根據市府提供的正式簡介，林村約有兩百戶人家，人口在一千左右——這個規模很適合人類學研究。據說因為缺水，林村從前在農業上比較落後，但是解放之後建了水庫，現在情形已大大改觀了。此外，這個村子完全擁護政府的生產責任制，發展農村副業也很成功。這個村子是該區的「模範村」（或稱為「大隊」，這是公社之下，兼具經濟和行政功能的單位），個人平均所得超過六百元人民幣，是那一年全國平均的兩倍。

林村和廈門市之間距離約十公里，從廈門出來的柏油路只到洪山村，每天固定有六班車次往返，從洪山村到林村之間只有泥土路，大概有一公里半，走路約二十分鐘。既然我還需

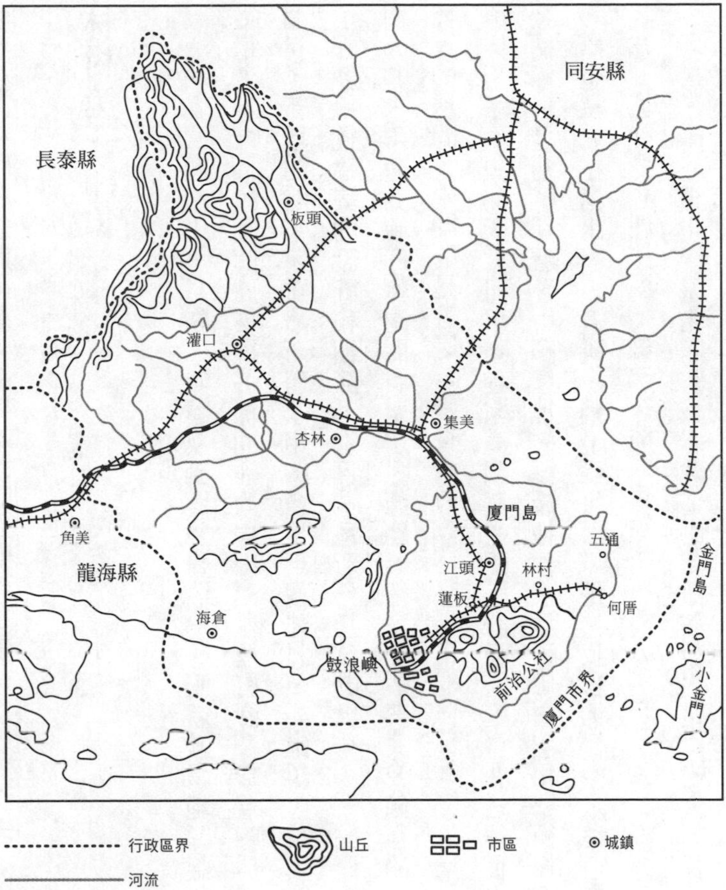

圖1-1 廈門島及其鄰近的地區

要在校區和村子之間通勤，這樣的距離顯然難不倒我。

林村第一印象

一九八四年十一月初，我首次到達林村，第一眼就被當地靜謐如畫的景致深深吸引住。從遠處看來，村子四周環繞著綠油油的稻田；村裡有許多新蓋的房子，豔麗耀眼，炫示著這個村子新增的財富。雖然新房子用的多是現代建材，如鋼梁、玻璃窗和水泥門面，但仍保存了許多傳統建築的設計和細節，別具一番新舊交雜的風味。一般而言，房子一進門的地方是個天井，兩旁共有四個房間：廚房、飯廳、浴室和放農具及餘糧的貯藏室。房子後方有三間較大的房間，中間的是客廳，兩邊各有一間臥室（見圖1-2）。

房子中央的天井可供多種家庭活動之用，許多家庭會在這裡種幾盆金橘。當然，種這些金橘不只是為了好看，中國屋裡的擺設往往兼具實用價值和藝術性。我的房東太太有時會摘一捧金橘放在糖水裡，煮成一鍋金橘甜湯。每次我參加村中聚會宿醉頭痛時，她就做一鍋給我吃。也許是心理作用，每一次都很有效。

房子的一樓主要是由石灰板岩建造的。這些板岩是從附近的採石場中以人工鑿下來的，村民買來之後，用來做地板、隔間，甚至天花板。蓋這樣的房子幾乎用不到鋼筋和木材。這

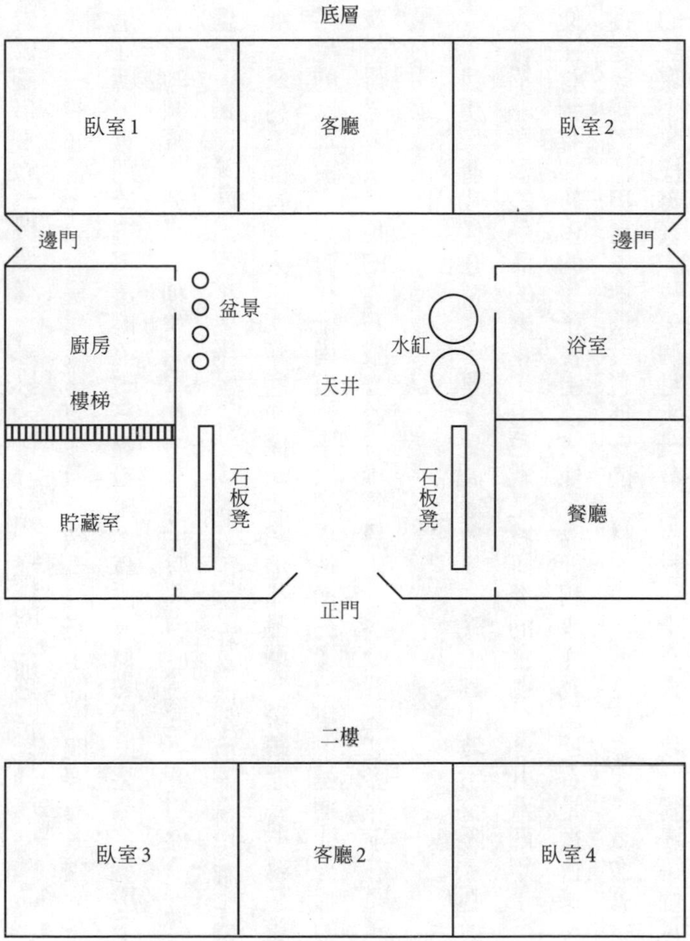

圖 1-2　林村的傳統房屋平面圖

是中國東南部一帶為因應建材缺乏而想出來的變通辦法。但毫無疑問的，用打磨光亮的石灰岩板蓋起來的一樓樓牆，足以支撐本身和較輕的二樓的重量。

一般而言，只有房屋後排會加蓋二樓，也是中間一間客廳，兩旁各一間臥室，地上鋪的是紅磚，有別於樓下黃褐色的石灰岩板。有位大膽的居民甚至在新房子二樓正面的牆上鑲了五彩的圖案。黏土上釉後，燒在一片片四吋見方的瓷磚上，拼成「龍鳳呈祥」。藝評人也許會覺得，在白瓷磚上大量使用綠、紅、黃的顏色實在俗麗，但在村民眼中這無異是財富的表徵。

林村三面被一人工水庫所包圍，水色清澈晶藍。環繞水庫的綠色植物常植以中國東南方常見的木麻黃。只有村子南方是平原，再往南約一公里，是連成一片的山丘，露出巨大的石灰岩母岩。灰紫色的岩石聳立於青綠的農田中，令我想起多年前在臺灣看到的一幅無名畫家畫的印象派畫作。

我想像著我住在村中，早上到湖邊散步，晚上到山坡看夕陽。腦海中浮現我熟悉地與村人打招呼，暢談生活的變化——也就是我研究的主題。一九八四年十一月初，我初訪林村時便注意到有棟新蓋的房子樓上沒人住，若能租來作為居所倒是很合適。我向屋主林其山先生提起，想跟他租房子連伙食包括在內。林先生高興地答應了，就像許多我在臺灣、香港認識的農家人一樣爽直。我一個月大概會在村裡住十五天，我們講好每個月的伙食費是六十塊人民幣。至於房租，林先生揮揮手說：「不用提啦！我們種田人蓋了房子是要拿來住，不是拿來賺錢的。你就搬過來住就好了，不過電錢還是照算，用多少算多少。」細節都講好以後，我告訴他我會在下星期搬進來。當我一週後帶著兩只裝得滿滿的旅行袋走進林先生家時，他的態度不太自然而且有點不好意思。他說村裡的黨支部書記葉同志，已經知道我想住進村裡，所以親自來歡迎我。林先生一邊說著，我的眼睛一邊慢慢適應著屋裡暗淡的光線，這時才發現屋角還有個靜靜坐著的人影。葉書記隨即起身，慢慢向我走來，跟我握手。然後他咳了好幾聲，清了清喉嚨，開始發表高論。那個時候我心想完了，別指望村裡的人和我打成一片。這位身形短小的葉書記強迫我接受所謂的「合理的」要求，而我的夢想便跟著粉碎了。

霎時之間我想要一口回絕，臭罵他一頓然後搬到別的村子。但我馬上想到此舉不可行。第一，我很難在附近找到條件類似、又有這般居所的村子；第二，別的村子可能也有像葉書記這種貪婪的官吏。最後，我渴望趕快離開大學校區那種處處受到箝制的環境。所以我無力地嘟囔幾句以示抗議，就接受了他的「提議」。我察覺到煙幕後的那張臉露出一絲笑意。我狠狠地在心底用難聽的話咒他，並且決心在逗留此地時盡量和他保持距離。

初識

這就是我對葉書記的第一印象。就我而言，他是最惡劣的鄉間幹部的代表：機警過人、居心叵測、消息靈通、好管閒事。我在林村的第一個月中，盡可能對他保持表面上的禮貌，但是能避開就避開。當時我還忙著布置居所，並在校區和林村之間通勤。一到了村子我就探索新環境，認識房東的家人和鄰居，把時間排得滿滿的。我很少遇到葉書記。要是碰上了，就有禮地打個招呼，講幾句客套話，然後藉機脫身。

我苦心經營的和平共存維持了一個月，到了十二月月底情況有了轉機。有天吃過晚飯後，我待在房裡看閒書，這時響起了敲門聲。開門一看，原來是我的死對頭來了。他像鬥敗的公雞般垂頭喪氣，眼睛滿是血絲，顫聲問道：「你休息了嗎？我沒有打擾你做事吧？」

我遲疑了一下才說：「不，不會，請進。」

他直朝椅子走去，一屁股坐下來，人像癱瘓了一樣。我拿出熱水瓶（這是中國家庭必備的用品）幫他泡了杯茶。他坐著不講話，眼睛瞪著地上，我真不知道要說什麼才好，就也找了張椅子坐下來。

過了半晌他抬眼看著我，喃喃地說：「他們怎能做得出這種事情？我為村裡的人造福，他們卻用這個來回報我？」

我愈聽愈糊塗，不知道怎麼接口。我很小心地問了幾個問題，引導他把事情說出來，原來是他父親的墳墓被人糟蹋了。一年前他父親去世，他選了好地點，大費周章地修墳以示紀念。但現在他父親的墓碑被人砸成兩塊，碑後覆著水泥的土丘也受到破壞。墓後方的平地上留下了一些足跡。據葉書記說，這可不只是普通的破壞行為，一定是村裡的某人為了攻擊他而蓄意毀損的。

我知道傳統上中國人很相信風水、五行生化會影響人的命與運。無論陰宅、陽宅都要選好地點才能開工，而且還得考慮陰陽宅的方位和格局是否配合五行的變化。而祖先的墳墓遭到破壞，不但使先人靈魂受到詛咒，更會禍及子孫。[1]

我開始覺得好奇。心中同時產生幾個問題：現在他們建陰宅陽宅時還會考慮風水這個因素嗎？我以為中國已經完全將這些「封建」迷信（政府所討厭的，任何源於一九四九年以前的行為都被冠上這個名稱）掃蕩乾淨了呢！一般人可能會在私下信奉這些，但是這位黨幹部葉書記，一定會對這種「反動」思想嗤之以鼻的！還有，誰會這樣大膽地向這個村子的統治者挑釁？是不是村子內部有什麼不和？派系衝突？於是我直截了當地問他：「你為什麼敢斷定破壞你父親墳墓這件事是村裡的人幹的？」

葉書記聲調揚高，不耐地說：「一定是村裡的人幹的，還有誰會從大老遠跑來做這種事？我告訴你，種田的人不知好歹！我為他們做了那麼多事，又提高他們的收入，維持村裡的公理秩序，他們卻一點也不知感激！一定是有哪個人違反了鄉規被我處罰之後懷恨在心，就用羞辱我父親墳墓的方式來報復！」

他見我一臉迷惑，於是開始解釋最近他這個黨支部書記所面臨的種種問題。一九八四年初，農村公社解散之後，大多數的地方官吏和黨幹部就把工作丟到一邊。但是身為該村的首長，他必須做個好榜樣給大家看，所以他默默接下其他官吏該做而沒做的事情。例如，當地的治保主任（即公安隊長），本應負責懲罰違反鄉規民約（一九七〇年代制定的一種準法律）的人，但治保主任整天忙著副業，開卡車載運貨物，就無法善盡其責。結果，葉書記就接掌公安的事，其實他在升作黨支部書記之前就是做這個工作。

但我覺得有疑點：「以前跟現在你都在懲罰違規的人，你怎麼會認為他們現在比較恨你呢？」「唉！」他說：「最近政府放寬鄉間的管制，許多農民把這解釋為他們可以為所欲為，要賭、要偷、要打架都可以。他們覺得我干涉他們，就是在侵犯他們的權利。但是我認為這樣子解釋政府政策不對。他們恨我的另外一個原因是，他們認為維護公共秩序不是我分內的事。我在做治保主任時，即使因為小錯而處罰別人，也沒人敢講話。但現在他們就發牢騷，說既然真正的治保主任都不擾民了，我幹嘛插手管這種小事？」

然後我問他哪些人最近違規了，觸犯什麼條文。他一一道出數起案例，說明違規的事實和懲處的方式。

葉書記大概是覺得我人好又有同情心，因為那晚我們一談就談了兩、三個鐘頭。從此以後，他好像當我是知交一樣，我到村子裡時，他固定每天都會來找我談一、兩個鐘頭。他要是受邀參加喜慶宴會，必帶我同行。如果我在校區待了兩、三天，一回到村裡，他會馬上來找我出去，告訴我村裡發生了什麼事，如果他遇到棘手的問題，例如他和其他幾個村民集資在村裡開貿易公司的事，我至少花了兩天時間和他們一起擬訂公司的規章和組織計畫。我們的友誼日益增進，他也開始注意到我的研究。如果我打算去訪問村子裡的某人，他會一起去，把我介紹給受訪者，務必讓我得到對方充分的合作。我依照研究目標設計問卷時，也請他看一看是不是有需要修改的地方。

我們愈談愈多，我也更進一步瞭解他在村務上的難處。身為村中僅有的兩位四十歲以上的高中畢業生之一，很顯然的，比起一般村民來，他對目前中國的事務知道得更多也想得更遠。同時，既為村中黨務首長，他不只要從本身的角度，也要從全村的角度來考慮事情。他代表我的房東開出近乎天價的房租，我原先懷疑是他要從中索取回扣，但事實並非如此，那是因為他自認有責任保障每一位村民的利益。個別村民的所得，最終仍歸村民全體所有。葉書記是個忠貞黨員，他仍對集體制懷抱強烈的信心。不過，在其他村民眼中，他代表著過往失敗政策和落空目標的陰影。

據我瞭解，葉書記卻不是盲從毛主席的人。他常問些頗能啟發思想的問題，例如，我所知道的資本主義式的美國人生活狀況如何。聽我描述之後，他會把它拿來與他從共產黨教育中所學的做比較。他常以村中發生的實例推想在共產主義的正統裡這些事件應如何發展。他也會和我長談中國式共產主義的哲學基礎，或到底有沒有哲學基礎。他針對共產主義的基礎

圖1-3　葉書記戴著一頂借來的警帽，神情甚是愉快。

和信念所提問題之尖銳、議論之深，我實在不願寫出來，以免在未來的政爭中，被人拿來做攻擊他的證詞。

我也發現葉書記這個人生活多采多姿、幽默風趣。在和其他村民，或和高層政府官員交涉時，他會伺機詐騙、威脅、抱怨，或挑起群眾壓力以達成他所要的目的。他是個口才無礙的演講家，不但聲音高，口齒清晰，而且對於俗語知之甚深，在我認識的人裡無人能出其右。當吵到酣熱之際，他會爆出一連串使村裡大多數的人聽了都會赧然的髒話。

葉書記的公共形象，是個暴君般強悍有威嚴而又傲慢的人，但是私底下，卻有溫和感性的一面。在他小心的隱藏之下，幾乎不為外界所知。在我認識的林村的成年男子中，他是唯一肯花時間和小孩子玩的人。他在自家後院中，和幾個孩子玩撲克牌，一玩就好幾個鐘頭。他也是個忠實的丈夫，對於太太寶珠，懷有無限情意和尊重。這樣做大大背離此地根深蒂固的傳統父權統治的觀念，許多村民認為他是怕老婆。

從我第二次在晚上與葉書記談過話之後，我就開始記下談話內容的重點，這是正常的人類學田野工作的步驟。我不但透過他而得知許多村中的消息，同時累積了關於他的生活、憧憬、信念和對於許多事務的看法。有一天我提到另一位村民講的話，葉書記不以為然，他打趣地說：「你記錯了，回去查你的筆記吧！」

我在林村住了六個月之後，心中萌生為他寫傳記的念頭。我繞了個彎告訴他，我已經得知這麼多有關於他的事情，我想徵求他的同意，幫他寫一本傳記，在美國出版。我講完之後他幾乎呆住了。

「真是異想天開！」葉書記笑了起來：「我問你一個問題：現代在美國有哪些中國人出版傳記？」

「呃，我想有毛主席、周恩來，大概還有朱德吧！」我答得很無力，因為我看得出他想引我這樣說。

「所以啦，你以為我和那些重要人物是同一層次的人嗎？哈哈哈……」他興高采烈地說：「村裡的人已經覺得我夠討人厭了，要是他們知道在美國要出一本關於我的書，一定會講得更難聽。」

「呃，這個……」我設法想個有道理的說詞，將個人看法清楚地表達出來：「我覺得西方人主要都以毛主席、朱德這些大人物的觀點來看中國的事情。那麼站在村級幹部的地位，推動中國前進的人，他們是怎麼想的？你和新生的中國一齊長大，過去三十年中發生在你身上的事是許多鄉間民眾的共同經驗，這種經驗一定和毛主席、朱德的觀點不同。」

我的話一定觸動了他內心深處的某個點，因為他沒有接腔。過了幾天，我離開村子之前，他來看我並平靜地說：「你說從平常人的觀點來看事情確實很重要，這些話我已經在考慮了。現在我覺得你也有你的道理，你回美國之後，要是覺得我的生活有什麼值得寫下來的地方，你都可以寫。有朝一日我還會寄一些自己寫自己的材料給你呢！」

我抓住這個機會，問他能不能做一場錄音訪談，以便把他以前提過的日期和人名弄清楚。第二天他花了八個小時的時間，一一回答有關他生活的系統化的問題。這次的訪談，就是本書基本的大綱。

關於葉文德的筆記和錄音訪談內容，與其他村民的訪問內容和我的觀察都大致相符。返美之後我重新審視，深深以為這位村中幹部對過去三十年中國歷史的看法，既豐富又廣泛。過去三十年間全國起起落落的風潮，也都具體而微地反映在林村的歲月裡：狂熱的政治活動和群眾運動，達成消滅貧窮和文盲的可觀成就，和解決農村中衛生條件太差的束縛。但同時為了達成政治目的，國家以暴力或殘酷手法處決特定人士，推動全國上下一致的欺瞞、背叛行為等，也在此有跡可循。從葉書記的一生和工作中，我們彷彿親眼目睹這個新生國家的澎湃洶湧。將葉書記在林村中所見的歡樂與痛苦，以及林村如何踩著軟弱的腳步蹣跚學步，在嘗試錯誤的過程中獲得的成就，通通放大百倍千倍，就成了所謂「中國」這個集合體。

我曾仔細思考要如何記錄葉書記和林村的歷史，最後決定盡量多沿用他的話以免失真。不過我還是將這些紀錄按照年代重新整理，以利讀者閱讀。我在注釋和參考書目兩處列出針對書中特別主題而開出的書單，讀者若有興趣不妨查看。

為保護村子和居民不受打擾，我用了林村這個假名字。村民的名字，除了葉文德以外也都不是真名。我用葉文德的真名，是因為他答應讓我寫傳時，曾說他比較喜歡看到自己的名字「用漂亮的正字」印在書上。市級、省級及全國性的人物，所用的是真名。希望本書付梓印行，不致危及葉文德書記和其他村民的福祉。

1 已有許多以風水為主題的英文著作。這些著作包括：斐利民（Maurice Freedman 1964, 1968）、芮馬丁（Emily Ahern 1973）與羅四維（Sarah Rossbach 1983）。以中國觀點看待宇宙能量與健康兩者間關係的討論，可參見托培里（Marjorie Topley 1975）、黃樹民（Huang Shu-min 1979）與凱博文（Arthur Kleinman 1980）的著作。

第二章　家族歷史

葉書記和我走得很慢，他不時陷入沉思。突然他對我說道：「這不公平，我父親過了一輩子苦日子，從早到晚做得跟牛一樣……」他一股腦把所有的情緒發洩出來，此時正竭力平復呼吸。

在葉書記因父親的墳墓受人破壞而來找我的次日，我第一次有機會和他深談。前一晚他要離開時，問我能不能在第二天跟他到父親的墳上拍幾張照片。他已經到鎮上的派出所報了案，但是警方對這種無足輕重的案件一向是慢慢處理。員警大概要過一兩個星期才會去看犯罪現場。他想要是等到那時候，用來碰壞墓碑的石頭和足跡說不定已經被雨沖走或被牛踏平。我是村裡他認識的人中，唯一擁有照相機的。他說他會付我底片和沖洗費用。而我也很想親自去現場看看這個村子是如何的「迷信」，所以答應他次日一大早就到山上去。

到墓地的路上

葉書記和我相約上山那天是晴朗而涼爽的十二月初。溼度仍然很高，但是微微的西北風和約十五度左右的低溫正適合出外散步。對於習慣了亞熱帶氣候的葉書記和大多數的村民而言，這時已經開始入冬了。葉書記穿著厚重的灰色陸軍棉夾克。一看到我穿短袖襯衫，即嚷著說：「你難道沒感覺嗎？冬天已經到了！」

林村通到山上的泥土路筆直而少彎曲，看來是為農耕機具和卡車闢出來的。路的兩側已可見到許多勤奮的農婦在田間幹活。一九八四年中期，林村將全村共有的土地加以分配，每一戶都簽立了契約，分得一份田地。現在當局也允許私人擁有生產工具或企業。村裡大部分的男人都迅速掌握這個機會，買了牽引機（當地人稱為「鐵牛」），改成載貨的車子，賺了不少錢。另外有些人開了五金機械店，或是搞家庭工業，整日都不出門。鄉村婦女，跟她們的祖先一樣不被重視，被認為不足以承擔這些新興行業的大任，仍然停留在從事低階層及低收入的農作。看到這些女人奮力工作的樣子使我體會到中國人的勤奮特性，而且也可由此看出中國政府新推出的生產責任制為什麼能成功。

眺望遠處，露著石灰岩塊的山腳下綴著點點綠影，那是紅豆樹，或稱相思樹。村子離墓地大概有三公里遠。

葉書記和我走得很慢，他不時陷入沉思，偶爾他會和身邊經過的農婦點頭為禮，但是幾乎都不開口。突然他面對著我說道：「這不公平，我父親過了一輩子的苦日子，從早到晚做得跟牛一樣！我不能讓他在世時過好日子，實在無采（臺語：遺憾的意思）。他死的時候我才在蓋新房子，手上沒有閒錢也還沒有開始在村裡投資賺錢。在他其他幾個兒子都還沒有自立，沒有餘錢給他吃好的、用好的之前，他就死了。」他一股腦把所有的情緒發洩出來，此時正竭力平復呼吸。

「你父親的兄弟姊妹有沒有住在村裡？你父親是隻身搬到林村來的嗎？」我小心地問。「封建時代」[1]的民眾幾乎都和兄弟手足同住，同村的人往往都有著相同的祖先，姓相同的姓。村子也以村中最大的宗族命名，例如林村裡住的以姓林的人最多。[2]不同村落的宗族之間常有糾紛，我推測葉家可能在林村住得並不久。

「不，從我祖父那輩開始，就住在這裡了。」他答道。「但是你祖父怎麼會住到以林姓為主的村子裡呢？」我問。「說來話長，」葉書記一邊想一邊說：「我得一件一件講給你聽才清楚。從我家的歷史你也可以看出這個村子的基本特色。不知道這些，你就不可能瞭解村子內鬥的歷史根源，和我今天當黨支部書記的微妙現狀。」

「林村的所在地，土質屬於沙地，以前並不適合種田。」葉書記指著路兩邊的田地：「村子南方就是廈門港，但是去路被山阻擋。這裡的土不肥沃，每逢五月到十月之間的旱季就缺水，除非颱風帶來雨水，否則實在不宜種稻。早期居民都種地瓜，混得比較好的人，就搬到廈門或南洋過好日子。

「最早到這裡居住的人都姓林，所以林村這個名字才叫開來。林姓的人兩百年前從泉州府的安海鎮搬來，確實的時間沒人清楚，但大概是兩百年左右。我聽祖母說，一百二十年前林村最旺的時候，除了這裡之外，還占有附近幾個村子。光林村本身就有一千多戶，差不多都是姓林的。林姓占地很多，難免和別姓的家族起衝突，泥窟村就是林家的死敵之一。」葉書記指著兩公里外一小簇房子說道：「那就是泥窟村，寶珠就是那一村的人，她是在那兒長大的。」

「為什麼會起衝突呢？」我裝成對當地歷史一無所知的樣子。

「大部分的衝突都是小事引起的，像是池塘的灌溉水、墓地，或是偷盜事件。但是因為林姓人多，所以常仗勢欺人。例如林姓不讓不姓林的人住在村裡，連幫他們種田的佃農也不行。有人要經這林村到廈門去，他們也強索過路費。

「我是不相信這套，但按照封建時代的迷信，認為林姓在一百年前走完好運，因為林氏宗祠的風水受到破壞，所以林姓家族的運勢便敗壞下來。」

他提到的「風水」一詞，引起我的高度興趣，我迫不及待地插嘴：「怎麼會這樣？」

葉書記答道：「林氏宗祠原來坐落在村北的斜坡上，蓋得很好，但是現在已經淹在水庫裡了。宗祠是林姓族人共同的財產，他們每年都會在農曆二月十五和冬至時到祠堂祭祖。宗祠本身有公田，大概有五、六畝，[3]是村裡最好的田。公田每半年會收到三、四百斤稻米的田租，用來準備祭祖所需。剩下的錢就請所有林家的子孫吃頓好飯，本地人叫作『吃祖』。如果還有剩錢，就用來買豬肉，分給林家所有的男丁。我會知道這些，是因為林家在解放後還是這樣做。直到一九五二年，因為實施土地改革，將所有公田充公，所以祭祖就不辦了。」

「但是你還沒說林氏宗祠的風水是怎麼敗壞的？」我提醒他。

「哦，對。」他答道：「宗祠是建在山坡地上，前低後高。雨季來的時候，雨水從山上流下來，沖刷在祠堂後牆上，所以那裡出現了肉眼可見、但無關緊要的裂痕。地方上傳說是林承虎的祖父提議要在宗祠後牆外挖一道溝引開雨水；這個人念了不少書，村裡的長輩都很尊重他的看法，隨即找了幾個工人來挖水溝。但是工人一挖下去，地上就冒出血水般的紅色泉水，把附近都染紅了。工人一看到這種情形都嚇得逃走了，這是惡運臨門的兆頭。根據傳說，這是保佑林家子孫平安好運的龍脈被挖斷，破壞了原來的好風水。

「從此以後，林家就惡運連連。第一件應驗的事是一八八〇年間村子裡開始流行瘟疫。到底有多少人死掉，雖沒有一個確定的數目，但一年內全村人口因此少了一半。很多僥倖逃過一劫的林家子孫都逃往南洋去了。

「大約三十多年後，惡運再度襲擊林村，時間大概在一九一〇年代末期，這次又是瘟疫。家裡要是有一個人染上瘟疫，全家馬上跟著感染，而且必死無疑。我祖母小時候曾目睹這一切經過。她說，瘟疫開始流行時，村裡已經收成稻米和地瓜，家家戶戶都忙著準備十月十五日劉府元帥誕辰的祭品。他們從福州請戲團演三天戲酬神。當戲團帶著裝了道具、戲服的木箱來到林村時，村民卻忙著把一口口棺材送到墓地去埋葬。這次又有不少人死於瘟疫，沒被感染的人視此地為不祥之地，紛紛向外遷移。

「在兩次瘟疫之間，林姓家族的人碰到更嚴重的問題：林姓的媳婦很多都生不出兒子。在過去，福建一帶的男人嚴禁娶同姓或同村的女人為妻，所以林村的男人都從六公里外，與他們素無冤仇的安溪縣境挑選對象。由於生活條件苛刻，工作辛苦，這些女人都有強健的體格，而且為林姓家族生了不少壯丁。但是第一次瘟疫過後，這些媳婦就不能生育，就算會生也只生得出女孩子。這件事使林姓族人非常擔憂，因為沒有兒子，老了要靠誰呢？更糟的是，不能生兒子，父母死了之後哪有人來辦後事，供奉他們的牌位？死後沒人供奉就會變成孤魂野鬼。要是沒有男丁，這個宗族就『倒房』（意謂宗族到此斷絕）了。」

這時葉書記停在紅豆樹下休息。我們已經走到山腳下，離墓地不遠處。

「然後呢？這和你祖父住到林村有什麼關係？」我可不希望故事就此打住。

「哦，要解決沒有男嗣的問題，有好幾個做法。第一，如果堂兄弟的兒子不只一個，又同意讓出一個男孩，便可以過繼為自己的兒子。第二，如果堂兄弟或族人都沒有男孩，就得去買個男孩來養。第三，如果有女兒的話，就幫她訂房親事，但是要留在家裡面。我曾祖父母就只生了我祖母一個女兒而已，所以決定把她留在家裡。所以我祖父搬進來，結成這樁親事。」

我知道這叫作招贅，等於是收養女婿一樣。但是這違背了傳統父權觀念中女人出嫁從夫的情形，反而是女婿搬進妻家，成為妻家的一分子。在招贅時，如果女兒生了兒子，至少有一個兒子會承繼娘家的姓氏；至於是哪一個兒子要姓娘家姓，會在成婚之前講明，通常是選大兒子。

接受這種安排的人，在傳統中國社會難免受人歧視。讓出自己的骨肉去承襲別家香火，而且還是個兒子，被視為是種恥辱，只有自尊心不強或貧無立錐之地的男人才會給人招贅。人們認為這樣的人無力撫養老婆孩子，才把孩子給妻家，當作是吃住妻家的費用；在中國南方和臺灣，把這種情形叫作「抽豬母稅」。當然葉書記也明白這種安排的反面意義，所以提到他祖父母的婚姻時，他從不用招贅這個詞。

「我祖父就因為這樣而搬到林村來住。」他繼續說：「我祖父很窮，哪裡有工可做，他就去哪裡，我也不知道他原來是哪裡人。林家收養他，讓他和祖母成婚。婚後我祖母生了兩個兒子，大的姓林，我父親是老二，跟我祖父姓葉。」

「我父親十幾歲的時候去過南洋，大概是新加坡吧，待了三、四年。」葉書記平靜地說。

「所以你也有海外的關係！」我叫出來。我知道在文革時，凡是出過國的人，或是有親友住在外國的人，都會被打成叛國賊或間諜。我不知道他是否曾經把此事告訴別人，或因此而受人攻擊。

他似乎看出我的心事，所以輕鬆地說：「在本地，有海外關係不算什麼。差不多每家都有住在菲律賓或馬來西亞的親戚。況且，政治鬥爭大多是針對高層的黨幹部和城市裡的居民，農民大都得以逃過政治鬥爭的迫害。」

「我父親會到南洋，是因為我母親的堂姊要隨著丈夫移民到新加坡去，所以帶著我父親一起去。我父親出洋之後，我祖父死了。不久繼承林家姓氏的大伯也死了，剩下我祖母一個人，於是祖母就到南洋去把我父親帶回來，好讓他繼承林家的十畝田地和一棟房子。這大約是一九三〇年以前發生的事，因為我父親回來不久就爆發抗日戰爭，中國和南洋之間的連繫就被切斷了。」

這個時候我們已經到了葉書記父親的墓地。這個墳墓蓋在一座小丘的底部。面朝東，墓碑是大理石製，碑前的地是用石板鋪的。碑上刻了他父親的名字、生卒年月、出生地，還有在世的兒孫名字。灰色的碑石和紅色的字形成很強烈的對比。

墳丘則以拌了紅土的水泥覆蓋其上，雖然從完工後，雨水和塵土已使原先的紅色褪成灰灰的淡紅色，但看起來還是紅紅的。葉書記大概是記取村中傳言的教訓，所以早在父親的墳墓後方挖了一道水溝，以免山上流下來的雨水破壞了墳墓的構造。自然力的破壞可以事先預防，卻擋不住蓄意的人為報復。大理石墓碑裂成兩半，墳墓四周散置著石頭，還有一些腳印。

這座墓無疑是近年林村新建的墳墓中最壯觀的。葉書記看來也因此而感到驕傲。他轉向我，親切地問道：「你看怎樣？」

「哦，這個地點一定選得很好。」我很小心地遣詞用字。我對風水知道的不多，但不想說錯話而引起他的反感。「你父親可以從這兒看到平原的風景。蓋這座墳墓一定要花不少錢。看這個人家就知道你這個人很孝順。」

「嘎，錢倒不全是我出的。」他有點不好意思：「我父親死了以後，我們兄弟分了家，所以喪葬費用大家一起分攤。不過，這個墓的模樣是我自己想的，工人也是我請的。」

「要不是有人破壞，看起來會更好看！」

「是啊！」一提到破壞的事，他整個人都激動起來：「你知道我為什麼這麼氣那些對我父親大不敬的人了吧！現在能不能麻煩你幫我拍幾張照片？」

我一面用帶來的兩部相機拍照，一面問他：「你父親從南洋回來之後，發生了什麼事？」

「抗日戰爭期間，福建南部被日本人占據。這段期間我祖母安排了父親的婚事。我母親是從廈門附近的蓮板村嫁過來的，那村子在林村西方五公里處。我母親娘家很窮；廈門人或是廈門附近的人，除非是三餐不繼，很少願意嫁到林村來。」

「為什麼？」我覺得好奇。

「這倒不是因為林家沒有田，那個時候，林家的田地還有很多沒人耕種。一九二〇年代和一九三〇年代，林氏宗族人口遽減，因為既有兩次瘟疫，又缺少男丁。林家人暴斃或是沒有子嗣時，田地就傳給血緣關係最近的親戚。當時林村的男子大多同時傳承數支家族的香火，並得到那些田地。」

這時候，我已仔細將損壞的地方拍下來，並叫葉書記站在他父親的墓前照幾張照片。照完了，我們又像來時一般以散步的速度走回去。

葉書記並沒有忘記他的故事還沒講完：「我說到附近的人除非三餐不繼，否則不會把女兒嫁到林村，因為這裡的生活太苦了。家裡用水，甚至田裡的灌溉水，都要靠女人從深井裡一桶一桶打上來。女人每天要花上半天時間把水從井裡打上來。用扁擔挑回家或挑到田裡。這種工作很辛苦，所以大多數的女人年紀輕輕就得了關節炎。做得這麼苦，三餐還是只有地瓜可吃。所以很多女人怕嫁到林村來做苦工。」

「若是附近的女人怕嫁到林村來，那你父親怎麼娶得到太太呢？」

「哦，抗日戰爭的時候，情況有了大轉變。」看來葉書記並未因我窮究到底而生氣。「打仗的時候，不但福建內地的窮人喜歡這裡，連廈門市的人也喜歡這裡。這是因為戰爭爆發之後，盟軍封鎖了海岸線，所以日軍就用配給的方式來分配食物。廈門食物短缺得很厲害，所以連地瓜都變成奢侈品。在這種情形下，林村人不難從內地或廈門娶到老婆。

「我是一九四三年生的，也是家裡的老大。我大弟小兩歲，我一共有六個弟弟一個妹妹。

圖2-1　葉書記站在他父親的墳前

雖然我家自己有田，不用像佃農一樣付田租，但是生活還是很苦。為了要餵飽這麼多口人，我父母從早到晚做牛做馬。我父親是個老實人，很少講話；他工作勤奮，從來不跟人吵架，他盡量讓我們吃得飽，有書可讀；我是家裡第一個念到高中的，我下面那兩個弟弟沒有這種機會，真是可惜。」

「你父親租過林家的地來耕種嗎？」

「沒有。我祖母繼承了曾祖父母的土地，然後傳給我父親。但是那時候村子裡有不少佃農。林家的龍脈一斷，發生了兩場瘟疫，女人又生不出兒子，所以林姓人口大量減少；一九三〇年代之前，村裡的林姓人家剩不到三十戶。附近很多田地棄置無人耕種。所以他們開始把用地租給渴望有田可耕，從北邊的安溪、惠安、同安等縣來的人。田租跟福建南部的行情差不多，佃農每年要繳納收成的四分之一到三分之一給地主。現在住在林村而不姓林的人家，除了我家以外，都是在一九三〇年代和一九四〇年代搬進來的。

「搬進村裡的人，特別是那些和林家沒有關聯的人，簡直把這裡鬧翻了天。一開始，村內就衝突不斷。新來的佃農占村內人口的大部分，他們討厭林家的地主，說林家的人欺壓佃農。這些地主先把這些棄置的田地租給佃農，每年只收年收成的四分之一做田租。這些農民修好梯田、改善土質之後，林家就把田租提高為年收成的三分之一。如果這個佃農不肯付較高的田租，林家就將田地轉租給其他願付較高田租的農民。因為林家錢多勢大，這些非林姓的人便飽受欺壓，並懷恨在心。」

「佃農曾經起來反抗嗎？」我問道。

「哦，有啊！」葉書記淡淡地回答，看不出他是贊同或是同情。我覺得他的反應頗耐人尋味。中國共產黨的文學作品和宣傳總是毫無例外地將一九四九年之前的地主描寫成貪婪、奸詐，以貧窮而無招架之力的農民的血汗維生。政府的口號是「地主該死、農民萬歲」，民眾也秉持這種態度。但是他顯然不把黨的指示當一回事。

葉書記平淡地敘述著，彷彿講的是另一個時空的事情：「反對林家鬧得最厲害的是吳明和吳良兩兄弟。他們在一九二〇年代遷到林村，和鎮上其他吳姓的人是同宗，祖籍都是安溪縣。因為是同宗，他們很團結。吳家聯合了其他佃農和長工一起對抗林家的壓榨。要是林家片面決定解除田契，不是林家的人就會復仇。

「抗日戰爭時，吳家兄弟都是二十來歲，身強力壯而且學得快。他們很懂得利用有權有勢的人，讓自己慢慢壯大。吳家兄弟因為沒有田產，又不肯種林家的田，所以沒有固定的工作，誰肯出錢他們就為誰工作。例如說在抗日戰爭前，比較年輕的吳良就幫國民黨政府，做村裡的保安官；到了日據時代他又投靠日本那邊，還是做他的保安官。雖然日軍占據沒幾年，但他還學會了好些常用的日本話呢！日本人一走，國民黨又接收了這個村子，吳良又再做一次國民黨的保安官。因為有這種外來勢力的支持，貧窮的村民才得以抵制林家。不過林家人大都把吳家兄弟當作是惡棍，很瞧不起他們。一九四〇年代，雙方面衝突得很厲害。一九四九年後，情況更加嚴重。

「除了因為外來的移民使得內部衝突升高之外，還有另一個現象，就是婚嫁方式的改變。過去林家的人嫁娶的對象一定不是林村的人；他們沒有其他的選擇，因為全村的人都姓林，都有親戚關係，所以不能結婚。但是後來遷入不姓林的佃農，也沒有親戚關係，這個定例就改變了。林村既有這樣多不同姓的人家，年輕人就可以在村子裡找對象。自一九四〇年代末期開始，同村人聯姻就變成慣例而非特例了。

「現在，你總算知道為什麼我家在林村的地位很微妙了吧？」他轉向我直截了當地問。「一方面，因為我祖母的關係，我家繼承了林家的房子和田地，比起住在這裡的佃農，我家因為母系那邊和林家的關聯，所以比較安全。[4]另一方面，我們不是林家的祖先傳下來的，也不具有林家的控制地位，在這方面我們算起來跟姓林的又不在同一邊。因為這樣的地位不偏任何一方，所以我家才能保持中立，不受任一方的牽連，遠從林家還在強壓其他姓氏的人家時就是如此。」

這時候我已經走到我租的房子前了。葉書記話中豐富的內涵使我如沐春風，我迫不及待想在忘記之前將所有細節一一記下。

風水的重要性

林氏宗祠的風水是如何轉變，幾乎導致林氏家族滅亡的？我問了幾個村裡的老人家，他們的講法都和葉書記的差不多。但他們還多講了一點：傳說一九六二年間水庫完工之後，林家的惡運就走完了。因為建造高壩在低地蓄水，使得當地的風水跟著改善。巨大的水庫成了潛龍棲息、復原之地。村裡的老人家也認為，村子北邊和東邊的堤防圈住了全村的財氣，不再像以前那樣財氣都流到內地去。老一輩的人說，只要看林家在蓋了水庫之後愈來愈興旺，不但錢多起來，男丁也添了不少，就可以證明此說不假。

後來我和葉書記談話的時候，發現他對有關信仰層面的事都避而不答。例如，當我問他在一九八二年政府停止打壓民間的宗教活動之後，村中是否新設了廟宇時，他板著臉說：「沒有。」不用說，他也否認村裡有道士、乩童或靈媒存在。但是到了一九八五年一月間，我到林村三個月後，發現村人在僻靜的地點新蓋了一座廟。而在與村民的訪談中，我也發現村中有靈媒，經常施法。我記下兩位以神力為人治病的村人姓氏，質問葉書記這如何解釋，他顯得很不自在。

「我不應該在一開始結交你這個朋友的時候，跟你談迷信的事情。我們唯物主義者是很反對這些唯心主義者的無稽之談的。我是個共產黨員，所以我從來不參加村廟的活動；比如說，這個廟落成了快兩年，我卻一步都沒有踏進去過。你提到的這兩個靈媒，我覺得他們都是利用農民的無知和不幸來賺錢的江湖術士。廟裡要收錢辦廟會、拜拜等時候，我會捐錢，不過用的是我大兒子的名字。這表示說，我是村子的一分子，大家做的事即使是迷信我也會參加。但是身為黨員，我並不贊同這樣的活動，所以不想讓自己的名字列在捐獻的名單裡。」

「雖然你是黨員，但是你還是相信風水！」我不無諷刺地答道。

「風水跟廟裡的偶像崇拜是兩回事。」他堅持道：「風水和神佛靈媒無關。它講究的是蓋房子、蓋墳墓的方位，方位會影響運勢。風水好不好，也用不著求助廟裡神棍的胡言亂語，我自己就可以告訴你。」

他帶我到他新蓋好的房子那裡。這棟雙層房子無疑是村子裡最顯眼的建築。它不但有傳統的庭園，而且牆壁之外，另加一道鐵製圍欄，木製的門窗上都有精美的刻工。這樣的房子可不是幾天之內就能完成的。我們來到二樓的陽臺，飽覽全村的風景，遠處還可看到山間的墓地。葉書記清清喉嚨，像大多數村民一樣吐了一口痰到地上，然後開始講述關於風水的事。

「你看那邊的房子，」他指著村子南邊的幾座房子：「你一眼就可以看出它們有固定的型式。蓋房子的時候，大家大都喜歡蓋朝南的方向，因為南方代表溫暖和繁榮。次好的方向是朝東，這是太陽升起的方向，代表初生。西方就不太受人喜歡，因為那是太陽下山的方向，令人想到工作結束和生命的終止。北邊這個方向最要不得，既寒又暗，而且了無生機。從實際上來看，房子要是朝北，就正當冬天的寒風，當然不算是好方向。所以要考慮風水，首先就要考慮房子的坐向。」

我仔細地聽他講述，但是一點都不覺得這有何稀奇之處。如果我要在美國買房子，愛荷華的房地產仲介人也會跟我講一樣的話。我不耐地插嘴：「那第二要考慮什麼呢？」

葉書記似乎並未因為我的無禮而不悅，他繼續說道：「第二，房子要前低後高，這樣才會有屏障，才會穩。像人蹲在地上，背靠高地，面對可能從低地上來的敵人一樣。但是在林村，蓋房子時若要考慮這兩個原則的話，就會碰到問題。村子是位在斜坡上，南高北低。在此情形下，我們不能蓋坐北朝南的房子，不然就會面對山丘，背靠低地。我們俗話稱之為『倒頭栽』（上下顛倒），這樣蓋的房子風水不會好。如果不能朝南，那麼還有三個選擇，朝東、朝西或朝北。但我說過，沒人會選擇朝北或朝西，那麼只能朝東。所以如果你仔細看，你會發現村子裡的房子大多朝東。」

葉書記說完後，我朝村中望去，果然如他所說，房子多朝東向，但是還是有三、四棟房子不朝正東，反而微微偏南，我指著這些不合常規的房子，問道：「這些房子怎麼跟別人不一樣呢？」

他嘴角微抿輕笑，好像在說：「我就知道你會問這個問題。」他又清清喉嚨，答道：「所以我才說風水會影響人的日常生活。蓋這些房子的人想控制風水。他們想，雖然不能朝南，至少可以微微朝南，這樣大概可以沾到朝南的好處。不過，他們這樣做，不但自己惹禍，而且還禍延子孫哪！」

「禍延子孫？」

他看著我說：「我跟你講一個我親眼看到的例子。這些房子之中，有一家屋主叫李矮，因為他的個子小，大家就叫他矮子。矮子的房子在一九六八年動工，他一開始就想讓房子微微朝南，大概是他覺得要是偏南一點運氣會比較好。但是請來的工頭警告他說，朝這個方向會招來惡運。不過矮子很頑固，他說他是共產黨員，他不信這套迷信的事情。不管工頭怎麼勸他，他就是不肯讓房子改朝正東。

「他的房子在蓋的時候就問題不斷。房子的後牆，老是蓋到一半就倒了。蓋了好幾次才把這片牆蓋好。過了一年，房子落成，矮子一家就馬上搬進去了。但是這一年還沒過完，矮子的老婆得了一種怪病死了，死的時候才三十九歲。隔年是一九七〇年，一月時，矮子也得了癌症死了，才四十二歲，只比老婆晚三個月走。矮子死了之後四個月，跟他同住的老母也生了怪病死了。你看，三個大人在一年裡相繼死亡，身後留下四個孩子。鄰居們雖然可憐這幾個孩子，可是心裡也怕得不得了。大家都說這棟房子風水不好，有鬼魅作怪，住在裡面很危險。

「矮子的大女兒當時才十九歲，無力照管弟妹，所以矮子的小舅子（妻子之兄弟）就搬進來跟他們一起住。這位小舅子說他晚上碰到很多恐怖的事情。比如說，在夜深人靜時，他常聽到屋頂上傳來哀號尖笑的聲音。有天他到閣樓去，竟在屋頂大梁下找到好幾張冥紙。這不用說就知道是工頭在蓋房子時動的手腳。」

「這個工頭為什麼要這樣做？」我問道。

這次葉書記倒對我打岔感到有點生氣，他說：「讓我說完你就知道了。」

「幾年後，他們又找到好幾件證物，看得出是有人對這房子下了咒。一九七五年，我升任治保主任後，有次有人報告說矮子家裡出現了很邪門的東西，要我去看看，原來是房子的後牆又倒了，倒下來的磚石碎片之中竟有一件人的膝蓋骨穿紅線和一隻小小的木鞋模型綁在一起。大家都嚇壞了，沒有人敢碰。不用說，這也是工頭做的手腳，要害矮子一家人。

「根據傳說，如果房子蓋得不合風水的原則，那麼不是屋主就是工頭會遭殃。為了讓自己不受害，最好的辦法就是在屋裡放些邪祟之物，這樣子屋主倒楣，但是工頭卻得免災禍。不過等到連膝蓋骨和木鞋模型都被除掉之後，屋子裡再也沒有其他不乾淨的東西，災禍就轉到工頭身上。這時工頭已經搬到別的村子去了，我們聽說有一天晚上他喝醉酒回家，跌進路邊農民儲存糞肥的池子裡，淹死了。工頭在蓋矮子家的時候，和一個女工同居生了個兒子，他離開本村時把兒子送給別人撫養。工頭一死，那孩子也跟著死了。

「另外有一家遭遇也差不多，這家屋主叫作林樂山，以前是保安隊長，人頑固得要命。林樂山的嗓門很大，所以人家都叫他雷公林，他在一九六八年開始興建新居，當時有一個會看風水的村民告訴他說，這房子的五行相剋，要解決這個問題，就得在屋後掘一道溝。雷公林也是黨員，這些話他根本聽不進去。房子蓋好之後沒幾個月，雷公林就丟掉了隊長這份差事，不久，便因癌症而死。但是他家的惡運還沒完。一九八三年九月，雷公林的大兒子，開著牽引機改裝的車子，準備到山邊去採土做磚的時候，山上土石突然崩落，他就被活活埋在裡面壓死了。」

我聽葉書記講這個故事，聽得十分入迷。後來我有個機會把村內的戶口登記簿影印下來時，就特別看看李矮和林樂山的資料。戶籍上登記的李矮、太太和祖母，還有林樂山和兒子的死亡時間和死亡原因，和葉書記所言相符。很顯然的，風水會是農民建造陰陽宅時無可忽略的考慮因素。光憑政策，是很難取代這種習俗的。

1 「封建制度」或「封建時代」在中國的使用範圍很廣泛。它通常用來表示在一九四九年共產主義勝利之前、也就是「解放」之前的歷史時代。以這個用法來看，中國在一九四九年以前的帝制時期和民國時期所有施政，以及整個中國的文化傳統，都能用這兩個詞一併概括。「封建制度」帶有明確的負面涵義，然而中國共產黨在使用這個詞彙時，是有選擇性的。他們使用的標準，一方面是根據正統馬克思主義對人類歷史發展的階段論，另一方面則是受當時的政治風向左右。一般來說，傳統的宗教習俗如祖先崇拜和薩滿教等一直以來都被視為是封建的；

其他還有媒妁婚約、父權思想、裹小腳和納妾等。中藥則是例外。

2 中國東南部與南方存在單姓村落。可以參考斐利民（Maurice Freedman 1958, 1966）與黃樹民（Huang Shu-min 1980）的著作深入瞭解。

3 中國計算農地的單位稱作「畝」。一公頃等同於十五畝，而一英畝約為五・七畝。

4 母系親屬在中國傳統社會脈絡中的重要性，在葛伯納（Bernard Gallin 1960）、葛伯納與葛瑞黛（Bernard Gallin and Rita Gallin 1985）的著作中有詳盡論述。

第三章　解放

葉書記娓娓述說剛解放的景況：「變化最大的就是一些大地主，簡直就是從天上掉到地下。」

在冬天「突然」降臨中國南方之前，我已經把自己安頓好了。我用「突然」一詞毫不誇張。在一九八四年底和一九八五年春之交，前一日明朗的晴空突然被厚重的烏雲所籠罩，偶爾還飄著細雨。每逢冬天，寒冷乾燥的冷氣團便從西伯利亞南下，橫掃中國大陸，在遇到自太平洋而來的溫暖氣流時產生鋒面。原為東南向的氣流，在溫暖的海面中吸收了大量水分之後，便轉為西南向，在中國東南沿岸降下大量的雨水。像這樣的雨，當地人稱為「梅雨」，大概從十二月底到三月底之間，連降三個月的雨。

有的人會懷疑，位於亞熱帶的福建南方，怎可能有真正的冬天？絕對溫度在攝氏五度到十度之間，並不算低。雨勢也不如七、八月颱風天的傾盆大雨那樣驚人。但是這的確是冬天。在這個地區，房子的絕緣性並不好，又沒有暖氣設備。窗、門、屋頂上多的是足夠讓寒風吹進來的小隙縫。起初，我試著用煤氣爐或是電熱器讓室內變得暖和一點，結果是白費力氣。呼嘯的西北風從屋裡的每一個角落吹進來，瞬間就把熱源散發出的熱量吸收殆盡。

村民們裹著厚重的棉襖以抵禦徹骨的寒風。上了年紀的人常會帶只竹籃，裡面是個陶爐，燒幾塊木炭，用來烘暖雙手。大部分的人都把下田的時間縮短，反正作物也不像夏天的時候長得那麼快。要是雨勢轉劇，村裡的磚廠和沙磚窯就得停工。年輕男人平白得了一天假，便聚了三、四個人撿個僻靜的房間裡賭博去了。[1] 一般而言，中年男人比較不那麼喜歡打牌，天還沒黑就開始喝酒。村內的社交生活中，酒量好的人被視為有男子氣概。尤其喝起村中自釀的米酒能千杯不醉，更是村民崇拜的對象。有時，他們會找我一塊去喝酒，所以我就利用這個機會做訪談。但是大家喝著喝著，有的人就喝醉了，話也講不清楚，想要繼續進行深度談話實在有困難。

葉書記酒量並不好，或者是因為他太正派，不願染上村人這種不算太好的嗜好，所以他很少參加這種聚會。他大多選在下午或傍晚來看我。我們邊聊天邊喝茶和吃蜜餞——蜜餞的口味我不大喜歡，但是當地人常用它來待客。有時候，葉書記會邀我到他家去，他太太會準備點下酒菜，配上兩、三瓶上海釀的白雪牌啤酒。在這種場合，我較能聽到有系統的詳細資料，像是他童年早期生活的情形，還有他對村內在革命後產生的立即改變的看法。

土地改革

「一九四九年解放的時候，我是六歲。」平常葉書記講起話來聲音高、速度快，但是一談到他早年的生活卻放慢速度。「新政府成立後，我家倒沒受到多大影響，當時我家有十畝田，但是有六張嘴靠這些田地吃飯：我祖母、父親、母親、兩個弟弟，還有我，田裡的收成只能勉強過日子。因為我家有田，所以在土地改革時，我們被劃作中農。」[2]

「所以你家就沒有多大改變囉?!」我問。

「沒錯。」葉書記答道：「但是村子裡大部分家庭的社會地位都顛倒過來。地主和富農變得一無所有，再也抬不起頭來。而以前做佃農、做長工的人，現在變成榮譽公民。」

「此時村子裡最驚人的事件，」葉書記似乎有點不屑：「是人民解放軍到達後，把吳明和吳良兩兄弟帶回來。吳良又當權了，他的手腕真是無人能出其右。看他這一輩子，有時候我真會覺得冥冥之中似乎什麼事情都是注定好的。」

這時候我已和一些村民較熟，吳良也是其中一個。人家介紹說這個人從公家退休下來之後，就負責接聽大隊裡的電話——電話是林村和外界聯繫的重要線路，尤其要做生意的話，絕少不了它。這個人大概六十多歲，頭髮有點白了，因為有一腳跛了，所以走路的樣子很奇怪。他的眼睛常充滿血絲，臉頰紅紅脹脹的，一看就知道是個嗜酒如命的人。他很少講話，有禮貌，人也很謙虛，這是我去借用大隊辦公室的電話時留下的印象。除此之外，我覺得他沒有什麼特別，雖然葉書記說這個人以前是村裡的重要人物，我仍不覺得他有何過人之處。

「多講一點吳良的事，」我催著他：「他是怎麼有權起來的？」

「一九四八年和一九四九年初，國共雙方在中國北方和中部交戰，戰況愈來愈激烈，所以國民黨就從村子裡抽壯丁。因為國民黨那邊戰敗和叛變的人多，勢如山倒，所以從福建南部這裡拉去當兵的人也多了起來。自古到今，有錢人家總是想盡辦法不要讓兒子去當兵，花錢買一個替身應召入伍。吳良願頂別人的名字當兵，沒人會覺得意外，因為這真是一條賺錢的捷徑。有錢人要買他做替身，他就獅子大開口，要了個天價。他跟著別的新兵受基礎訓練，被送到前線。但一有機會就開小差，做逃兵，逃回村裡來；然後再把自己賣給另一家有錢人，又應召入伍，開始另一回合的入伍、脫逃。

「吳良這個把戲玩了好幾次之後終於失風了。根據我們村子裡的講法，是他觸了楣頭。他最後一次賣身的時候，國民黨的帶兵官對新兵監視得很嚴，吳良根本沒機會逃走，結果真的被送入戰場。不久他就被人民解放軍抓到，所以他就叛逃到共產黨這邊來。對他這種人而言，叛逃大概一點也不算什麼。他對國共雙方的政治理念沒半點興趣，隨便哪一邊，只要肯給他好處，他就靠到那一邊。吳良就是這樣開始在解放軍裡做一個最小的兵，然後跟著共產黨行軍到南邊來。事情是怎麼樣的沒人知道，不過我們是聽說吳良在戰場上，被國民黨的炮彈炸跛了一條腿；所以他就從解放軍裡光榮退伍了。」

這樣聽起來，難怪葉書記會覺得事情很諷刺。從解放軍退伍，等於是拿著一塊金牌一樣。而造化作弄人，像吳良這種投機分子，竟也有這一天！

「一九四九年年底前，國民黨已全數退出大陸，新的人民政府也已成立。吳良和他哥哥吳明，隨著解放軍勝利凱旋，回到村子來。村子的新領導人應具備的各式條件，他們通通都有：在階級劃分上，他們算是沒有田產的人，是封建時代受壓迫的一群；吳良加入了解放軍，又在打仗時受了傷，這樣一來，就是個戰鬥英雄了。

「雖然吳良和吳明根本不認識字，還是被指派為村長和副村長，村裡的人都諷刺吳良是『三朝紅』。紅色是共產黨的最崇高象徵，而吳良可謂紅遍三朝：日本人、國民黨，現在是共產黨的時代。因為右腳有傷，所以他多以左腳支持身體的重量；像你現在看到他走路時，他一定只把身體重量放在右腳上一下子，就馬上轉到左腳去，像是跳著一樣，所以村裡的人就叫他『田雞吳』。他大權在握的時候，大家只敢在背後叫。但在他被當眾羞辱之後，人人都當面這樣叫他。從這個小地方你就可以看出村民多麼看不起他。像這種無賴漢，手裡一旦有權，什麼過分的事都做得出來。

「就拿田雞吳來做例子就好。假如一個中國字就像西瓜一樣大，那吳良總共認得的字還不到兩籃扁擔！他既不識字，你怎能指望他懂得那些政策、指令的意義？一九四九年，人民政府接收了農村。一九五一年實行土地改革，這些在他倆兄弟眼裡，正好可以當作藉口，報復以前鄙視他們的人。村裡變得像個恐怖世界，並且埋下日後仇恨的種子。」

「我想，在那幾年間，大概是以前的有錢人和地主吃的苦頭最多吧？」既然他暗示吳家兄弟濫用權力，我很想知道他們到底做了什麼事。

「沒有錯，」葉書記好像是在引導我問出來：「剛解放的那幾年，變化最大的就是這些大地主，簡直就是從天上掉到地下。田產多的大多是姓林的，外姓的只有一兩個。林家田地最多的人是林柏亭的父親。在一九三〇年代，他家田地最多的時候，多達一百畝（大約六・六公頃）。他家田地會這樣多，是因為宗親裡好幾家沒有男丁，斷了後嗣，所以田產過繼給他們。不過林柏亭的父親抽鴉片菸上了癮，為了這個嗜好，揮霍了大半家產，不到一九四九年，他家就只剩下三十畝左右（約兩公頃）。但是話說回來，其實真得慶幸林柏亭的父親幾乎把家產散盡。吃鴉片菸的癮救了林柏亭，讓他在解放後少吃點苦頭。

「解放後，林柏亭被歸為富農，而不是地主。一九四九年，人民政府一成立，第一件事就是用一套很複雜的公式，叫作『剝削程度』把農民加以分類。這個評估的標準，就是衡量這個農家有多少人下田工作，僱了多少長工和零工，僱用工人的時間和租予佃農耕種的時間。

在仔細計算之後，林柏亭的剝削程度被訂在二七％，剛好比被歸於地主階級的三〇％少了一點。他沒有被扣上地主這個大帽子，所以免於遭受對地主的嚴厲處分。但是，雖然這頂大帽子沒扣上，他的苦難卻才剛開始，直到他死，才結束了這一生的悲劇。」

「但是這是國家政策要把人民加以分類的，吳家兄弟怎能自作主張，為所欲為？」我堅持這一點。

「是的，這的確是國家政策，」葉書記承認道：「但是在推行政策的時候，這些早期的幹部把事情做絕了！對付富農當然跟對付地主不一樣。但是林柏亭只是個富農，吳家兄弟卻當他是個地主一樣，很殘酷地迫害他。這點我覺得無法忍受。

「林柏亭不幸的一生，在我心裡造成很深的印象，久久無法忘懷。他比我大十七、八歲；解放時，我還是小孩，他已經二十多歲了。因為家境好，他不像種田人一樣整天在大太陽下曬，吃得也比較好，所以他的面色油亮，有點胖胖的，所以大家才叫他作『胖林』。他似乎體會到，在新政府之下，全家將得忍受苦難的煎熬。他很認命，也盡量去適應。他的臉上永遠都掛著受到驚嚇的微笑。即使在面對最凶狠的大敵時，他還是帶著這一種面容，無力地接受各項指控。

「在我童年的回憶裡，胖林懦弱、沉重而無助的身影占了很大部分。每當他走在街上，小孩子都會跟在他身後，不一會便聚了一小群。這些孩子大概是在學大人的樣吧！他們向胖林丟石頭、罵髒話。我父親卻說，雖然胖林家以前有田產，但是他和他父親兩個人對待佃農和村民，都沒有什麼不當之處。縱使他家目前在政治上受人鄙視，但我們沒有迫害他們的權力，這點我父親很堅持。我照我父親的話做了，我只會遠遠地看，不會跟著別的孩子那樣做。雖然共產主義要我們痛恨這些階級敵人，但我卻對胖林他們這種人產生同情。

「胖林大概是全村林家的有錢人裡，最多災多難的一個。在解放之前，還有四、五家姓林的有田產，但是沒有多到地主的程度，只像林柏亭一樣，被列為富農。剩下的林家人則被歸於中農，不過其中還是有幾家比較落魄，在解放前就因為賭博、玩女人、吸鴉片而散盡家財，那就連中農也談不上了。」

「這種階級劃分對人的生活影響有多大？」

「非常大，尤其是富農和中農之間的差異，對人的生活影響更大。這條界線簡直是劃出了兩個不同的世界。因為富農在解放前把田地租給佃農，或是僱了幾個長工，罪狀雖不如地主之重，但仍然被視為剝削農民。富農、舊地主、前朝官員、罪犯，還有反革命分子，這些人統稱『壞分子』，每當政治運動一發起，特別是在高層的政治人物鼓動群眾進行示威，『鬥倒壞分子的時候，這些人便被拖到講臺上，承受群眾交相怒罵和拳腳相向。但是如果這個政治運動不太重要，富農有時可以得免，只有真正的地主和反革命分子會受到攻擊。其實對富農的真正懲罰，是讓他們的子女很難有機會接受良好的教育，或是加入人民解放軍，只因為他們出身富農家庭。相反的，中農就不會有這些限制，因為在本質上他們沒有剝削其他農民。」

「林村有沒有地主？」我問。

「可以說有，也可以說沒有，」葉書記答道：「除了林姓幾家被歸為富農之外，另外還有兩家，擁有的田產足以被劃為地主階級。他們和林家沒什麼瓜葛，擁有這些田產也是相當晚近的事。第一個地主是萬立，他以前生活很苦，所以到南洋去求發展，把妻兒留在村裡。他賺了很多錢，這些錢大多寄回來，由他妻子向林家買地。一九四八年時，萬立回到村中來享受辛苦了半輩子的成果，那時候他已經有四十畝上好的田地了（約二．七公頃）。次年新政府成立，使他的夢想泡湯。雖然他擁有的田地和佃農之多，足以被列為地主這一類，但因為他回來不滿一年，所以不算是地主。要被劃為地主的，田地租給佃農的時間至少要在三年以上，所以他逃過一劫了。

「但是以前幫萬立經營田產的管家可沒這麼幸運。在一九四九年以前，地主若是不在，僱個管家來管田產是常有的事。管家負責將田租給佃農，訂定田契，還有收租。萬立從南洋把錢寄給妻子的同時，也僱了位姓鄭的人來管田產的事。這位鄭姓管家收租時極為無情，佃農心裡都憎恨這個人。雖然鄭管家自己並無田產，只是幫萬立做事，但還是被列為地主，在一九五一年土地改革時予以處決。

「村裡第二個地主是洪阿輝。這個人跟萬立一樣在南洋發跡，在解放之前回來買下不少田地。他的田是種稻的梯田，大概有三十畝（約兩公頃）。但他也一樣沒有被列為地主，因為解放之前，他在村中住不滿三年。所以啦，我們這裡有田地很多的大地主，但是技術上而言，他們又不算是地主。既然村裡沒有明白的地主階級，在鬥爭的時候，吳氏兄弟就拿林柏亭或其他富農當靶子。這樣做實在沒有必要。

「每當我回顧林村剛解放的那幾年，我都覺得很幸運，被劃在中農階級[3]。要是被劃成富農或地主類，我們會受盡侮辱，被人整得半死；也絕對不可能進高中或入黨，因為這種人是『階級敵人』。從另一方面來說，要是我家被劃成貧農或是更低的階級，我們就會想去抓權、壓制別人，結果掉入交相仇恨、報復的迴圈之中。」

「你的意思是說，在解放初期，像吳良這種不適任的地方幹部犯了不少錯誤，而這就是後來會發生問題的根源。」我把我的想法講出來。

「不，」他糾正我：「不只是農村幹部濫用權力而已，情形還要比這個複雜得多。事實上，政府也發現有這個問題，所以在一九六〇年代初期，發起政治運動要把原來的幹部趕下臺。舊幹部的權力被收回，另外提拔了一批貧農坐上這些位子。這批『純無產階級』的教育程度和投機性格，比起其前任其實沒什麼兩樣，只不過原來他們不在政治核心內罷了。他們抓權和壯大自己聲勢的種種途徑，和舊幹部如出一轍，攻擊的對象，除了地主之外，也指向原有的幹部。所以又開始另一輪暴力的循環，村裡的仇恨情緒也加深了。至於吳良和他哥哥吳明，雖然解放後，曾經擁有很大的權力，但是沒幾年，大家就不和他們往來、羞辱他們，他們的職位也不保了。」

「你是說，解放後，政府將貧農提拔為幹部，這個政策根本就是錯的？」葉書記直言無隱，令我略為震驚，我想好好弄清楚他的意思。

「不。」這次他回答的時候，更加強了語氣：「出問題的不只是政策而已。有時候，我會懷疑我們的政府要將農民分為不同類別，搞階級鬥爭，到底是不是一種本質上的錯誤。人本來就生而不平等：有的人比較聰明，有的人比較勤快。如果我們處罰那些工作勤快、積存財產的人，獎勵無能或是懶惰的人，就等於在傳達錯誤的訊息給大眾和下一代。要是大家看見家人或是鄰居，因為在解放前工作勤快而落得這種下場，那就不太可能辛勤工作、力求改進了。」

「所以，你看，」葉書記對著我說：「問題不只出在政策上，其實問題的根源還要更深：這關係到一個人怎樣看待這個社會和生活在其中的每一個人。社會不能建立在互相仇恨的基礎上。而強調階級差異卻正好鼓勵大家互相仇恨。一九七八年時，政府決定廢除這套區分人民階級的辦法，這個決定很好。你要是現在去看戶籍登記本，會發現上面已經沒有『階級』這一欄了。要決定事情的時候，我們不再考慮個人的階級出身如何。要這樣子做，才能慢慢撫平那些借階級鬥爭之名、行不公不義之實所扯開的傷痕。」

「你們家在解放後有什麼大的變化嗎？」我問。

「不多，」葉書記答道：「解放後的那些騷動，對我家沒什麼影響。我父親把力氣都花在田裡，好讓一家溫飽。他不會插手村裡的政治。他總是提醒我們，一定要努力工作、絕不能昧著良心傷害無辜的人。我們那時候窮得要命，三餐差不多都是吃地瓜，每天都是這樣，而且連吃飽都很勉強。我是長子，在還沒入學以前就開始下田幫忙了。我最討厭的就是冬天的時候，天氣很冷，天還沒亮就起床準備下田。穿的衣服都是補了又補，鞋子是根本沒有。我記得我剛開始拿犁的時候，身高才剛好搆得著犁的把手而已。我犁地瓜田的時候，身上帶個小籃子，要是翻出了地瓜，就放在籃子裡帶回家。

「一九五一年土地攻革也沒有給我家什麼好處。那時候村裡有四百個人左右，土地大概八百多畝，所以分地的時候，一個人分二・一畝。那時候，我家有十畝地，有六口人，本來可以多領兩畝地。但是我祖母一九五一年初就死了，正好在正式重劃之前。既然只有五口人，而已有十畝地，我家就不能多分一點田地了。」

求學時代

另一次我們談到他的童年生活，是在他新蓋的住家二樓聊起的。那是個陰溼寒冷的二月午後，大約五點左右。從窗戶往外看，正好對著巷子，幾個看來是剛放學的小孩子一路追、一路叫地跑過去。葉書記凝神看著那幾個孩子，用羡慕的口氣說：「現在的孩子，真是身在福中不知福。他們從來就不用擔心東西夠不夠吃，學費交不交得出，也不用擔心自己能不能上學。」

「但是你自己就有學上啊！」我評道：「不只上了小學，還上了初中和高中，現在的小孩子上學有什麼好特別的？」

「不一樣，」葉書記堅持著：「一來我在村裡的小孩中，算是個特例。二來我在求學時也遭遇很多困難。那時我們是怎麼受教育的，現代的孩子連想都想不到！

「一九五〇年，我開始上學，不是上正式的學校，而是傳統的私塾。那時候才解放一年而已，村裡還沒有正式的學校，但是鄉間已經恢復平靜。林家有個中等的農戶，很關心孩子的教育。他把有學齡兒童的家長聚集起來，講好每個小孩要交多少學費，然後請了一個舊式私塾的老師來教。課就在村北的林家祠堂裡上。我家雖然窮，但是我父親仍盡量湊足了錢供我上學。我想我父親會送我去上學，是因為他覺得這幾個孩子裡我最有可能發達。小時候我雖不特別聰明，但是我學東西很快。在我父親的眼裡，他投資讓我受教育，是爭取全家往上提升的最佳機會。

「我在私塾裡念了一年，我很不喜歡那裡。老師是個念四書五經的學究，常常念一些我們聽不懂的詩詞。教材也都是老式的文籍，像是《三字經》之類，他叫我們整天背個不停，但卻沒有講解文意給我們聽。

「一九五一年，政府在本村東北方一公里處的山頂村設了小學（見圖3-1）。那時候，兩村中間的水庫還沒建起來，可以直接走到山頂村，中間要越過一條小溪，一趟要走三十分鐘。新的公立學校一成立，所有的學生馬上轉過去，因為那裡不收學費又教得比較好。我上一年級的時候都八歲了，是全班年紀最大的。因為去新學校上學，我認識了一個來自泥窟村的女孩，她叫作陳寶珠。泥窟村在林村南邊兩公里，也是本村的死對頭。她要上學時，會先經過林村，才到山頂村，我常常和她一起走。大概是命運安排的吧！我不但和她在小學同班六年，還在初中和高中同班六年。我們不但一起上學，而且高中畢業後，還被派到同樣的工作隊裡做政治活動。林村和泥窟村本來是互不通婚的，但是寶珠和我交往得久，瞭解也深，所以我們才能站在同一線上，堅定地抵禦各方的反對而結了婚。」

「誰禁止兩村人民結婚？」我對地方風俗很感興趣，這也是我的人類學老本行。

「哦！這事說來話長。林村和泥窟村兩村結冤，由來已久。從這裡也可以看出封建時代，傳統農村的實際情形。陳姓是泥窟村的大姓，陳家和林家之間一直糾紛不斷。其實兩村之間爭的大多是小事情：林家的牛跑掉了，踏壞了陳家的田，要不然就是陳家的人到林家的墓地拾了幾根柴火之類的小事。到了近百年間，漸漸有外姓的人移進泥窟村和林村，但情形卻沒

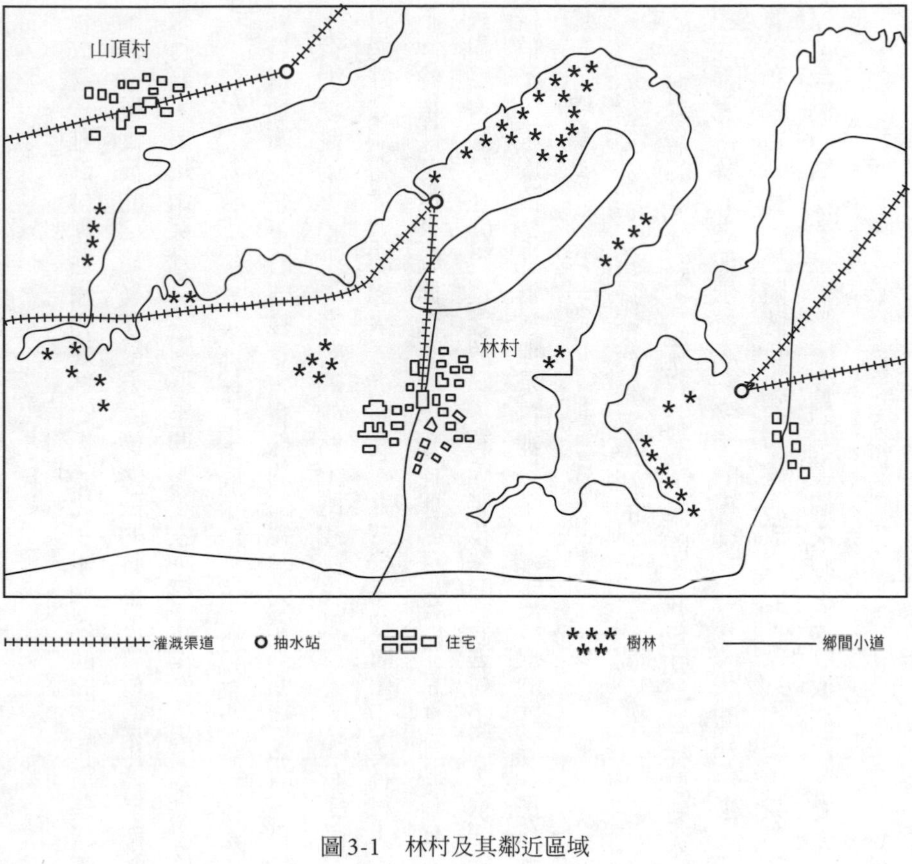

圖3-1　林村及其鄰近區域

有改善。雖然村裡姓陳和姓林的人，比例不如以前的多，但是新遷入村裡來的人，自然就會感染這種仇恨的情緒。在雙方關係緊張的時候，各村會組織自衛隊巡邏全境，以防止對方前來行竊。要是衝突升高，變成全面戰爭，那麼全村成年男子都會拿起武器，加入械鬥。

「我和寶珠是在一九六八年結婚的。這件事可說是化解兩村冤仇的重要開端。寶珠的父親就是這種衝突之下的犧牲者。寶珠的父親，大家都叫他老陳，是個很會武功的人。他可以毫不費力地跳到屋頂上，在崎嶇的路上跑起來，就跟在水上行走一樣容易。他光靠一雙手就打得過好幾個帶武器的男人。老陳在一九四〇年代時，中了林村人的埋伏而被殺死。這雖是個不幸的事件，但是我們也不能單獨怪罪哪一邊的不是。那時村裡有很多偷竊的事件，所以村民組織自衛隊在晚上巡邏放哨。有天半夜老陳溜進村子來，很明顯，是想偷隻雞。老陳太有自信了，根本沒帶武器。但是村裡是全面嚴密警戒的狀態，民兵立刻就發現老陳並把他團團圍住，帶著武器的民兵制伏了他，把他給殺了。」

「我想寶珠也知道她父親是怎麼死的吧?!」我問。

「寶珠當然知道她父親是林村的人殺的。我也知道為什麼有人很反對我們結婚。但是寶珠和我都覺得解放之前兩村之間發生的事都是封建時代的殘留了，我們不應該把它記在心上。寶珠和我這一代，是隨著新生的中國而成長的。既然如此，我們就要勇敢地把歷史的包袱丟掉。我倆的結合，足可證明我們有這個決心。在解放之後，過去常見的兩村之間或兩姓之間的械鬥被新政府禁止，更因為我倆結婚，所以兩村之間有機會重新交好。到目前為止，我們的村裡已經有兩個女孩子嫁到泥窟村去了。而在泥窟村，除了寶珠之外，也有兩個女孩子嫁到林村來。」

「所以你是上小學一年級的時候就認識寶珠了。」我試著把話題轉回到教育這上面來。

「哈，你看我這個人，」葉書記也發現這已經偏離我們原來的話題，用開玩笑的方式表達他的歉意：「怎麼這麼容易扯到沒人想聽又不相干的事情上去呀！

「好，我們來談談我受的教育。雖然山頂村新設了這個公立學校，但是我在求學過程中還有別的困難。一九五三年，我們和國民黨軍隊之間發生炮戰。廈門島離國民黨控制的金門島只有三、四公里。我們村子又在廈門島的東邊，正對著金門島，每天被炮彈轟個不停。這一帶有很多碉堡和地下掩體。直到今天，要是你到村南的岩丘去，你會發現全區都有地下甬道和壕溝。在炮戰的時候，炮彈偶爾會掉在我們村子裡。

「我們村裡沒有人被炮彈炸死。真正的問題是，學校課程老是因為這種緊張的局面而中斷。有時候課上到一半，炮戰就開始了。不管在做什麼，都得暫時丟開，趕快跑到最近的防空洞去躲起來。一九五四年初，炮戰打得最厲害的時候，我們全村就疏散到大陸的龍海縣去。幾個月之後，緊張的情勢降低，大家都覺得很高興。炮戰從每天打，變成隔幾天打，後來連真的炮彈都不用了，改用宣傳彈，這種炸彈一爆開就會散出許多宣傳單。

「解放之後除了附近不設學校和打仗的問題之外，一般來講還挺好的。當然日子還是很苦。那時候我若沒上學，就到田裡幫爸爸媽媽種田。我得放牛，把水從井裡打出來做灌溉之用，還要到稻田裡除草。放學後，我得和別的孩子到山坡上撿乾柴回家給母親做炊煮之用。很多消費品常常缺貨，像是火柴、煤油和衣服。但是在短短時間內真的進步很多，這點有眼睛就可以看到。地主再也不能剝削農民。當時，許多地主，或是家裡很有錢的人，地位都一落千丈，但是這種人只是村裡人口很小的一部分而已。新的社會秩序業已建立。村裡的人口慢慢恢復，然後超過了解放之前的總數；大家都很樂觀，相信明天、下個月和下一年會更好。那幾年大概是中國共產黨的顛峰，黨證明了它有能力讓農民富裕起來，毛主席成為半神的人，任何人都無法動搖他在人民心中的地位。

「在這種全國性的前進風氣之下，黨在一九五三年毫不費力地推動互助組的成立。互助組的概念是要將少數農家，大概十家左右，其田地和農具集合起來共同管理，不過名義上土地仍屬農民所有。這個合作組織會根據田地面積、農具多寡，以及每家在生產時所付出之勞力給予報酬。在某一層意義上而言，農家加入了互助組，就像是成了公司的股東一樣。這個計畫好像一切都進行得很順利，農民也如願達到富裕的目標。在這次的行動中，田雞吳和他哥吳明負責組織我們村裡的第一支互助組，那時候，田雞吳已經升到副鄉長的職位，而他哥哥則做了林村的村長。

「一年以後，也就是一九五四年，中央又策劃一項新的活動，要將農民組成『基本合作社』，它和互助組的不同之處是它的規模大得多，大概要集中兩、三個互助組才能組成基本合作社。合作社會選出委員會來管理農耕工作。委員會的成員多半是貧農。這種農耕合作社的好處是，它可以集中小型農家的資源，做最好的安排。他們的田地委託給合作社，合作社再依其田地和勞力的付出給予報酬。這次的活動，又是吳家兄弟拔得頭籌，組成了村裡第一個基本合作社。

「兩年以後，就是一九五六年，在中央政府的指示之下，農民就糊裡糊塗的，從基本合作社被編成『高級農業生產合作社』。高級合作社和基本合作社可說是大大的不同。第一，它的規模大得多，每一社有三百戶農家。我們這區鄰近的村子，包括林村、山頂村、泥窟村，通通合在一起，才形成一個高級合作社。吳良被派作合作社的社長，他哥哥做副社長。第二個重大的差異，在於農民的土地被收為公家所有，農民必須依上級指示加入高級合作社並將土地捐出來。合作社不管他們在土地改革以後擁有多少土地，只依勞力付出的多寡給予報酬。一夕之間，農民變得簡直和長工沒什麼兩樣。在政府一聲號令之下，農民失去了所有私有的土地。」

「沒有人反對這項新措施嗎？」我問。

「很少，」葉書記回答：「村裡有的人很不願意把祖產交出來，在私底下抱怨政府用強制的手段要大家加入合作社。但是這種人畢竟是少數，而且沒人敢反對政府。在土地改革時，鄭姓管家遭到處決，村裡的富農被批鬥，大家記憶猶新，至於沒人敢反對的第二個理由，我相信是因為農民被政府震懾住了。黨不是解救了他們，不用再像從前一樣吃苦受難嗎？革命之後，生活條件立刻有了改善，這也是不爭的事實啊。農民們都對毛主席和黨深信不疑，他們大概都以為，這種種改變，都是為了政府宣傳中所說的共產天堂的到來做準備吧！」

「在這種全國性的樂觀情緒之中，」葉書記做了結論：「我在一九五七年以優良的成績自小學畢業。我參加初中入學考試，也順利考上了。學校設在江頭鎮，離本村四公里，是附近唯一的初中。我每天早上至少要走一個鐘頭到學校，下午再花一個鐘頭走回家。雖然這段路很長，有時候還很恐怖，特別是冬天的時候，太陽很早就下山，路上漆黑一片，幾乎令人不敢走回來，但是我意志高昂，也很感謝黨。我是村裡唯一念初中的人，寶珠也考上了初中，成績很好。要不是這場共產黨革命，把我們從封建的桎梏中解放出來，我永遠也不會有機會念初中。」

1　賭博在中國是違法的，中國政府採取強烈手段嚴禁賭博。不過重罰在鄉下地區所發揮的效用似乎有限。請見第七章進一步探討林村的賭博行為。

2 中國政府在一九五一年進行全國土地改革。根據毛澤東針對湖南省的初始調查顯示（參見Mao Zedong 1965），農民被分成地主、富農、中農、貧農與佃農（工人）等階級。幾篇談論土地改革這項政治活動的作品也有在西方發行，如韓丁（William Hinton 1966）、陳元珍（Chen Yuan-tsung 1980）。兩本著作皆提供這段期間內，其切身經驗的生動敘述。

3 雖然中國共產黨在解放後剛開始主要只招募佃農與貧農入黨，這項措施很快地就流於中農的專利。關於鄉下地區新中農階級的論述，也可參見佩姬．普林茲與史丹利（Peggy Printz and Paul Steinle 1977）的著作。

第四章 饑餓歲月

「那時候，我雖只是個初中二年級的學生，卻對共產主義的講法深信不疑。我相信，如果大家都全心全意地照毛主席的話去做，就可以超越世界上其他國家。」葉書記所講的有關大躍進的一席話，令我印象深刻。

清明是中國農村的重要節日。一到清明，大家就要去祖先的墳頭除草、打掃甚至整修一番，並且準備供品去祭拜。清明大多在四月初，這時正值早春，天氣清新明朗，清明因而得名。

清明的前幾天，林村裡家家戶戶便已開始忙碌。大人叫孩子去店裡買香、冥紙和鞭炮，女人則準備當令的食物來祭祖。她們從家裡的米缸挖些白米出來，拿到大隊的磨坊，大概付五毛人民幣，就可以請他們把米磨成粉。然後她們在米粉裡混水，加糖，做成米糕，再壓到木刻的模子裡，做成一個個的小糕子。接著把這些小糕子放進蒸籠，一次放三、四層蒸籠，下面燒一鍋水。一邊煮，小孩子就在廚房跑來跑去，等著吃新鮮的點心。

清明前兩天，葉書記的太太寶珠，叫二兒子送了一盤這種米糕給我。我嘗了一塊，覺得不是特別喜歡，就把剩下的米糕放進客廳的玻璃櫃裡，不久就忘了這回事。

清明那天出了大太陽。一大清早，我就和葉書記和他三個弟弟全家，到村南的岩丘。他們的祖母和父親都是葬在這裡。一出了村子，到平原上一看，竟有這麼多人朝山上走，我嚇了一跳。看來似乎是全村傾巢而出，其中也有幾家是鄰村的人，祖墳也葬在這裡。他們手上提著謝籃，裝了三、四盤菜，冥紙、鞭炮、酒、菸，還有特別要在祭拜之後壓在墳上的白紙條。年輕的男子則帶著鐮刀、鋤頭，準備除去墳上的野草。有幾家到得早的，墓地的草都除淨了，便將帶來的菜，一盤盤在墳前排好，小孩子則幫著點香燒冥紙。附近不時響起鞭炮的聲音，這是表示他們已經拜好了。

村裡有個人，大家都叫他虎子，他甚至還點了三根萬寶路的香菸，放在他父親墳前的石製祭壇上。他見我一臉迷惑，解釋道：「我父親生前菸抽得很多，這種美國菸品質好，他一定會『呷意』(臺語：喜歡之意)。」

我和掃墓的村民聊一聊，並依言幫他們照相。過去三十年來，政府銳意要掃除「封建迷信」，而民間仍堅持其對於傳統之執著，給我留下深刻的印象。所以我接著設計了一些問卷，對於前述跟米糕有關的小插曲便不放在心上。清明之後三天，葉書記來找我的時候，我已經把這件事忘得一乾二淨了。

他看到櫥子裡我放了好幾天忘了吃的米糕，嘟囔了幾句就把盤子拿出來。米糕已經壞了，上面長了藍色的黴。他小心地把長霉的地方剝掉一點，然後掰了一塊放在嘴裡嘗嘗，說：「還是可以吃。如果你不喜歡，我帶回家好了。」

「你真的要吃嗎？它已經發霉了。」我擔心地問，怕他吃了這些點心之後會中毒。

「喔！寶珠看了就知道了，」葉書記答道：「她是醫生嘛！再說要是人不能吃，還可以給豬吃啊。」

之後他盯著我說：「你太浪費了，跟小孩子一樣。我真不知道你怎麼會養成這種壞習慣。」

葉書記一提到小孩子，我就知道他是很認真的。偶爾他會跟我提起村裡的年輕人愈來愈不守規矩、不知感恩。一講到他所不喜歡的事，他就說：「跟小孩子一樣。」為了平息他的怒火，我半開玩笑地說：「別想那麼多了，只是一盤米糕而已嘛！」

誰知道這幾句話一點也沒效，他反而勃然大怒，用又高又短促的聲音一連串地問道：「只是一盤米糕而已？你知不知道這盤米糕可以救多少人命？知不知道我們這一輩的人挨了多少餓？那些浪費食物的人，真該被遣送回大躍進時代去受苦！」

大躍進是中國共產黨歷史上最狂熱的時期之一。因為全國的政策方針錯誤，無法達成一九五〇年代末期的生產目標。外界一直難以得知這段期間到底發生了什麼事，造成多大的傷害。儘管聽說中國有很多地方鬧饑荒，但是到底有多少人餓死，各式估計的數目不一。很顯然的，在像葉書記這樣的人的心中，大躍進就是饑餓的代名詞。那種經歷一定非常慘痛，所以經過了這麼多年，仍然印象鮮明。在葉書記描述他這段生活和村裡的情況以後，我才比較能夠瞭解中國人民在這段期間內承受的苦難。後來我和葉書記針對大躍進談了幾次，慢慢將這個時期的輪廓勾勒了出來。

大躍進

「人民政府首先在鄉間發起大躍進這個活動。一九五八年底，政府宣布要成立人民公社的時候，沒有幾個人想得到後來會演變成什麼樣。那時候大家精神高昂，大概還有點興奮。前兩年的大豐收，使得農民個個眉開眼笑。原先對黨還持保留態度的人釋懷了，原先不願加入集體農場的人也不再堅持。我們已經準備好做最後一躍，希望達到共產黨宣言中的『樂園』境界。上面下了命令，說以後沒有私人的田地，也不在家裡吃飯的時候，沒人覺得驚訝，人人都要放棄殘餘的個人利益。一切的生產工具，包括土地、農具、家畜都變成公有。每個人都到公社的田地上去耕種，到公社的食堂去吃飯。只要中央政府一聲令下，就要達成共產主義的最高目標：『各盡所能，各取所需』！

「整個廈門島，除了市區隸屬廈門市政府之外，其他地區統合編為一個公社，叫作『前沿公社』，因為我們在戰略位置上，正好是面對國民黨占領的金門島。公社之下設有大概十五個大隊。林村和山頂村合組一個大隊，叫作林村大隊。田雞吳做了大隊黨支部書記，他哥哥吳明則做大隊隊長。大隊之下，是生產隊，山頂村和林村各有三個生產隊，大隊黨支部指派了每個生產隊的隊長。林村的三個新任的生產隊長，一個叫作洪三，綽號叫鴉片洪，謠傳說他在解放以前有鴉片菸癮，他負責第一生產隊；第二生產隊的隊長叫作林祥，綽號叫黑皮；林樂山管第三生產隊，因為他嗓門大，性子急，大家都叫他雷公。這三個人年紀都比吳家兄弟小，是黨特意栽培的下一代領導人才。這三個人裡面，只有鴉片洪真的是出身貧困，他不識字，曾在當地的戲班裡唱過戲。另外兩個林家的人，黑皮和雷公都是屬於中農階級，他們受過一點教育，林家的人也支持他們。

「開始推行公社的時候，政府叫出一句口號『一大、二公』，意思是如果我們能擴大集體農場的規模，大到全國成為一個不分階級的公社，便能一次完成社會主義過渡，成為一個真正的共產主義社會。

「這個新的集體組織，最吸引農民的地方，在於它供應白米飯。是乾飯，不是稀飯，而且在食堂裡，好像要吃就有。福建南部的農民，多是以地瓜為主食的，只有在節慶，像是過年或結婚的時候，才吃得到一頓乾飯。但是現在食堂裡，早餐吃稀飯，中餐和晚餐吃乾飯，使得農民欣喜若狂。政府在推行公社時，叫出的口號是要農民打開腸胃，能吃多少，就吃多少。大家不但吃得比以前多，也比以前好，而且各個食堂還在比賽，看哪裡供餐最好，連學校都提供學生免費的餐點。比方說，村裡的幼稚園，下午不但煮粥給孩童吃，還供應水果來佐餐。水果這一樣東西，是農村小孩連想都不敢想的！要是有人對這個政策有所保留，或是沒有每餐吃得飽脹欲撐，就會被別人評為對共產主義缺乏信心。

「除了實行集體農耕之外，政府還大力推動工業發展。不管是大隊，甚至是生產隊，上級鼓勵每個生產單位都土法煉鋼。所以在一九五九年年中的時候，林村村民按照村裡鐵匠的設計用磚頭造了一個煉鋼爐。那時候毛主席講了一句話：『超英趕美』，就是說，如果我們能使現代化社會的基礎，也就是鋼鐵的生產量激增，就能在幾年內躋身一流國家。這些解釋到底要怎樣講才對，我已經忘了。但是我還記得當時的目標：如果我們的鋼鐵產量，兩年能增加幾個百分點，就能在七年內超過英國，十五年內趕上美國。

「在那個時候，大家都很狂熱，想為社會主義奉獻心力。沒有人會懷疑這些目標到底實不實際。我們成立了公社，不是已經進入社會主義的最後階段了嗎？成立了公社以後，不是有吃不完的米飯嗎？在黨和毛主席的指導之下，樂園將要提早到來。我們是個新的國家，我們是具有革命思想的公民，我們要規劃未來遠景，實現共產主義的理想。

「那時候，我雖只是個初中二年級的學生，卻對這些講法深信不疑。我相信，如果大家都全心全意地照毛主席的話去做，也就是說，如果每個人都幫村裡的煉鋼爐裡多增加幾公斤的銅鐵生產量，就可以早日達成目標，超越世界上其他的國家了。班上有好幾個同學，看法也和我一樣。我們決定要為這個神聖的目標貢獻小小的一點心力。我們不要像大多數的村民一般，只是捐些鐵器，像是燒飯的鍋子、鐵製的鋤頭，甚至像窗戶的鐵欄等等給公共煉鋼爐煉鋼。我們認為到田野間拾鐵屑或是彈殼是我們的義務，因為我們是在解放後受教育的新生代。我們能從封建時代吸人血的地主之下解脫出來，全要歸功於毛主席和黨。解放給了我們新生，使我們有機會接受較高的教育，激發我們服務國家和全人類的欲望。我們要用更具創造性的方式，表達對黨，對毛主席和對國家的感謝。所以，我們應該發明新方法來增加鋼鐵的產量。

「我和同學們做了許多實驗，我們到村南的岩丘去探測地形，研究哪個地點比較可能藏有鐵礦，並且收集各種不同的礦屑，放進我們私下建造的小煉鋼爐去煉造。當然，到了最後我們什麼也沒煉出來，因為這裡沒有鐵礦。

「其次，我們收集岸邊的砂子。島上有的地方的砂子看起來是黑色的，大概是因為沾染了油輪漏出來的原油，或是其中含有礦質。我們就用這種砂子來做實驗。我不知道是怎麼搞的，但是在煉燒這些砂子之後，的確產出了一些鋼片。我們把結果報告給學校之後，在學校朝會中被表揚為對社會主義做出貢獻。

「回想當年，我真不敢相信任何神智清醒的人會像我們一樣，做出那樣浪費時間、毫無意義的事情。土法煉鋼的目標簡單明確，就是要在一定時間裡將鋼產提高幾個百分點，幾乎讓每個人都信服並視之為神聖的目標；在政府的誘導下，農民相信只要達成這個目標，中國便可進入共產主義的天堂。這種情形你大概無法想像，大眾竟然這樣輕易地被幾句簡單的口號騙得團團轉。既然只要多產幾公斤的鋼鐵就可以進入天堂，大部分的農民都準備做點犧牲。像胖林便把鐵床捐了出來。他家原是富農，那張鐵床至少值一百元人民幣，竟然就這樣熔成一團毫無用處的鐵塊。村民捐出的鐵材都進了土製的煉鋼爐之中，燒到紅熱，然後錘打成鐵塊，沒什麼用途的鐵塊。這個做法如此瘋狂無理，但卻無人質疑，也許不是沒人懷疑，只是沒人敢講罷了。要是被人當作對毛主席或黨不忠，其後果可想而知。

「大躍進期間，[1]受到傷害最大的，應該是農業生產。所有能出力氣的男子都被派到煉鋼爐做工了。從一九五九年春稻播種之後，實際上就再也沒人照顧這些田地了。既沒人灌溉、沒人除草，也沒人噴農藥，到了夏天該收成時，便草草指派幾個人去割稻子。那時候，大家都誤以為將農村整編為公社以後，已經解決了一半的農業問題。現在首要目標就是要增加工業生產，特別是鋼鐵的生產，至於農業，只要用集體農耕和新科技就可以解決。

「政府頒布了好幾項指示來促進農業生產，統稱『科學耕作』。科學耕作並不是要我們尋求更好的品種和除蟲的方法，而是要把稻子種得更密，愈密愈好，相信只要這樣做可收立即的成效。例如說，傳統上，水田裡的稻苗各株相隔十五公分，科學耕作就要各株稻苗相隔七公分，這樣一來，便多種了四倍的稻苗。如果生產隊用傳統方式種稻，上級就會在他們的田裡插一根白旗子。這是在警告這一隊的人竟然愛白不愛紅。另一方面，如果生產隊的田裡多種了二倍或三倍的稻苗，上級就會在他們的田裡插一根紅旗子以表彰他們對共產主義的貢獻。不言自明的是，一九五九年夏天，採用科學耕作的稻田幾乎都沒有什麼收成。

「採用科學耕作的方式，反使收成大量減低。這點和政府所講的不一樣，但是沒人敢在表面上承認這一點。中央政府的目標是要『畝產千斤』，每一畝農田要產千斤以上稻子。大隊和生產隊受到上級的壓力，只好捏造不實數據。最常用的偽造法，是將幾塊不容易被人檢查到的稻田的收成加起來算作一塊稻田的收成，謊報這是按照科學耕作的方式種出來的。表面上看起來，好像種得較密的稻田多了三倍或四倍的收成。接著公社或是縣級政府會派高級幹部來視察，假造證據的地方幹部則會受到褒揚，說他們是毛主席的好幹部。

「大隊和生產隊的幹部為了取信於人，還要把這個結果呈報上去。他們在呈交公社和縣政府的報告中，宣稱本季稻米收成增加之多，史無前例。看了這些不實的報告之後，公社和縣政府就會向大隊、生產隊收購更多的食米、豬肉，因為在報告上這些都有剩餘。大隊和生產隊別無他法，非得依公定價格將這些『剩餘』糧食賣給政府，分量一點都不能少。但是收購量實在太高，所以大隊和生產隊連農民私藏的一點點糧食也要挖出來，強行將根本不存在的剩餘糧食賣給政府，造成日後農村嚴重的食物短缺。[2]

「回顧這幾年，我覺得真是好笑。頂層的人，欺騙群眾、誤導群眾。群眾再欺騙上級，上級再反過來，根據這些虛假報告來訂定新政策。一旦些微的事實刺穿這個漲滿空氣的政治神話，這個邪惡的迴圈隨時都可能爆炸。

「好景只維持了六、七個月。那段期間，大家都很高興，因為他們在食堂愛吃多少就可以吃多少。但是一夕之間，吃的都沒有了。一九五九年秋天之前，在毫無預警的情形下，突然發生饑荒。那些假造的一切，也隨之而幻滅，接下來這二十年，饑餓一直是我們的生活問題之一。

「吃的沒有了，村裡第一個取消的就是公社的食堂。歲末收成完之後，上級便配給食物，叫農民回家自炊。一九五九年秋後和年底地瓜收成之前，家家戶戶都得各憑本事找吃的來填肚子。我家很幸運，幾個月前，還是夏天的時候，村裡有力氣的都去煉鋼了，田地任其荒蕪。我那個六、七歲的小妹妹，在溪邊撿到二十幾條大地瓜。這些地瓜大概是從某個沒人照管的田地，被雨水沖到溪裡的。當時食堂裡有吃不完的白米飯，當然誰也不會去理會這種沒什麼重要的食物。我妹妹叫母親來看，雖然那時候在食堂裡要吃什麼都有，根本不用儲藏自家的食糧，但是我母親絕不會浪費可以吃的東西。她把地瓜從河裡撈起來，用『菜簽挫』（臺語：刨絲的工具）刨成絲，放在太陽下曬乾，做成番薯簽，收藏起來。這些番薯簽救了我們全家。那一年年底，我們全家就靠這批地瓜捱了好長一段時間。

「在一九五九年的人禍之外，接連三年又發生天災。現在的小孩沒有餓過，根本不知道挨餓的痛苦：胃痛個不停，腦袋昏眩，空空如也，全心全意只想吃點固體的食物。你只要想想那時候我們每天吃的是什麼：一大鍋水，浮著幾粒米和幾條番薯簽。我們其實不是在吃，而是在灌一大堆水到胃裡去。我還記得有天早上我走路上學的時候，在路上發現半條蘿蔔，大概是從農人肩挑的擔子上掉下來的。我小心地拍掉上面的塵沙，放進口袋裡。那天我在學校的時候，只要一覺得胃在絞痛，就拿起蘿蔔啃一小口。一整天我都覺得飄飄然，覺得自己是世界上最快樂的人。

「如果真要比較，那幾年村裡鬧饑荒的情形，其實並不嚴重。福建南部的其他地方，特別是內地的縣分和大城市，真的有很多人活活餓死。我們的情形會比較好，有幾個原因。第一，因為我們地處前線，從國民黨占據的島上，用望遠鏡就可以看到我們。所以政府盡量至少給我們一點吃的，這樣國民黨就不能拿這次大饑荒去做宣傳。另外，因為我們這裡人口比較稀少，所以情形還比別的地方好一點；種田的人至少可以刨些菜根、摘幾片菜葉子回家煮著吃。

「追究起來，我們村子裡有個人，大概可以算是餓死的。這人姓李，那時才二十出頭。這個人又聾又啞，可是很有力氣；只要肯供他吃飽，什麼工作他都肯做。一九六〇年時，因為要建造水庫，地勢低、會淹到水的房子通通要遷走。隊裡選了幾個年輕有力的人來做這件工作，其中包括姓李的這個聾啞人在內。這幾個人要負責拆卸房子的磚、梁等建材，用扁擔擔一擔挑到地勢高的地方去。大隊保證隊上會供應食物，直到工作做完為止。到時候真的準備了吃的！一大鍋很稀的稀飯，加上一捧番薯簽，幾粒白米，滴了幾滴高粱糖漿。旁邊有滿滿一水槽那麼多的水煮菜葉，這種東西村裡現在拿來餵豬。菜的旁邊有一小碟鹽，以增加它的風味。這些工人一覺得餓的時候，就停下來舀一碗稀飯，一邊大口地吞，一邊夾點菜，沾點鹽一起下肚。

「這些事我都知道，是因為我家的地勢低，也是得遷走的一戶。那天我不用上學，所以我去看他們做工。這些食物實在太珍貴了，這些工人每做個幾分鐘就停下來吃一頓，不一會又得找個隱密的地方小解。大家都餓壞了，身體很虛弱，所以工作老是一直拖下去，但是這個姓李的人可不一樣，他好像不知道那些食物只是表面好看，其實止不了饑。他以一貫的俐落手腳做事，一肩抬起滿滿兩擔磚頭。他大概不知道，他的體力在短短幾個鐘頭以內就用盡了。快到中午的時候，這個姓李的比手勢叫幾個同伴過來，把一根很重的大梁放到他肩上去，這根梁的重量超過了他的極限。梁一放到他肩上，他的腳一軟，就跌到地上，死了。

「這段期間，因為營養不足的關係，很容易就生病，包括我的同學在內，很多人都患了水腫。人的手腳會像氣球一樣鼓脹起來，尤其是腳部的症狀特別嚴重。要治療水腫，就要吃米糠拌上幾匙紅糖和幾片薑燉煮出來的藥方。[3]米糠在今天都是餵給豬吃，但紅糖在當時卻很昂貴。這種藥方一星期要吃一次或兩次，則視個人收入而定。雖然這個藥方要比我們天天吃的番薯簽湯好吃得多，但是米糠很硬很難消化。水腫治好了，胃痛的毛病就跟著來。大便帶血，連彎腰都會引起劇痛。

「我還記得一個溫馨的小故事。有個老頭子生病了，去找村裡的漢醫林汾。林大夫檢查後，告訴他一切沒病，只是胃裡缺油。要是沒有動物油或植物油來潤滑身體的組成，腸子便會絞纏或黏住無法蠕動。林大夫說，唯一的處方就是在飯菜裡放點油，豬油、菜籽油都好。但是這個老頭子太窮，什麼油也買不起。於是林大夫叫他晚上帶著鍋子再來。林大夫有個煤油燈，他晚上偶爾會用到。傍晚老頭子來的時候，他就把鍋子翻過來，在煤油燈上燻幾分鐘，告訴病人說：『現在鍋子裡有油味了，趕快回去用這個煮一頓飯吃吧！』

「那幾年，錢對一般人而言並不具意義，因為什麼也買不到，錢根本不值錢。住在廈門市區的人，花兩毛、三毛才買得到一斤爛白菜，這種東西，今天連豬都不吃。廈門一帶有句俗話說：『午餐菜包菜，晚餐包菜包包菜。』有的人為了要讓它吃起來味道好一點，還將它醃過、曬乾，這在當時就算是美食了。

「從糧票的價格之高也可以看出當時的幣值很低。例如，今天城裡的人領到白米糧票時，可以到國營商店以每斤一毛八的價格購買白米。要是換作在自由市場，就要花每斤兩毛五的價格才買得到白米。中間差的這七分錢，就可反映出一斤的白米糧票在自由市場的價格。但是在大饑荒的時候，一斤的白米糧票價格高達六毛錢，有時還多達七毛錢，或比穀物本身高出四到五倍的價格。

「我一直覺得奇怪，為什麼那幾年會鬧饑荒呢？那時候的土地跟現在差不多一樣多，但是今天吃飯的人更多。土地的量也沒什麼改變。生產的糧食數量也大致相同，但是為什麼現在和二十五年前差得這麼多？今天，我的小孩吃過一次米蒸出來的糕點之後就不肯再吃，跟你一樣。我們的配給米多得吃不完，要拿去餵豬。你想想看，餵豬吃大白米飯！我不禁要問：『在大躍進那幾年，食物都到哪裡去了？怎麼會不夠吃呢？』政府現在講的那一套，都說是因為那幾年鬧天災，各地才會發生饑荒。氣候條件不是最好，這點無可厚非，但這只是真正起因的一小部分而已。據我的觀察，我不得不說其實這一切都是因為人為疏失而起。接下來這二、三十年，全國各地都飽受饑餓之苦，毛主席要對此負責。」

成爲政治活躍分子

葉書記所講的有關大躍進的那一席話，給我留下深刻的印象。為了將他的看法具體化，我問他：「最苦的那幾年，你家過得如何？」

「那幾年我家的生活很苦，但也不會比其他村民苦到哪裡去。事實上，我敢說，至少在福建南部一帶，鄉下人過得比城裡人還好。我們比較接近土地，可以隨時挖些根類或摘幾片菜葉佐食。我們幾乎沒有吃飽過，但是大家都活過來了。除了饑餓以外，那幾年間影響我最大的事情就是別人毫無保留地歧視我家，因為我家沒錢又沒勢。」

「歧視？」我問：「誰會歧視你們，為什麼會歧視？」

葉書記深深地吸了一口香菸之後答道：「我跟你講我記得最深刻的兩件事，你就會知道那時候我家怎麼受到歧視的了。第一件事跟吳家兄弟有關係，一九六〇年時，因為要建水庫的關係，家住在地勢低會淹水的地方的人家都得遷走。政府允諾會依原屋的價值發給現金作為補償，並在日後興建兩排房子供遷屋之居民居住。這樣的人家大約有二十戶左右。

「一九六〇年初，公社辦公處派了人來估計原屋的價值。那時候田雞吳和他哥哥吳明仍同住在一起，跟我家離得很近，我們兩家的房子，人小差不多，建材和維修的情形也差不多。唯一不同的是，吳明在和田雞吳分財產以後，兩兄弟便各吃各的，所以吳明在屋後釘了個木板屋作為廚房。從公社來的這個人，估計吳家的房子值一千一百元人民幣，而我們的房子只值二百一十元人民幣。光多那幾塊板子，吳家兄弟就多領了八百元人民幣！像這種歧視我們能講什麼？難道要我們去跟那個公社來的幹部，還是田雞吳跟吳明，爭論這個估價不公平？不！要是你沒錢沒勢，就沒人把你放在眼裡。

「公社辦事員估了這個價錢，我父親二話不說就接受了。我抱怨說這個補償的價格一點都不合理。他還叫我嘴巴閉緊一點，深怕我對那個辦事員和吳家兄弟的抱怨會惹禍上身。

「第二件事和第一件事其實是相連的。一九六〇年中，我們搬出老家，暫時跟林家的其中一戶租了個房間住了下來。因為政府允諾要搭建的房子，遲遲未蓋，我們足足在租來的房間住了一年，房子才落成。租給我們房間住的這家姓林的人，非常苛刻。他們把我們租的那個房間東向的窗戶用木板釘住，不讓我們看到他們在院子裡的活動，只留西向的門、窗供我們出入、通風之用。這一帶夏天有多熱你很清楚，房子兩邊的窗戶要是沒有同時打開的話，裡面簡直熱得像蒸籠一樣。秋天打穀子的時候更糟，他們就在我家的窗前打穀子。米糠、灰塵通通飛進我家來，害我的弟弟妹妹咳個不停。雖然我們也交房租給他們，可是他們從不把我們放在眼裡。」

「現在他們可把你放在眼裡了。」我半開玩笑地提醒他。

「是啊，」葉書記的話裡帶著一絲嘲弄的意味：「有時候，我覺得命運真是作弄人。過去對我家不好的人，大概想都沒有想到有一天我會成為村裡的統治者。要是他們早知道這一點，說不定會對我們好些。倒是我父親，像是對這幾十年輪轉的風水，有那麼點感應似的。他老是跟我說：『我們沒錢沒勢，人家是怎樣對待我們的，你心裡記得很清楚吧！牢牢記著，要是哪天你有錢得勢了，要對沒你這麼幸運的人好一點！』我父親的話我一直放在心裡。我爬上高位之後，從未仗勢欺壓村裡的窮人。我不但盡力保護勢小力弱的人，更主動扼制那些壓榨村民的人。一九八〇年代初期，中央政府下了壓力要我們解散大隊集體農耕時，我就試著去延緩，也是基於同樣的原因：窮人在公社制度中得到的保護比較多。」

「你是說，雖然在大躍進的時候受了許多苦，你還是贊成維持公社的組織嗎？」我問。

「呃，大躍進之所以會失敗和集體公社的成立並無絕然的關係，」葉書記答道：「大躍進注定要失敗，是因為它建立在錯誤的假設和捏造的報告之基礎上。另一方面，集體公社可說完全符合某些小農的實際需要，因為很多事情無法靠一己之力來完成。比如說，要不是完成了集體制，林村的水庫根本不可能在一九六一年動工。許多人家的房子、土地都在水線之下，要說動每一家同意並參加水庫的建設是絕對不可能的。興建水庫之後，全村一半的可耕地，大約四百畝的田地淹在水中。但是建這個水庫給村裡帶來很多好處，在一九六一年之前，村裡只有一成的田地有足夠的水種稻子。但是蓋了水庫之後，全村的農田灌溉都不成問題。就是因為實行集體制，我們才能動員大家的力量，齊心協力把事情做好。例如說，我們的田有四百畝淹在水庫之下，次年（一九六二年）水庫完成後，我們就丈量土地，移開祖墳，重劃田壟，並向山坡地擴張，最後我們全村多開發了三百畝的地。在私有制之下，要將全村的資源根據合理的計畫重新予以分配，必定會遭受多重的阻力，上述的目標恐怕無一能夠達成。

「集體制的重要貢獻，除了建造水庫之外，還為村民增加不少福祉。像本村為了建造水庫，脫離山頂村，正式成立林村大隊，所以在一九六一年籌建小學。建校的錢，部分是大隊撥出來的，工程則是全村共同出力完成的。除了學校以外，我們還在一九六八年設立集體醫療制。

要不是有集體制的話，哪一個農民花得起這個錢送兒子女兒去接受醫學訓練呢？

「一九五八年，全國的公社制雛形便已建立。公社的三層組織——公社、大隊、生產隊都有穩固的基礎。但是接下來的幾年，則因政治勢力的改變而把著眼點放在不同的層級。大概來說，生產隊是最基本的會計單位，由三十戶到五十戶家庭所組成。生產隊成員的私有土地通通合為公共財，但是會留一份『自留地』給各家種菜吃。這部分約占五％到七％，剩下的田地收成就算是大家的。每個生產隊大概有五個專職和兼差的行政人員：隊長、會計、出納、記工員和倉庫管理員。他們的工作分配，大概是這樣的：隊長負責決定全生產隊的生產計畫和工作分派，能做事的男女都在公有的田裡工作，按照每天的工作時間和性質取得工分：記工員負責記錄每人累積工分；到了收成的時候，會計便按全隊收入，除以全隊累積的工分；生產隊成員再從出納那裡領取自己那份現款或穀物。每一家的所得就是這樣算出來的。」

「個別家庭還要付稅嗎？上層單位，像是大隊長和公社的行政人員的收入又怎麼算出來呢？」我問。

「收入是一層一層往上繳的，」葉書記解釋道：「幾個生產隊組成一個大隊，幾個大隊再組成一個公社。生產隊要從收入中撥出一定比例給它的上級單位，也就是大隊，生產隊交給大隊的收入有兩種名目，一是公益金，一是公積金。公益金約占生產隊淨收入的三％，主要用來支付給老人、無力工作的人和行政人員；公積金約占生產隊總收入的五％到七％，主要用來支付關係全大隊的公共工程，像是鋪路架橋，或是建設灌溉水庫。大隊有六個行政人員，其收入也從公積金中支付：大隊黨支部書記、大隊長、治保主任（同時兼任民兵營長）、辦事員（同時兼任大隊會計）、大隊出納，還有婦女隊隊長。前面四位做的都是專職的工作，其收入比照收入最高的農人或是按照每天十五工分，一個月算三十天的工分數來計算。後面那兩位，亦即大隊出納和婦女隊隊長的收入是第二高的，比照收入次高的農人，或按照每天十二工分，每個月八到十天來計算。這兩個職位的薪水會比較少，一來是因為工作是兼差性質，工作分量不多，二來是因為坐這個位子的大多是女人。」[4]

我終於把久藏於心中的問題提出來：「如果公社真的對農民有很大的幫助，為什麼政府要廢止這個制度呢？」

「當然囉，集體制最大的弱點，」葉書記答道：「就是缺乏工作動力。如果農民的報酬和工作沒有直接關聯，或者必須累計均分團體的工作成效才能給予工作報酬的話，他們就不會全心全意做事。在集體制之下工作的農民常常會怠工，像有句俗話就說：『槍打出頭鳥』，你愈有能耐，派給你的工作愈多；既然到頭來每個人得到的工分都一樣多，為什麼要做得比別人辛苦呢？另一句俗話是說：『三分韭菜根，勝過算工分。』這就是說，要是你在自留地上種了三畦韭菜的話，你會勤快地澆水施肥，好拿到自由市場上去賣個好價錢，這個報酬遠超過你在集體農地上的所得，因為後者必須依每季季末收入計算每日工分數，才能發給你。

「整體而言，中國農民既自私又短視。他們喜歡可見的好處和立即的收入，甚於長期的利益。他們最重視的還是家庭。[5]在較不尋常的時期，像是大躍進的時候，我們可以鼓動農民去完成長期的目標，但是農民必須有股熱忱，而且維持不了多久。要是一開始就失敗，農民就會退縮、不願付出心力，所以大躍進失敗後，集體制便欲振乏力。在最苦的那幾年，農民被迫留在集體農場裡工作，他們邊做邊記下自己工作的時間，因為他們根本不相信集體農耕制度，也不相信他們的報酬公正合理。然後再把省下來的精力花在自留地上，用閒暇時間好好照顧那些作物。就是因為這樣，集體農場才注定要失敗，但是卻沒人敢向上級講明這一點；同時，也因為這個原因，一九五八到一九七八年間，實行了集體農耕制，生活卻無多大改善。」

1 大躍進是三面紅旗運動的一部分，官方說法是從一九五八年開始到一九六〇年畫上句點。
2 這場詐騙計畫顯然有一名無辜的犧牲者：中國政府。報告顯示，中國政府對於大躍進初期（一九五九至一九六〇年的穀物出口）造假的穀物產量紀錄毫不知情，因而造成饑荒加劇。參見皮安瀾（Alan Piazza 1986）。
3 使用米糠與紅糖水來治療水腫，可見凌耿（Ken Ling 1972: 228）。
4 對中國鄉村集體組織的深入分析，可參見白威廉與懷默霆（William Parish and Martin Whyte 1978）的著作。
5 範例參見倪志偉（Victor Nee 1985）與郝瑞（Steven Harrell 1985）。

第五章 參加政治運動

「你怎麼會捲入政治運動之中？」我好奇地問。葉書記說：「我是在一九六三年從江頭高中畢業。像我這樣的鄉下孩子，當時只有兩條路可以走，第一條是考大學，第二條路是去當兵。既然這兩條路都走不通，我只好再回到林村來。」

葉書記的社交圈幾乎像有挖不完的資源，令人驚訝。他認識公社、縣政府和市政府裡許多重要人物，一有需要就和他們聯絡。有一次，我的房東林其山，開著一輛二手卡車載磚到廈門，因為超速被交通警察攔下，連人帶車一起被扣留。這時廈門市為了要整飭市區混亂的交通狀況，剛剛頒發一套嚴厲的交通管制措施；警方還打算重重懲罰初犯者，好讓市民心生警惕。看起來林其山難逃被科以重金，甚至還要進牢裡住幾個星期的惡運。

一早葉書記得知了這個消息，便立刻行動。林其山的哥哥林其發也有部卡車，葉書記馬上把他叫來，要林其發送他到廈門去。傍晚的時候，林其山人車都平安回來了。他不但不用坐牢，而且根據我後來聽到的消息，竟然連罰金都免了。

等到我後來比較瞭解林村的政治情形時，才知道為什麼葉書記要為林其山出這麼大的力。林其山的哥哥林其發在黨支部算是有地位的人，身為村裡的治保主任，是村裡僅次於黨支部書記和大隊長的第三號人物。林其山是從陸軍退下來的，也是個黨員，各方關係也很好。林家的宗親都把這兩兄弟當作是他們的代言人，所以這兩兄弟很有影響力。這時候葉書記正計劃大動干戈，把村長李德海給鬥下臺，因此他很仰賴林家兄弟的支持。當初他之所以親自在商量我的房租的時候插上一腳，為的也是這件事。

第二天早上，我問葉書記到底做了什麼事，才讓林其山平安歸來。他只是聳聳肩，不經意地說：「只是去市區看幾個老朋友嘛。」我住在林村的前幾個月，還發生了幾件類似這樣的事情。每次葉書記都是點撥一下，就把問題解決了。我心裡猜想，如何培養與這些官員的關係，他一定有他的一套方式。但是我看他老是待在村裡，這樣他怎麼能跟人家培養關係？他老是不出門，人家怎麼肯買他面子？我把這些問題留在心裡，準備找個適當的機會問問他。

一九八五年三月初，機會來了。這天有兩位訪客來看他，一位是江頭農業銀行的總經理，一位是江頭中學的校長。為了款待來客，葉書記叫田雞吳煮一桌菜，大概七、八盤，並請我作陪。吃飯的時候，我一邊聽他們聊起，才慢慢拼湊出他們來訪的目的。在江頭鎮上，農業銀行位於江頭中學隔壁。農業銀行想擴建本身所在的樓房，所以想利用一下江頭中學的空地。校長答應了，可是有一個條件：銀行要捐錢幫學校蓋間新教室。銀行方面覺得這個要求過高，但是同意興建一座籃球場作為補償。後來雙方一直談不攏，所以來找葉書記做調停人。

「但是怎麼會想到葉書記呢？」我問他們二位：「你們怎麼會想到要找他做中間人？」

「哈，你問得好，」銀行經理答道：「葉書記是我們的老同志了，這個人我們信得過，所以來聽聽他的意見。」

「但江頭鎮上一定也有很多黨員同志啊，」我不解道：「為什麼你們要老遠跑到這來？」

「哦，你大概會錯意了。」銀行經理解釋道：「我說葉書記是我們的同志的時候，不是說他是黨員，而是指以前我們曾經待在同一個工作隊裡，參加政治運動，以前我們在四清的時候很活躍。」中國的政治運動實在太多，我一時記不得四清是個怎樣的運動，又怕問出來太唐突，掃了客人的興，所以先留在心裡。但是一憶及往日，銀行經理似乎興致很高昂：「想想當年，我們都還是二十來歲的小夥子哩！那時候我們衝勁十足，一心只想為政治獻身！」

他講的這段話很有感染力，因為葉書記和中學校長也變得和他一樣熱情激昂，一談起舊時的人事和今日的變遷，便停不下來。這頓飯吃了一個鐘頭。末了，他們似乎都已重拾舊日情誼，席間氣氛相當活潑；這時，葉書記做了一個建議。

「唉，我說你們兩個別那麼斤斤計較。你們是為所屬的機構而爭，又不是為一己私利而爭。

我建議一下，把問題解決算了。第一，學校答應讓銀行擴建。第二，要銀行捐建新教室，這個出價未免高了點。這樣吧！銀行就幫學校蓋座球場，再捐一個教室的課桌椅。你們覺得怎樣？」

「我覺得很好，」銀行經理高興地答道：「就憑你一句話！」

「那你呢？」葉書記銳利、詢問的眼神轉向校長。

「呃，」中學校長本來似乎想講什麼話，但又嚥了下去：「看在老朋友份上，如果他說好，我也同意。」

「你看，我就知道老同志之間沒什麼問題不能解決！」葉書記爽朗地說：「來！乾一杯，我們還有位黃教授做見證人呢！」

葉書記靈活地動之以舊情，選對時間將問題解決，這點給我留下深刻的印象。但是這次飯局揭露了葉書記早年的政治經歷，更引起我的興趣，因為這點他從來沒跟我提起。他是個積極分子，在工作隊裡待過，跟一個叫作四清的政治運動有關聯。要探索他的政治關係的話，這是個很好的起點。所以這兩位心滿意足的訪客一走，我立刻抓住這個機會問葉書記：「原來你跟這兩個人一起參加工作隊。工作隊是什麼？」我準備把問題一一提出來。

四清運動

葉書記似乎早有準備我會提出問題。他回到位子上，點了根菸，說道：「以前我曾積極參加政治運動。在那段時間，我跑過福建南部許多不同的地方，做過不同性質的工作，和不少地方幹部建立良好的關係。我們都是當初一起苦過來的，所以這份交情特別真，特別持久。有一陣子，這些交情是種包袱，現在，卻成為一種政治資本。人的生命竟會這樣迅速地轉到另一個方向，有時候真令人覺得諷刺。」

「這些政治運動是什麼性質的？你怎麼會捲入其中？」

「別這麼沒耐心，」葉書記半開玩笑地斥責我：「我先解釋我怎麼會捲入政治的。」

他選了張舊椅子，舒舒服服地坐下來，眼睛望著天花板，好像在沉思的模樣。他說：「我是在一九六三年從江頭高中畢業的。在那時候，像我這樣的鄉下孩子，如果不想在農村終老的話，有兩條路可以走。第一條路是考大學。如果考上了，你就可以把戶籍遷到學校所在地，這樣你的戶籍分類就從農村變成都市了。從大學畢了業，政府會給你安排工作，大多安排在國營公司上班，而且地點幾乎都是在城市裡；這樣一來，你的戶籍分類，便可以永久地改成『城市』了，這是我的第一優先考慮。我去考了，但是落榜了。那個時候國內的大學很少。鄉下高中的畢業生當中，每二十個才有一個能夠通過競爭激烈的考試進入大學。鄉下教學的設施和教員素質都無法和城市的相比，所以考上的學生也就微乎其微。」

「另一條路是什麼？」我問。

「像我這樣的鄉下孩子，還可以去當兵啊。」

「此話怎講？」我想到在中國傳統的觀念裡當兵大概只比做土匪強一點。

「因為可能有機會搬到城裡去啊！」葉書記答道：「當兵要當四年，所以可以藉機學點技術。識字的人可以學開車、操縱機械。不識字的人可學識字寫字。要是表現得好，就有可能被選為黨員，俗稱『提幹』。要是入了黨，那就穩在政府機關做事，一輩子不用愁。黨員退伍了以後，差不多都被派在城市工作，不用種田又可以在城市生活，這是鄉下孩子渴望從軍的兩大原因。」

「但是你沒當過兵，對不對？」我有種直覺，覺得葉書記不像是當過兵的人，雖然他曾身兼大隊民兵指揮官。

「是，你說得不錯，」他的聲音裡似乎有點感傷：「我根本沒當過兵。每一年要從軍的鄉下孩子都很多，被選上的簡直像鳳毛麟角。軍方會先考慮個人的政治背景，包括他出身家庭的階級地位，如果是佃農或是中農最好，還有對黨的忠誠度。另外還要考慮志願者的身體狀況，軍方只挑健康條件最好的人。」

「我沒被選上，是因為我的左腳有一點跛，」葉書記說這話時有點不自然：「我是在一九五三年受傷的，當時我是三年級。那時候我在學校操場的單槓上吊著玩，一不小心，左腳一低就磨到地上。我沒有鞋，其實我在中學畢業之前沒穿過鞋。操場上沙子多，地又硬，光著腳一磨，立刻削掉腳上一塊肉，血流個不停。後來，我發現我的左腳比右腳稍微短了一點，所以跑起來沒有別人快。沒想到這一跌竟跌掉了我當兵的機會。

「既然這兩條路都走不通，我只好再回到林村來。那時候村裡因為要建造水庫的關係，已經和山頂村分開，成立一支獨立的大隊，叫作林村大隊。既然田雞吳和他哥哥都升到公社去做事了，所以前任第一生產隊的隊長鴉片洪，就被派為大隊的黨支部書記。前任第三生產隊隊長雷公林便被派為大隊長。

「一來，因為林村要蓋水庫，所以和山頂村之間的通路受阻，小孩子要到山頂村上學很不方便；二來，兩村的行政各自獨立，學校的補助金如何支付是項難題，所以，新上任的黨支部書記鴉片洪，就決定用本村的基金在村裡設一個小學。[1]

「一九六三年，我回到林村之後，鴉片洪就派我到集美的教師訓練中心受訓一個月，結訓之後，就在村裡的學校教書。學校一共只有三、四位老師，所以不管什麼課程我們都得自己教，包括數學、語文、音樂，學生從托兒所到五年級的都有。我在學校教了一年書，現在村裡快三十歲的這一代，差不多都是我的學生。

「一九六四年九月或十月間，鄉間醞釀著新的政治運動。這便是四清運動，是社會主義教育的一部分，[2]其目的是要再教育或清除不適任的低層農村幹部。解放以來，已過了十五年，政府高層懷疑原來那批農村幹部是否會因為長久當權而腐化，而大躍進的失敗，更使得許多農村幹部的風紀敗壞。四清的前三清，是要杜絕幹部竊取公物、收受賄賂和濫用工分的問題。最後一清，則是要肅清成分。因為有部分地主和富農的子女，已經潛入黨內，或是藉著和農村幹部建立關係而得到了失去已久的權力。

「這個運動是當時國家主席劉少奇之妻王光美提出的。一九六三年，她和河北省黨委第一書記林鐵合作，在當地一處名為桃園的公社展開政治運動。首先，王林兩人在公社居住一段時間（共產黨術語叫『蹲點』），以調查不當事宜，同時，他們和農民建立相互信任的良好關係，再發動農民去揭發公社幹部所犯的些微疏失。在『鬥爭』的這個階段，幹部被群眾押到講臺上接受審判，農民則一一向前指認罪證。若是罪證重大，幹部會受到懲罰並被革職，另選新人取代。報導將這個運動寫得十分成功，並選為全國學習的模範，稱之為『桃園經驗』。這個運動的步驟就是先選一批具有良好階級身分和相當的教育背景的青年活躍分子，參加短期的政治訓練，然後將他們組成工作隊，[3]送往他們出身地以外的農村地區。接著，工作隊便向地方負責行政的人奪取權力，如大隊或生產隊行政人員，並調查腐化的幹部。」

「你是說全國各地都在推行這個桃園經驗嗎？」我想弄清這個運動的廣泛程度。

「好像是，」葉書記答道：「我不知道西藏或內蒙古自治區有沒有這個運動。但是除了這兩個地方，在一九六四年初，全國各地便已熱烈展開四清運動。在福建一地，由黨委第一書記兼省長葉飛擔任社教總團的總指揮，由此開始設立分支，遍布各縣市，以便發起運動。縣市政府則命令公社籌組青年活躍分子到縣市總部接受訓練，再派到其他鄉鎮去，以免因為對家鄉的偏好而影響判斷。

「我們這裡的前沿公社開始遴選積極分子的時候，我和我未來的太太寶珠都獲選。寶珠和我都感到很驕傲，因為一共只有二十二個名額。我們知道黨選擇我們有特別的目的：在剷除老舊、腐化的幹部之後，我們將會成為農村新一代的領導者。我尤其感謝黨對我的培養。若是在舊的封建社會之中，我要受教育是根本不可能的，但是黨卻給了我機會念到高中。而且，在我落榜又無法進入軍隊之後，黨又給了我一次機會。

「我們這群積極分子，首先到廈門地區總部所在的集美鎮，接受政令宣導，學習運動的起因、重要性和執行的步驟，之後寶珠和我被派往靠近廈門島附近的縣分：龍海。我們這二十二個人和其他公社選出來的青年混合，然後編成較小的工作隊，大約五至七人之間，再分發到各個大隊去。我每個月可以領到二十七元人民幣，在當時這已經是很大一筆錢了。我這個工作隊的目標是奪取龍海縣一個大隊的政權。我們一到達這個大隊，就各自分開和最窮苦的農民同住；我們必須和屋主吃一樣的飯，睡一樣的床，做一樣的工，這叫作『三同』。我們另付伙食錢給屋主，每天算三毛的飯錢。還有，我們不許到鎮上的市場買東西吃。因為如果我們沒有和農民吃得完全一樣，就無法獲得他們的認同，他們不認同我們，就不會信任我們；這樣一來，我們就無法得知那些腐化的幹部如何迫害農民了。

「我這個工作隊的成員大多來自北邊的泉州和同安。平均來講，一個工作隊才六、七個人而已，這樣少的人派到一個大隊去執行任務，所以我們在進行時格外謹慎。我們先要和貧農建立關係，以博得他們的支援，所以我們不久就設立了一個『貧農協會』。我們和農民密切合作，挖出他們的苦痛，以此為基礎做更進一步的調查。我們一步一步地設計策略，小心到不能再小心，因為那時中央政府懷疑整個農村行政系統都已腐化，或為階級敵人所滲透。如果我們明目張膽地做，恐怕反而會受到腐化的幹部和舊地主的攻擊。

「這些被選來參加工作隊的，多為高中畢業，年紀在二十歲上下的積極分子，都是滿懷理想的熱血青年。我們肩負全國最重要的任務，亦即改正過去的錯誤。我們都意志高昂，而且一字不差地執行黨的要求，遵守黨的紀律。

「在精神層面上，我們早有準備，但是身體上卻難以承受。生活條件實在太苦了。跟著如此窮苦的農民吃飯，使我們的健康受損。那時候是一九六四年。一九五九到一九六二年的大饑荒已經過了兩年，但是龍海縣貧農的食物仍然少得可憐。每餐都吃一樣的東西，一鍋浮著幾粒米、幾條番薯簽的稀粥，根本就沒有吃到固體食物，所以老是覺得餓。另一位隊員跟我想了個辦法。我們在附近的市場上買了幾分錢的砂糖，把糖和湯匙裝在信封中，藏在襯衫內的暗袋裡，要是餓得受不了，就躲到角落去吃幾口糖。

「我們很小心不讓別人知道這件事。這樣做雖然不違法，因為法律又不禁止，但是我們很清楚，以黨的立場而言，絕不會接受這種行為。我們這樣做，等於自視高於農民。如果我們倆連農民生活之苦都無法忍受，就是在自挖牆腳。要是被別人揭發出來，我們很可能立刻被逐出工作隊。我們吃糖藏糖，一向小心翼翼，但是有次差點被人抓個正著。那時候是夏天，有天下午我們聚在大隊總部狹小又密不通風的房間裡開會。因為我們講的是如何鬥垮大隊黨支部書記的陰謀，不想被路過的村民聽到，所以門窗都關得緊緊的。房間裡熱得像蒸籠一樣，我和我的朋友都把糖放在信封中，藏在貼身的襯衫暗袋裡；但是因為體溫高的關係，糖開始融化了。我們怕人起疑心，不敢告急回到租來的房間換件衣服，只得待在那裡整整開了兩個鐘頭的會，糖漿混著汗水流下來，不只襯衫，連內衣都溼透了。每次我一想起這驚險的一幕，就不禁爆笑出來。

「跟這些貧窮的農民住在一起，真的學到很多東西。他們不會注意什麼客套啦、禮貌啦，他們有話就直接說出來。我們這個工作隊裡有個女孩子，她和大家一樣都分配到農家去住。這個女孩子做事很賣力，還常常出去做調查，有的時候她過於專注，等到回到農家時，都過了吃飯的時間。她回來時，屋主夫婦會問她吃過飯沒，她出於禮貌，每次都答有。那些農民就想，既然她吃過了，就不用再幫她煮東西，所以她只好整個早上或是下午挨餓，但是一到下田時，她就會因為饑餓而昏倒。」

「你知道嗎？」他轉向我，嚴肅地說：「我剛成熟到能參加真正的政治運動時，內心正好對政治失去大半信心。在四清時，發生了幾件事，使我反省我們為了達成目的而不擇手段的方法到底對不對。這個政治運動的目的並沒有錯，的確有很多原來的農村幹部不適任或是腐化了，但是許多工作隊在做的時候野心太大，超過本身的許可權。工作隊鼓動貧農協會攻擊舊地主和舊幹部，但是他們自己卻不見得比舊幹部好到哪裡。這樣一來，村裡又形成另一迴圈的恐怖政治，村裡的衝突反而增加了。

「我還記得我的同志和我組織的第一場鬥爭大會。我們在大隊會議室布置了講臺，並邀請縣政府的高幹到場觀察，一方面是要增加威信，一方面是防止舊幹部和舊地主反彈。我們想，有縣級的高幹在場，舊幹部便不敢阻撓會議的進行。

「我們工作隊的同志和縣政府的幹部都坐在臺上。會議開始，我們便命令貧農協會的成員把過去壞分子做的錯事通通講出來。所謂的壞分子是指地主、富農、反革命分子、罪犯和右派分子。我們決定要先打擊壞分子，叫那些心中不服的人心存警惕。我們把壞分子叫上臺來，叫他們面朝群眾跪著。壞分子之中，有個中年婦女，縣政府來的幹部做了個手勢叫一個貧農上前，問他說：『這個是「地主婆」嗎？』那個貧農答稱：『是的，同志。』隨即走到那婦女身前，將她的頭按到地上，一直沒有放手。到了鬥爭大會快結束時，幹部問道：『你為什麼要一直按著這女人的頭？我們這個運動，應該要避免不必要的虐待的。』貧農答道：『但是同志，你剛剛不是叫我讓她「低著頭」嗎？』你看，這位幹部是北方人，他的漢語很難聽得懂。既然貧農所受教育不多，能力有限，無法瞭解中央的指示，像這樣的迫害或虐待是免不了的。

「在四清的時候發生了另外一件事，和一個出身於地主家庭的中年男子有關係。這個人很有學問，解放前在廈門的貿易公司做經理。解放之後，他回到龍海縣。因為他沒有直接涉及佃租農地之事，所以沒有像他父親和哥哥一樣被處決，但是仍被劃為富農，也算是重大的階級敵人。有次他在摺扇上作畫，畫的是飛鳥還巢，但是巢裡卻空無一物，他在旁邊題了一首詩，說鳥兒離巢已久，想要回返老巢，等到回得巢來，親鳥和手足卻都已不知去向。」

「這些詩畫和政治運動有什麼關係？」我實在聽不出葉書記話裡的意思。

「當然有關係！他含沙射影呀！」他不耐煩地說：「馬上就有個貧窮的農夫將扇子取走，作為他背叛的證據。這個農夫控告他對共產黨政府不滿，所以畫了這幅畫來暗示他對全家所受惡運的怨懟。他在抗議父兄所受的判決不公，這點一見便知。」

「但是怎麼會有人把這樣的控訴當真呢？」我憤憤地說。

「當然不會是你也不會是我。」葉書記斬釘截鐵地說：「我們都知道，不能光靠暗示就定人罪名。但是在政治運動的時期，人的想法是不一樣的。活躍分子為了要製造『高潮』，會擴大事端以鼓動群眾。這件農民控告富農的案件，使整個工作隊備感興奮。貧農竟自動對於政治產生新的覺醒，真是驚人啊！他們已經學會如何揭發反革命分子的面紗，無論用多少代價都要把這件事擴大並予以鼓勵。

「我們特別開了個鬥爭大會來公布這個新發現。那個畫畫題詩的倒楣傢伙被人拉到講臺上受審。那晚有好幾個活躍分子出來毒打他。我想可能有人利用這個機會報私仇，要不是工作隊阻止的話，他可能會被毒打到死為止。工作隊的考慮是，這個人的罪狀不至重到要判死刑，再說，要處罰這個人其實只是為了要使人有所警惕，所謂『殺雞儆猴』而已。」

「這個倒楣的傢伙後來怎麼了？」我覺得很好奇。

「我不太知道他在鬥爭大會之後發生了什麼事，」葉書記張開手臂，打個哈欠：「但是我聽說他在幾個月之後游泳逃到國民黨占據的金門島。在本地，以他的階級地位，是永無翻身的機會了。不管他叛逃到金門有多羞恥，至少他有個開始新生活的機會。」

「欸，」我的朋友看看錶，說：「快兩點了。我們休息一下明天再談如何？」

政治運動

第二天早上我吃了早飯就到葉書記家去，我實在迫不及待想繼續談他參加政治運動的事。葉書記正在廚房幫他太太寶珠準備豬食，把番薯葉切片和番薯簽同煮。寶珠一如往常地向我打個招呼，之後便不發一語。村中婦女的不成文規定，是要順從丈夫，至少在公共場合要做到這一點，對此寶珠可說是恰如其分。在我住在林村的這段時間，她一直是不置可否，除非我直接問她問題，否則不會開口。但是這一天，我很高興寶珠也在場，因為我也想問清楚她在四清時的經歷。

我向他們兩人問道：「在四清的時候，你們有沒有見面？」寶珠假裝沒有聽到，繼續攪著豬食。回答的是葉書記。

「在四清的頭一年，我很少看到寶珠。我們雖被派到同一縣，但是所在的公社不同。她被派到灌口鎮的第三公社，兩地的交通不方便，而且我們也因政治任務在身，無暇分神。但是到了放假，她回泥窟村，我要回林村的時候，我們會找機會見見面。我一得空就回村裡，把攢下來的薪水交給父母貼補家用。我告訴過你在工作隊的時候，我一個月可以得到二十七元人民幣。我要交給房東九元，別的零星花費，像肥皂、香菸，喔！對了，糖等等，大概要二到三元，所以大概可以存個一半交給父親。那時我家的人口變多了，我最小的弟弟在一九六三年出生，所以我一共有六個弟弟、一個妹妹。我父親要賺足工作點數餵飽全家人實在不容易，所以我弟弟大多沒有機會受高等教育，而必須盡早開始工作補貼家用。」

「你多久回林村一次？」我問。

「大概一個月一次。」葉書記答道：「因為四清的時候我常常回來，所以比較清楚這個運動對本村的影響。派到本村來的工作隊，一下子就把大隊黨支部書記鴉片洪和大隊長雷公林搞下來。工作隊到達之前，雷公林還開了個玩笑，說工作隊既然要三同，要和農民併肩工作，那我們得先做些特大號的馬桶讓他們用扁擔挑才行。這其實是在嘲笑這些『城市孩子』吃不得苦，沒辦法和我們下田做一樣的工作。但是工作隊在調查大隊幹部疏失的時候，農民把這句玩笑話也報告上去。結果工作隊特別針對雷公林開了個鬥爭大會，雷公林被打得死去活來還革了職。」

「在這次的政治運動裡，有沒有其他人被攻擊？」我問道。

「幾乎每個大隊和生產隊幹部都受到波及。」葉書記一邊回答，一邊將煮熟的豬食舀入提桶之中：「但是林村的人受影響最深的，恐怕要算是吳家兄弟。運動剛開始時，田雞吳和他哥哥吳明都在江頭公社做事，但是上級命令他們回林村，他倆一回來就受到村民嚴厲的偵訊。因為田雞吳在解放前經常變節，又與各方關係良好，所以連一點還嘴的餘地都沒有，就被打成『歷史反革命分子』。他還有一頁不大光榮的歷史，就是他在加入解放軍之前曾經當過國民黨的兵。他為什麼要叛離國民黨，加入解放軍？是不是要做國民黨的間諜？這類的問題一經提出，田雞吳毫無招架之力，所以就成了個政治案件。」

寶珠靜靜地用扁擔挑起兩擔豬食出去了，廚房裡只剩下葉書記和我兩個人繼續講話。

「田雞吳的命運至此起了大轉變，」葉書記的話中有一絲復仇的快感：「工作隊要他寫自白書，所以把他單獨關了好幾個月。但是他是個文盲，根本寫不出來。工作隊對他的口供不滿意，所以常常毒打他。工作隊希望這個案子有個重大突破：讓田雞吳招認他是國民黨派來，潛伏於此地的間諜。田雞吳大概從來沒有想到，解放了以後他還要吃這種苦頭。他走投無路，想用皮帶上吊自殺，了結自己。但是被看守的人發現，把他救活了。但是說也奇怪，田雞吳這條命撿回來之後，人變了很多。雖然今天你看他這個人還是講話帶刺，態度傲慢，但是比起他被監禁之前，可是大大不同了。他這一生，起伏實在很大。

「在四清的時候，村裡還有一件很不公平的事，一直到近幾年才解決。這件事和林家的長房林大有關係。林大家裡原有不少田產。在抗日戰爭之後，林大的父親決定分家，四個兒子都一樣，每人分到大概二十畝田（約一．三公頃），林大這個人，做事勤快，用錢也很謹慎。」

葉書記在大灶裡添了些柴枝，從水缸裡舀了些水到鍋中，放些番薯葉進去，準備再煮一鍋豬食。他邊做邊說：「但是他的三弟——林山，從年輕時就游手好閒，大家都知道。林大結婚後，林山也娶了老婆，生了兩個孩子，坐吃他父親分給他的二十畝田過日子。他僱了他老婆最小的弟弟來做田裡的活兒，但卻跟這位小舅子的老婆發生關係，兩人私奔到廈門去。到了廈門，他又拋棄這個女人，整天吃喝嫖賭，無所不來。到了抗日戰爭結束的時候，他的田產也花光了，於是淪落到在廈門街上流浪乞討生活的地步。」

「那他的老婆孩子怎麼辦？」這三人的生活，恐怕才真正成了問題。

「林山的妻兒？」葉書記一邊攪著豬食，一邊回答我的問題：「眼見賴以維生的田地被一一變賣，自己實在不知如何度日，林山的老婆是娘家嫁出來的女兒，不能回娘家求援，她唯一的出路就是自殺。幸而她的兒子，發現她舉止異常，通知她那一代輩分最高的長兄林大，把她救活了。後來林大就把弟媳婦一家接來和家人同住，一起在林大的田裡工作，說起來林山的兩個兒子都是林大養大的。

「解放之後，林山回到村裡來，他被劃在貧農階級裡。他和政治權力沾不上邊，因為村裡的政治全為吳家兄弟所把持。後來實行土地改革的時候，並沒有人找林大的麻煩，因為林大的田地雖然有二十畝之多，但是家裡吃飯的人也多：除了林大夫妻倆，還有林山的妻子，林大的三個兒子、兩個女兒，再加上林山的兩個兒子，一家十口人，地有二十畝，算來仍算中等，所以被劃為中農。」

「你剛才不是說，這家發生了什麼不公平的事嗎？」我實在不明白為什麼葉書記要把林家的人口和田產交代得這樣清楚。「在一九七八年前，階級劃分是非常要緊的事。」他憤憤不平地說：「林大這條命，幾乎斷送在他弟弟林山手上的。林山趁著四清時加入了貧農協會，開始奪權，並且把矛頭指向他看不順眼的人。審判田雞吳的時候，他出了不少主意。之後，他又要求重新審查他親哥哥的階級地位。林山堅稱林大不應劃為中農，而應該是富農。他辯稱林大家有二十畝田，但是只有七口人，林大夫妻倆，三個兒子、兩個女兒。另外那三個人，也就是林山自己的妻子和兩個兒子，其實是林大偏用的長工。加上這三個雇工之後，林大的剝削程度便超過二十五%，所以應該歸為富農階級。」

「但是這樣講不對呀！」我不禁說道。

「當然不對，」葉書記諷刺地說：「林山這些話一說出口，全村同感震驚。要不是林大，林山的妻兒哪有今天？怎麼會有人這樣子恩將仇報，不仁不義？這個人做出來的行徑正好和全村的人心裡想的相反。連丟掉差事的前大隊黨支部書記鴉片洪，都難以置信地評道：『林大救了弟媳婦，又把她和姪兒接來同住，這種善事要是算作是剝削他們，那麼世上還有什麼天理？』村內的公論都倒向林大這一邊，但是林山有工作隊做靠山。林山現在是個積極分子，在工作隊的支持之下，他終於如願把他哥哥劃成富農階級，村裡多了一個階級敵人。」

「林山當權多久？」我問道：「四清一共持續幾年？」

「大概兩年左右，後來爆發文化大革命，取代了四清。」葉書記答道：「那時候林山也對他堂弟林柏亭落井下石。林柏亭就是胖林，他在土地改革的時候已經被劃作富農，一有政治運動，他就吃不少苦頭，他無可奈何，只能盡量順從忍受。胖林有幾個住在南洋的表親，不時寄錢或是食物、用品給他。胖林大概是一方面想改善和幹部之間的關係，一方面想證明這些包裹裡沒有其他的東西，所以會送一些給大隊的幹部。早先是送給吳氏兄弟，後來送給鴉片洪和雷公林。到了四清的時候，林山說這是胖林想博得幹部個人的好感，根本就是在賄賂，所以，黨都變成了封建地主的工具了。因此在接連幾次的鬥爭大會中，胖林都受到審判，被罰做全村最吃重、最骯髒的工作，像是疏通水溝或是清理公共廁所。」

這時候，寶珠挑著兩個空桶子進來，我抓住這個難得的機會問他們兩個：「四清的時候，你們在龍海待了多久？你們在那裡做什麼事？」

寶珠仍然不發一語，好像沒聽見我的話一樣，葉書記大概是以為我在跟他說話，所以由他來回答：「我在龍海縣鄉下的工作隊待了一年。在一九六五年末，被調到海倉縣，在穀物儲存機構中推動社會主義運動。接了新工作之後，生活條件改善很多，至少每餐都有粥可吃。另有一個姓黃的人和我一起到任。這個姓黃的人很胖，原來是人民解放軍的政委。軍隊中的政委地位很高，特權也多。他大概從沒想到他竟會有今天，落到這種地方來生活。他每頓飯要吃八到九碗粥；你知道，如果食物不含油脂的話，人的食量就會變大。吃飯的時候，我和他同桌吃飯，不和農民一起。我的胃沒有姓黃的那麼大，所以吃的也沒他那麼多。有的時候，我明明已經飽了，還得裝著在吃飯的樣子。要是我把碗筷放下來，他馬上就不吃了。沒有人要他這樣，但是這個運動的目的，既然是糾正幹部的不當疏失，每個人都會小心翼翼地避免本身突出的行為。」

「你在海倉鎮待了多久？」我問。

「大概只有兩個月。」葉書記答道：「一九六六年一月，我被派到集美鎮，這個地方在大陸上，面對著廈門島。我的主要工作是在鎮上的國營工廠推廣社會主義教育。在國營廠工作的年輕工人大多只有小學畢業的程度，沒受過多少社會主義教育，所以我們就要啟發他們的社會主義意識，將他們組織起來，加入政治系統之中。這些組織裡，最有效的當數共青團。我們會舉辦活動吸引年輕人，並導正他們生活的軌道。

「白天的時候，我都在國營工廠上班，例如說到百貨部去賣東西，或去食堂的廚房煮飯。我和工人們一同工作、吃飯和休息。由於堅持三同，我很快便贏得了工人們的信任。到了晚上，我便帶領這些年輕人學習，學習念書寫字，或是學習馬克思和恩格斯的理論，或是學習政令宣導。有時，我會帶他們做些娛樂活動，像是打場球，或是唱唱革命歌曲之類的。一旦成功地在廠內成立一支共青團的支部，我就動身到另一個國營廠去。」

「你是因為這段經歷，才和許多地方幹部結為知交嗎？」我開始有點瞭解葉書記的觸角為什麼會伸得那麼廣了。

「是啊！那真是我生命中最難忘的一段時光。」他的眼神既驕傲又滿足：「我對工作完全投入，所以在一兩個月內就會看到自己的成果。在不同的國營廠工作，也使我對各行各業更加瞭解。和年輕人工作，真是太有趣了。

「我還記得這段期間發生了一件令人好笑的事，我們的運動手冊上面要求我們舉辦『憶苦思甜』大會，以便加強年輕人的『社會主義意識』。這個活動的目的，是要讓年輕人熟悉解放之前群眾生活之苦，並且拿來和共產黨帶給他們的甜美、富足的生活做一比較。一般而言，我們會尋訪在一九四九年以前生活貧苦的人。如果這個人的生活在解放之後大有改進的話，我們就會邀請他來和年輕人講講話，談談以前的『苦』和今日的『甜』。

「在集美鎮上有個退伍軍人。我們聽說他出身於北方的貧窮人家，家裡窮得把他賣給有錢人做童僕。他每天從早忙到晚，吃不飽、穿不暖，要是做家事犯了什麼錯誤，還會被重打一頓。最後他終於受不了，逃走去參加人民解放軍。我遇見他的時候，他已經退休，每月照領國家退休金，日子過得很悠閒。我想，讓年輕人聽他的經歷，是再適合也不過了。所以我就辦了個『憶苦思甜會』，請他來做演講。他很生動地描述解放之前生活的種種困難。他小的時候沒吃的、沒喝的，連遮風避雨的地方都沒有。他是賣身來做童僕的，主人、太太、小主人，連較為年長的僕人都常常對他拳打腳踢，這般這般，一直說下去。然後他開始講解放以後過的好日子，一一指出一九五〇年代初期生活上的改善。我心裡想著，這個會開得真是順利，年輕人一聽就知道他話裡的意思。我心裡得意起來，覺得又完成了一項任務。

「但是接下來，糟了！這個老傢伙該停不停，一直講下去！他開始講在大躍進之後日子有多苦：他餓得有多厲害，看到多少人死亡。我想阻止他，但他是以貴賓身分受邀來此演講，而且他又是個榮譽退伍的軍人，我實在不敢冒犯。我看看觀眾，他們早聽出演講者話裡的毛病，正津津有味地聽著。我看到有幾個年輕人竭力忍住以免笑出聲來，我自己也開始覺得好笑。會議開完以後，我跟上級報告這件事，他也大笑不已。」

「那段期間你做了多少件工作？」我問道。

葉書記扳著指頭算著，回答說：「在一九六五年後半年和一九六六年的前幾個月這段時間，我在六、七個國營廠待過。我藉著這個機會認識了許多人，特別是一些年輕、低層的幹部。這些人現在都做到了機關首長。我和他們深厚的交情，成為我自己重要的政治資本。還有，因為我努力推展社會主義運動，成效卓著，一九六六年三月，我獲准加入中國共產黨。我真的很感謝黨的提拔培養，讓我得到這份殊榮。我父親是個低下的窮種田人，到我這一代，竟然能成為共產黨黨員！你想想看，我竟能和極少數通過考驗的人平起平坐，而且被認為是黨內下一代的中堅！我雖然不見得能全然認同這個政治運動中的濫權和恐怖的治術，但是毛主席和黨的指示是正確的，我應該要有百分之百的信心才對。這些濫權和恐怖政治可能是別的原因造成的，只是我還不瞭解罷了。」

「寶珠是在那時候獲准入黨的嗎？」我問。

「是的。」葉書記答道：「在四清的時候，有一百二十名左右的積極分子獲准入黨，包括寶珠在內。我們這一百二十名新黨員都先在地區總部所在地的集美鎮集結，等待上級發派下一個工作。四清運動已圓滿落幕了，可以預見我們這些少數的優秀分子必定步步高升，前途未可限量。不用說，當時沒有人覺察到地平線的彼端醞釀著風暴，即將完全扭轉我們的命運。

等到一九六六年三月，文化大革命爆發之後，一切都改觀了。」

語末，葉書記的聲調愈來愈低，彷彿因為久談而疲倦，或者他想避開不談那些從不給外人知道的事。我看不出他臉上有任何表情，因為在廚房的這一角沒有窗戶，光線暗淡。我想，今天就談到這裡吧。

1 興建民辦學校為中國常見的舉措，其目的在於切合地方單位如村落、工廠，或是政府部門的需求。這類民辦學校與公立學校不同，前者不屬教育行政單位管轄。政府通常不提供民辦學校營運經費或師資。在民辦學校教書的老師稱作民辦教師。

2 政治活動對中國鄉村所帶來影響的主要探討，可參見陳佩華、趙文詞和安戈（Anita Chan, Richard Madsen and Jonathan Unger 1984）的著作。

3 倪志偉與莫辛戈的著作中（Victor Nee and David Mozingo 1983），針對中國政府因政治運動所組成的工作隊的角色，做出了深刻剖析。

第六章　返鄉

「不，」他不耐煩地說：「我並不是說農村和農民並無受到傷害。我本身就是文化大革命的受害者。相形之下，對於城市人而言，那眞是一場夢魘，但是在鄉下情形略爲好一點。」

我在林村做研究的過程相當順利，四個月一下子便過去了。我已經認識了許多村民，他們會邀我到他們家共度特別的場合，或者到我的住處坐一坐，談一談他們遇到的問題。我相信自己和村裡大眾處得相當融洽，並且瞭解村民關心的課題，所以決定在一九八五年三月開始做系統化的家庭訪問，蒐集相關資料以便日後研究。我設計的問卷內容包括家庭生活、財務狀況、農作情形、婚姻、祭祖和價值觀。我用隨機的方式，在村裡兩百多戶中，抽取了四十戶，約占樣本數的五分之一。在做家庭訪問的時候，我可和他們面對面深入地談論問卷上的每一項主題。這個時候，我才發現由於少碰面，村裡還有很多人我並不認識，而且他們還有一些問題是我原先所不瞭解的。下面這個例子，就是在做訪問的時候碰到的狀況。

農民的心聲

一九八五年四月十二日，依約訪問林汾家。我把問卷攤開來，一一問著林汾時，突然有位灰髮、著舊式藍色衫褲的婦人出現在門邊，以沙啞的聲音對我說：「能不能打擾一下？我有件緊急的事情要呈報。」林汾遲疑了一下，但是假裝沒聽見她的話的樣子。我心裡明白，林汾根本沒和這位婦人提起我會來訪的事情，不想讓她和我碰面。但是看起來似乎除非我先打發這位婦人，否則無法和林汾繼續談下去。於是我答道：「妳想和我談什麼？」

「你知道嗎？」這婦人抱怨起來：「我原來有一條金項鍊，兩個金戒指，一共一百二十克（約四盎司）。在文化大革命的時候，政府要我們交出所有傳統的東西給公社。村裡大部分的人都沒有遵守，反而把值錢的東西藏在家裡或埋在田裡。但是我那死去的丈夫和我都很老實，我們把一共一百二十克的金首飾送到江頭鎮的公社辦公室去，我還有張收條哩！」她說著，一邊在口袋裡翻來翻去，找出一張黃黃皺皺的紙，上面寫了歪扭的字。

「我幫得上忙嗎？」我出於禮貌地問道。

「唉，」這位老婦人撓著頭皮說：「我聽說文化大革命已經過去了，政府也把原來充公的東西還給物主。但是我一直要不回我的金首飾！我到公社辦公室好幾趟，但他們就是不肯交出來，說是因為這張收條是假的。」

我接過收條，仔細地看了一下。這只是張普通的紙，大概是從學生的本子上撕下來的。上面只寫著收到金項鍊一條，金戒指兩個，字寫得很潦草，簽名也無法辨認。上面並沒蓋代表政府機構的紅色大印，連日期都沒有。不用說也知道，這對夫婦把金飾給了一個假冒是公社行政人員的人。不知道有多少農民會一再犯這種錯。在文化大革命的時候，情勢非常混亂，當權的派系經常在變，很可能有人要弄無知的農民吞沒金飾為己用。我覺得很遺憾，但是我幫不上忙。我把紙條交還給她，說：「看起來，公社的幹部說得不錯，這張收條看起來是假造的。」

我的話一說出口，這位老婦臉上便流下兩行眼淚。她難過地說：「那我怎麼辦哪？你一定能幫我的！我知道你能！我知道你是毛主席派來給我們這些窮老百姓平反的，拜託你一定要呈報給毛主席知道。只有他才是真正關心我們這些窮老百姓！」我真不知道要說什麼才好，有一剎那我差點想笑出來。在她眼中，我竟然是那位一九七六年去世、死了快十年的毛主席派來的人！突然之間我又沮喪起來。到了今天，怎麼中國農民還是這麼無知，無知到被人騙得團團轉，一點也不知道自己居住的村外發生了什麼事情？

文化大革命

當我把這件事告訴葉書記的時候，他的反應也和我一樣極端。他先笑了起來：「毛主席死了十年之後，要從棺材裡復活起來，幫這位老婦平反！」

接著他的臉一沉，用種無奈的語氣說：「我不是告訴過你這些農民有多無知嗎？他們對外界一無所知，連誰是現任的國家主席都不知道。不管是誰，只要看起來和權力沾得上邊的人，他們就對他畢恭畢敬。他們從來不敢向當權者挑戰，或者去質問政府施政的正當性。他們要是有了委屈，就只會想到向毛主席申冤！」

「文化大革命真的那麼糟，連這個不會傷害別人、但卻相當無知的農婦也成了它的犧牲品嗎？」我問葉書記。

「話不是這樣講。」葉書記答道：「第一，這對老夫婦是個例外。據我所知，村民大多機靈地把值錢的東西藏起來，不去理會政府的命令。這對夫婦竟把金飾隨便交給一個正好出現在公社辦公室的人，只能說他們實在不聰明。第二，我建議你不要完全相信報上寫的有關文化大革命的那些事情。現在我們政府把一切過錯都推到文化大革命上面，這個講法實在太誇張了。」

「你的意思是說，文化大革命對農村和農民造成的傷害微乎其微嗎？」

「不，」他不耐煩地說：「我並不是在說農村和農民沒有受到傷害。我本身就是文化大革命的受害者。但我要說句公道話，相形之下，文化大革命對於農村造成的傷害，不會比其他的政治運動更嚴重。對於城市人而言，那真是一場夢魘，但是在鄉下情形略為好一點。」

「你怎麼會是文化大革命的受害者呢？」我順著他剛提到的話題問下去。

「哦，這事說來話長。」此時葉書記早習慣我窮追不捨的問話習慣，並決定好好滿足我對文革的好奇心：「按照官方的說法，文革是一九六六年三月，我獲准入黨的那個月開始的。一開始，福建這裡根本沒人知道國家政策到底要往哪走，風到底要往哪吹。中央政府的指示，一道接一道地下。這些文件我們都得仔細研讀，因為這些文件內容互相衝突，所以我們知道北京的政治圈起了大風暴，但是對於它的本質則不太清楚。等到林彪元帥的『五一六通知』[1]公布，我們還是猜不出謎底，不知如何反應。」

「那時候你在做什麼？」我問道。

「我在廈門農村地區總部所在的集美鎮，和另外一百二十名新入黨的黨員等待分派工作。但是地方幹部不知道要派我們去幹什麼，也不知道要派我們去哪裡。在一九六六年五月之後，情勢已經相當混亂，中央和地方政府之間的通訊已不復往常一般規律。地方官員不知道此時中央政府裡，到底是哪一派當權，既然上層沒有下明白的指示，地方黨委的首長寧可慢慢地等，也不願選錯了邊。

「一九六六年七月，集美鎮黨委決定把我留在鎮上，主持共青團。這對我是高升，因為我可以把戶籍從農村轉到鎮上來。但是這項人事案底定之前，遠非地方黨委所能控制的因素，卻使這件事變得複雜而不確定起來。內戰似乎一觸即發，派系鬥爭從北京延燒到省府所在。既然全國的黨政系統已經癱瘓，我的這項新派令根本無從定案！除了內部衝突，我們還有外來威脅：國民黨在福建南部偏遠的山區投下人員及武器，企圖使混亂情勢惡化。

「後來，集美鎮黨委決定暫時派我到板頭鎮那一帶，管理屬於廈門農村地區所有的國營農場——許村。許村位於偏遠的山區，瀕臨同安縣和長泰縣。廈門農村地區指派了不少初中畢業生到許村去服務，並在當地成立共青團。我的任務就是要管理國營農場、共青團，並防範國民黨利用混亂的局勢在許村設立游擊基地。我在那裡一共待了四、五個月。在這段期間內，我領導青年燒毀原始森林，清理樹叢，改植茶樹以換取現金。文革的風潮正席捲中國，而我們只能從山間這個近乎孤立的農場觀察這些變化。我的前途如何，未可預料，眼前唯一的路就是——等。

「到了一九六七年初，我不記得是一月還是二月，情勢變得較為明朗。這時候紅衛兵已經控制全國。國家主席劉少奇下臺，被打為修正主義的叛賊。於是劉少奇施行的政策都受到質疑。四清運動既然是劉少奇的妻子王光美所發動的，所以我們這些參加運動的積極分子，便是劉少奇錯誤的意識形態的產物。中央政府新下的指令中，要求解散四清運動時成立的青年積極分子的團體，並要求我們立刻回到原來居住的農村。

「因為我在四清時表現良好，集美鎮的黨委書記黃秉富特別請求上級讓我留在鎮上工作。他只從那一百二十個人裡面，選了我一人出來。黃秉富現在已經做到廈門市教育局副局長了。但是雖然他不惜和上級抗辯為我爭取機會，這個申請仍被駁回。黃秉富的上級跟他說，中央政府下的命令寫得很明白，四清和社會主義運動所徵召的青年積極分子，都是修正主義者劉少奇的徒子徒孫。這批人應該要送回農村，讓他們向大眾學習。

「我們每人收到五十元人民幣的遣散費，之後必須立刻返鄉。」葉書記的聲音轉為低沉，眼光落在地上，彷彿很失望的樣子：「這是我一生中最大的轉捩點。有一陣子我感到絕望透頂，我眼前的大好前途，剎時化為雲煙。我竟落到這個地步，得在林村終老一生。我心裡的疑問一個接一個冒出來：我回林村之後會變得如何？我會不會被劃為鬥爭大會的目標，讓大眾來審判？然後呢？我是不是要像平凡的農夫那樣在田裡翻土，肩挑兩擔糞肥？我唯一的安慰就是寶珠，因為她也得回到泥窟村。如果我們熬得過這場磨難的話，我們可以趁這個時候計劃一下。

「一九六七年三月，我回到林村。林村的情形比我預期的還要好。在前一年，四清結束之後，工作隊亦於一九六六年五月一日撤離，大隊原來的組織也復原了。鴉片洪又成為大隊黨支部書記，雷公林也照樣坐回大隊長的老位子；不過，田雞吳和他哥哥，從此就和公社的工作絕了緣，他們才是四清真正的受害者。」

「吳家兄弟也回林村了嗎？」我問道。

「是的，」他答道：「但是兩人心裡想，既然政府已經宣布四清運動是錯誤的，現在又是文化大革命，應該可以平反並且再次奪權。要達到這個目的，他們就得把鴉片洪和雷公林納入羽翼之下。所以村裡又醞釀著另一回合的衝突，正巧這個情形與紅衛兵主導的派系鬥爭不謀而合。」

「你回來之後到底做什麼工作呢？」我岔開話題。

「一開始，」他轉向我說：「根本沒有分派工作給我。後來鴉片洪要我接替大隊會計的工作，因為會計在我回來前不久死了。我做這份工作做了八個月，在這段期間內，我家裡出了個大禍事。我是個共產黨員，照理講是不該迷信的。但是在那一年中，我卻覺得命運掌握在老天手裡，全世界都垮了下來，重重地壓在我的肩頭。

「那年我大弟淹死了。他的名字叫作葉加德，從小腦子就有點問題。他小我三歲，死時才二十一歲。因為他心智異常，生產隊就不派工作給他，所以他整天到處亂逛。有一天，他看到了個女孩子，就一路跟蹤，跟到了公共廁所。」

提到公共廁所，我就知道事情大概是怎麼一回事了。雖然大體上來說，近年來鄉下的生活條件已大有改善，處處可見華麗的兩層樓房，但是在個人衛生方面，農民仍仰賴傳統式的公共廁所。所謂公廁，就是在地上掘一個坑，四周圍一道約與腰齊高的石牆，在使用公廁的時候，一方面要小心，不要掉下去，另一方面要小心不要被路人看到。像這樣的公廁總是有種怪味，再加上坑中散發出來的阿摩尼亞（氨氣）味和腐敗味，實在令人避之唯恐不及；但是村民卻樂此不疲，因為他們不費多大工夫，就可把坑裡的糞尿挖出來做堆肥。葉書記果然繼續說道：「那個女孩在使用公廁時，並沒有遮得很好，我弟弟看到她就著迷了。他跟著那個女孩跟了一整天。等到他一回家，就說他要娶她。但是誰會願意嫁給瘋癲的人呢？我弟弟失望之餘，白天在外面閒逛，晚上也是如此。有一晚他跌進一口古井裡，就這樣淹死了。我們全家都很傷心，我把這些歸咎命運，讓我在這一年遇到這麼多不幸的事。」

「一九六七年的時候，我正式接任大隊辦事員的工作。我負責大隊的文書工作，像是將上級機關的指示傳達給生產隊，繕寫大隊呈交上級的報告等等。在此之前，因為我的業務涉及大隊行政工作，我又再次站在一個適當的角度，容易探知文化大革命對林村內部和附近區域的影響。但是我自知身為失勢的劉少奇的政策執行者，地位相當敏感，所以很小心地在內部衝突之中保持中立地位。

「作為旁觀者，我開始瞭解並且欣賞中國政治運動的荒謬性。它總是以時興、理想化，又簡單明瞭的口號為包裝，由幾個政客燃起青年心中的熱忱。那些空洞的目標不過是幌子，政治運動不過是貪婪的政客爭權奪利的手段罷了。而年輕人未經深思，被高層人士提出的理想化幻影所迷惑，為了追求毫不實際的目的，青年犧牲了自己的時間、精力，甚至於生命。我目睹文化大革命的狂熱和不可理喻，不禁懷疑自己以前參加運動時是否也未經深思？所以我開始自問，中國的共產主義運動到底是不是個歷史的錯誤？」

他這份坦率使我震驚，同時他觀察力之敏銳也引起我的注意，我問他：「你的意思是說，文革既是個政治運動，在本質上就與別的運動，像是四清差不多，都是在誘騙單純的青年投身其中？」

「這點我先前曾經提過，」葉書記肯定地說：「在這些政治運動中，文化大革命對農村的影響，不如土地改革和四清運動來得大。今日的報紙，將文化大革命寫成萬惡淵藪，指責當時的積極分子缺乏紀律，黨幹部極端腐敗，並且無所顧忌地破壞我們的文化遺產。有些批評可能並非空穴來風，特別是有關城市裡發生的事情和高層幹部濫用權力的情形。但是講到農村，這樣的形容未免太誇張。文化大革命是城市人的政治運動，紅衛兵的主要目標是知識分子和高幹。農民會加入文化大革命，或是與特別的外部組織聯合，主要是希望趁著城市內鬥爭不斷時，自己從中取利。四清就不一樣，因為它是針對農村幹部和特定的農民。

「如果我們比較這兩個運動的做法，就會發現，在農村地區，文化大革命幾乎只是四清的延伸而已。換句話說，許多人在先前的政治運動中遭受挫敗或羞辱，文化大革命可說是給他們翻身的機會。在文革之前，幾經政治運動的醞釀，農村的怨懟之氣已累積到多得一觸即發。」

「但是文化大革命的時候，很多事情做得超過限度，像是對幹部拳打腳踢，還有人焚燒舊書的，不是嗎？」我記得許多西方書刊報導聲名狼藉的文化大革命的時候，都提到這些荒謬至極的可怕情節。

「哈！太誇張了！」他皺皺鼻子：「我舉幾個例子。把高中畢業生送到農村去，讓農民給他們再教育這個慣例，現在有很多人說是從文化大革命的時候開始的。錯了，事實上這是四清刻意加以塑造和實驗的方針。在四清的時候，我們固定徵求一批一批的初、高中畢業生『志願』下鄉服務。另一個例子是『破四舊』[2]，這句口號是全面毀壞文化遺產的轉捩點。在農村地區，清除封建遺物或是迷信的風俗一事是在四清，或是更早以前就開始了。在四清的時候，工作隊和貧農便將所有農民家中的神像、祖先牌位全部沒收，公開焚毀。

「同樣的，在公開場合，任由群眾羞辱、審判黨的幹部和政府官員的這個做法，也是始於四清，而非文化大革命。在早先的政治運動中，農村的幹部吃了苦頭。到了文化大革命時，輪到城裡的和高層的官員。不做這種比較的話，你恐怕無法瞭解文化大革命前，村內潛藏的怨懟之深。」

「文革的時候，村裡有沒有紅衛兵的派系？」我問道。

「有的派系和紅衛兵的外圍組織合作，」葉書記略為放鬆，嘆了一口氣說道：「但不算是真正的派系。在文化大革命時，廈門地區有兩股勢力：一是促聯[3]一是革聯[4]。促聯是紅衛兵的原始組織，有一陣子控制了整個廈門行政區。這一派的成員多是學生、工廠工人、市府官員。革聯是從促聯中分裂出來的組織，主要仰賴軍人、員警和農民的支持，主要的根據地是廈門郊區及附近城鎮。因為革聯傾向軍方，又與農民站在同一線上，所以在林村較占優勢。不過，在文革的顛峰期，村裡兩派人馬都有。大隊的行政人員，包括鴉片洪和雷公林，和多數的農村幹部一樣，支持革聯這一邊。另一方面，吳家兄弟則和促聯串連，這並非因為他們與促聯有共同的理想，而是因為他們想藉促聯將村內幹部推下臺。」

「這兩派人馬是否常常打鬥？」我問道。

「也不算是。」他答道：「他們不會在村子裡打。但他們會加入革聯和促聯的械鬥，戰鬥則在廈門和廈門附近進行。兩派最大的械鬥發生在一九六七年八月二十三日[5]，地點則在緊鄰廈門的蓮板村。林村有好多年輕人帶著槍炮前去支持革聯。這場械鬥爆發後不久，政府才下令沒收紅衛兵的武器，以避免派系衝突的發生。軍隊沒收了廈門島上的民兵和紅衛兵的武器，但是何厝和五通除外，因為這兩個大隊直接面對國民黨占領的金門。

「戰鬥爆發時，這兩個大隊的武器多被革聯拿來使用，因為革聯在鄉間較占優勢。而促聯的武器來源，謠傳是廈門警方和駐軍。有個說法是，促聯派了女人去偷武器，這些女人把公安局和駐軍要塞團團圍住，然後脫掉衣服。員警和守軍不敢正眼面對這些沒穿衣服的女人，所以都溜走了。促聯因此得到槍炮彈藥等，得以進攻革聯在蓮板村的大本營。革聯的武器則由何厝和五通大隊支援。村裡有些人和革聯串連，他們也把埋在地下、躲避陸軍搜查的那些槍械挖出來，以便支援革聯。他們在蓮板打了兩天，不但用到步槍、手槍，還用到重型機槍和裝甲車輛。」

「你看過他們械鬥的實況嗎？」我問道。

「我才不會去咧，」他笑笑說：「但是他們打完之後，我到蓮板去了一趟。那個情形實在可怕：整條街上都是燒焦的卡車、血跡、橫七豎八的屍體，一看就知道促聯敗得很慘，死了很多人。促聯這邊死掉的多是十幾歲的青少年，可能是高中生，有的人口袋裡還裝著彈弓。革聯的人也俘虜了不少促聯的人。這些被抓到的人年紀都小得你會奇怪他們到這裡來做什麼。村裡有人跟我說，他審問過促聯的人，問他們為什麼要加入械鬥，一個年輕的孩子說，他不知道他是來參加械鬥的。他在學校裡聽人說這一天蓮板村有個有趣的活動，別的同學是因為正好回到學校來，見著大字報，所以大家一起搭卡車來了。這樣年輕純真的人，竟被利用來滿足個人的政治野心，這種情形真令我痛心。」

「這兩派勢力在廈門一帶鬥爭，對林村會有影響嗎？」我轉開話題。

葉書記答道：「在廈門一帶，革聯和促聯斷斷續續地打了快兩年。在村子裡，衝突也是有增無減。衝突的一邊是鴉片洪和雷公林，一邊是吳家兄弟。吳家兄弟為了壯大自己的聲勢，所以聯合了村裡幾個聲名狼藉的人物來對抗前者，其中一個叫作張鈴珠，外號叫『巫婆』，因為她自稱有些法力；另一個叫高大樓，外號叫『黑番』，是吳明的小舅子。」

一提到「巫婆」，我的腦海裡便浮現一位我上週正巧遇上的老婦人。有天我吃過中飯，沿著堤防散步時，突然注意到村子的邊緣有座房子，以前我從沒注意到過。我敲了敲門，想看這棟孤絕的房子的屋主到底是什麼人物。應門的是位五十開外的老嫗，聽她說另有兩個小孫女與她同住。她邀我進門喝杯茶。茶方沾唇，她開始如連珠炮般地咒罵起來，差不多把林村的人都罵遍了。她說她和她丈夫受到不公平的待遇，許多人都有責任：以前吳家兄弟壓迫她家，因為她家剛從外地搬來；葉書記看不起她，因為她和丈夫都是佃農之後；公社的員警誤捕、誤判她兒子，如此如此。她說，就是因為有這麼多問題，所以她才要把房子蓋得離其他村民遠一點。在她的客廳裡公開供奉了三尊神明，這是我第一次見到。後來我問別人，得知她名叫張鈴珠，據說還會點法術，但是幾乎全村的人都不信任她而且瞧不起她。

「『黑番』是誰？」這個名字我從沒聽說過，心裡很好奇，想知道這個人的外號是怎麼得來的。

「黑番是馬來亞人，」葉書記解釋道：「馬來亞人的皮膚多比一般的中國人黑，所以村裡的人才會把高大樓叫作黑番。一九三〇年代，吳明的岳父還住在馬來亞的時候收養了高大樓。返鄉時便將養子一併帶回，所以高大樓是在這裡長大的。」

「這兩派人怎麼會在村裡打起來？你不是說他們主要是依附外界的勢力互相敵對嗎？」我

要他說明這一點。

「這兩派並沒有在村裡公開對決，」他承認道：「但是他們暗中鬥得很厲害。比方說，為了對付鴉片洪和雷公林，吳家兄弟設下陰謀，要除掉雷公林的左右手——林立后。林立后是雷公林的堂弟，負責居間聯絡革聯。林立后身為村裡第二生產隊的隊長，因職責所需，他每天早上都要去檢查隊上的抽水機，以免供水不足，農田無法灌溉。吳家兄弟知道林立后每天都會去檢查抽水機，所以在那上面做了手腳，讓機器照常運轉，但是金屬的部分卻通了電。林立后去檢查的時候，免不了把手放在抽水機上，這樣一來，就會被二百二十伏特的電流電死。」

「這個詭計成功了嗎？」我雖然明知道這個詭計沒有成功，因為我在戶籍登記本上看過林立后這個名字，但不禁還是問了出來。

「算是有，也算是沒有。」為了增加懸疑的氣氛，葉書記故意把話放慢：「說它失敗，是因為林立后沒死，但是卻有人代替林立后去死了，那就是胖林。」

「胖林！」我幾乎是叫了出來，因為我心裡已經相當同情這位土地改革的「受難者」了。

「怎麼會這樣呢？」

「這是在一九六七年的冬天發生的事了。」葉書記的聲調低下來，似乎染上一點悲傷：「那天早上又暗又冷，冷到林立后不想去田裡，所以他就派了胖林去檢查抽水機，因為胖林幾乎是所有幹部的使喚對象。胖林這一去，過了兩、三個鐘頭還沒回來上工。林立后心裡詫異，到了中午，他自己去了抽水機一趟。胖林就倒在那裡，他的手一碰到抽水機，人就觸電死了。胖林倒下來的時候，一隻腳被絞進了抽水機的皮帶裡，但是機器沒停，皮帶也一直在轉，結果腳上的肉就這樣一層層地磨掉，連骨頭都露出來了。那個場面真是血肉模糊，有幾個男人一看到就當場嘔吐。也許對胖林來說，這樣悲劇性的收場反而是種了結，至少他不必再被全村的人踩在腳下，過著非人的生活了。

「這個案子一直都是懸案。沒有人目睹吳家兄弟在抽水機上動手腳。過了五、六年之後，吳家兄弟那一派內部起了衝突，巫婆才到處說是吳家兄弟幹的。但是真相大白又能如何？胖林屬於敵對的階級，所以他的命就沒什麼價值，吳家兄弟也沒有被指控任何罪名。

「第二年，一九六八年，吳家兄弟又設計要陷害雷公林。這次他們拿黑番作為攻擊的工具。那時候，大隊裡養了幾匹馬來拉車和耕田。馬房就設在雷公林家的後面。黑番很會做馬蹄鐵，所以隊裡派他管馬。有一天他在馬房裡待到很晚，眼見四下無人，黑番就把頭往牆上一撞，用碎玻璃把自己割得遍體鱗傷，然後大叫救命。大家圍過來一看，都以為黑番傷得很重，因為他身上都是傷口和血跡。他跟這些來『救』他的人說，他在暗處刷馬，有人突然攻擊他。他說，因為很暗，他看不清楚攻擊他的人是誰。不過他說那人的身影像是大隊長雷公林。這件事一報到公社，雷公林馬上就被革了職。

「但是有什麼證據能證明攻擊黑番的人就是雷公林呢？」我抗議道：「公社怎麼能憑這麼一點點真假未辨的證詞，就做出這種決定？」

「誰告訴你政府的決定是要基於正義或事實？事實就是，政治決策多半出於權宜行事，不須取決於其他條件。」葉書記諷刺地答道。

「但是為什麼這個權宜行事要雷公林下臺呢？」我仍不解。

他似乎已知道我會這樣問：「那是因為在一九六八年年底，政府決定要掃蕩紅衛兵，恢復社會秩序。任何地方幹部要是被控捲入派系鬥爭之中，或有這個嫌疑，都會受到嚴厲的處分。不用說，公社就是用雷公林這件事來警告別人不要輕舉妄動。」

「所以說，這次吳家兄弟還是沒事。」我評道：「但是後來村裡的人有沒有發現是吳家兄弟、黑番在設計害人呢？」

「是啊，我們怎麼會知道吳家兄弟在設『苦肉計』呢？」他將我的問題重複了一次：「這也是從巫婆的嘴裡講出來，大家才曉得的。巫婆和吳家兄弟拆夥之後，把他們以前的各種陰謀詭計都講了出來。但是在一九七〇年，雷公林退下來兩、三年之後，他就因肝癌而去世了。這種病本地很常見。既然雷公林不能控告他們，這個案子也就不了了之。雷公林下臺之後，公社晉升了原為第二小隊隊長、外號叫黑皮的林祥，來遞補大隊長的缺。所以吳家兄弟雖然成功地除掉雷公林，但是新任的黑皮又是林家的人，吳家兄弟是別想再跟政權沾上邊了。」

「文革的時候還發生過什麼別的事情，對全村或某些人產生重大影響嗎？」我問道。

「當然有，」看起來葉書記並未因為我問個沒完而覺得煩悶，他答道：「還能怎樣？文化大革命充滿衝突與仇恨，是近代史上最瘋狂的時期之一。政治狂熱對人性的傷害非常大。由於處在一個不斷地傾軋鬥爭的環境之中，許多人變得冷酷無情。連鴉片洪這樣溫和的人，也變得殺氣重重。我舉個例子。

「在一九六七年的年初，廈門一帶出現了一種刻有毛主席頭像的徽章。鴉片洪從公社行政處拿到一顆這樣的徽章，把它別在外衣上。村裡有個人叫侯漢男，看到這樣新東西，開玩笑地說：『嘿！你身上別的是什麼狗牌？』如果是在別的時候，鴉片洪大概聽過就忘了。但是在文化大革命的時候大家都像瘋子一樣，毛主席在人民心裡的地位半像神半像人。你敢侮辱全中國人的救星？好，鴉片洪就把侯漢男逮捕起來，發配去牛棚看管牲畜。」

「侯漢男在牛棚的時候，」葉書記繼續說道：「有條牛老是不聽使喚，專找麻煩。侯漢男嘴裡罵著，手裡就抄起扁擔來往牛背上打下去，一般的農民都是這樣馴牛的。但是侯漢男實在背運，他這麼一打竟然就把牛給打死。這一來，他的罪名就重了，不但侮辱毛主席，說他的徽章是狗牌，還故意毀損公共財產，把牛給殺死了。他不是普通的罪犯，而是階級敵人，他毀損公共財產，就是想破壞偉大的社會主義祖國。

「侯漢男先在村裡被人批鬥一番，之後被送到福建西部，離本地二百公里的勞改營去做苦工。那個勞改營在試種西沙爾麻，並且試驗以機器來收割；這個收割機的刀刃非常鋒利，勞改營裡許多人都在操作收割機的時候受了傷，侯漢男也不例外。他的右手被那個機器切下來了。如果你注意看，就會發現他沒有右手。」

葉書記的婚姻及家庭

跟葉書記談了文化大革命之後沒幾天，我又找到個機會跟他談談後續發展。如同往常一般，我和他坐在他家的客廳，泡了一壺茶，萬寶路香菸則是我在廈門的友誼商店裡面買的。我問他：「你是什麼時候娶寶珠的？你是一接了大隊辦事員的工作就結婚的嗎？」

「不，沒有那麼快，要結婚得先存點錢。我是在一九六八年十月和寶珠結婚的。我以前和你提過，泥窟村和林村結怨已久，我們是打破封建舊俗而結婚的第一對新人。寶珠的母親和弟弟都從一開始就反對這樁婚事，雷公林還沒下臺之前也不贊成。大隊黨支部書記則保持中立，因為他不是林氏家族的人，跟泥窟村沒有宿仇。我那時候常用的論點是，林村和泥窟村之間的不合是林家和陳家之間的事，既然我不是林家的人，我跟他們就沒什麼不解的心結，村子裡的人也多贊成我的講法。後來雷公林革了職，新上任的大隊長，黑皮林也不表示反對，所以寶珠和我就用低調方式來處理，靜靜地結了婚。第一，寶珠和我處於失勢的這一派，在當時還是紅衛兵攻擊的目標。第二，文化大革命摧毀了過去風俗，婚禮辦得太鋪張，會惹來大隊或公社幹部的閒話。第三，我們兩家都很窮，也鋪張不起。」

「但是你們結婚之前，至少要先訂婚吧？」我記得小時候在臺灣看到的習俗是如此。

「哦，對！」他似乎被點醒了：「我怎麼可能忘了要先訂婚呢？我們是在結婚前兩個月訂婚的，但是我們連訂婚都很反傳統。我們這裡把訂婚叫作提訂，未來的新郎官要選個好日子送份禮給女方家，不外乎是糖果、紅米糕、布料之類的。我們選了八月二十八日，因為黃曆本上說這一天大吉大利。但不巧的是訂婚前一個禮拜，我收到黨支部的開會通知，要在廈門的鷺江大廈開會學習政府的新指示。我既然是黨員，就不能不去開會，但是我也不能不提訂呀。那天我早上去開了會，想辦法跟我那一組的組長在下午請個病假。一開始他不答應，但後來別人告訴他我今天下午要提訂，他才准我下午溜出去兩個鐘頭。我跨上腳踏車，衝回家收拾送給寶珠的禮物，匆匆趕到她家喝杯茶，然後又衝回廈門把會開完。

「我的婚禮也不大合乎傳統，我敢說村裡的長輩不會喜歡這種方式。本地的習俗是，新婚前夕，新郎要待在新娘家過夜，以便次晨在日出之前迎娶新娘進門。新娘家的人得在祖先牌位前面，房間的正中擺一張竹席，席子上放兩張椅子、一盆水、一面鏡子、一把梳子和一條毛巾。媒人婆或是年長的婦女引導一對新人入座，然後用毛巾就著臉盆裡的水洗臉。接著媒人婆或是年長的婦女拿起梳子在新郎和新娘的頭各梳一下，講幾句吉祥話，希望這對結髮夫妻能白頭偕老。這個儀式，我們本地話叫作『共首』。男人要舉行過這個儀式才算是成人，否則即使活到一百歲，也會被人當小孩子看待。但是我結婚的時候卻沒有舉行這個儀式，寶珠和我都不在乎有沒有『共首』，她的家人更不會在意，因為他們本來就不贊成這件婚事。

「第二天早上，寶珠到我家來的時候，」他興高采烈地說：「是坐在腳踏車上，讓我載回來的。以前的人迎娶，是僱個轎子，請四個人來抬。福建山區偏遠的地方，迎娶時用獨輪車當轎子。現在的年輕人，就算兩家住在隔壁，也要從廈門租一部計程車來載。還有，從古到今，新娘從娘家到夫家這一路上，新郎要用篩子或是雨傘幫她遮著頭，以免『天公』處罰她。」

「你載寶珠的時候，她有沒有用篩子或是雨傘遮頭？」我想這一幕一定很滑稽。

「沒有，我怎能要她這樣做！」他笑了起來：「很多婚禮的習俗我們都沒有照做。比如說，一般新娘一踏入門，就要踩破一片屋瓦，或是跨過一個燒著炭的小爐子，證明自己的清白，或是跪下來向翁婆磕頭。這些寶珠都沒有做，其實這些儀式都是象徵性的。而且我父親心胸開放，他說既然寶珠是高中畢業，又是黨幹部，這些封建舊俗都可以免了。我的父母親很喜歡寶珠，因為她聰明又孝順。直到今天，母親和寶珠之間仍然連一次也沒吵過。」

「但是你迎娶寶珠進門的時候，有沒有在家請客呢？」我問道。

「當然有啊，」他說：「我家請了三桌客人，大多都是親朋好友之類。現在的人結婚，少說請個十五桌。我們那時當然不能相比，一來是窮，另外一點是那時候文化大革命餘威仍在，一不小心，就會被冠上『歷史反革命分子』，或是『走資派』的名號。」

「寶珠家裡的人有沒有到你家來參加婚禮？」我對這場溝通兩家和兩個敵對村莊的劃時代婚禮很感興趣。

「沒有，」他答道：「根據本地的習俗，新郎和新娘家各自請客。結婚後第三天，我陪寶珠回娘家，根據本地習俗，她應該用我的名義來請客，這叫『女婿桌』，因為她家人對婚禮不大贊成，所以只請了一桌，來的客人不到十個。吃了女婿桌，這個婚禮才算完成。」

「寶珠搬到林村之後做什麼工作？我想她大概是全村唯一念到高中畢業的女性吧？」我問道。

「沒錯，寶珠念到高中畢業，又是個黨員，她要選什麼工作都可以。」他驕傲地說：「但是問題在於大隊行政處沒有空缺。她才剛搬來，不可能就這樣把老幹部趕走讓她來接任。幸運的是，我們結婚的前一年，政府實施了『赤腳醫生』的計畫，讓中國南部農村大眾也能享有醫療服務。一九六八年的時候，這個計畫延伸到了福建南部。鴉片洪挑了寶珠和村裡另外三個人去公社的醫院見習。他們四人在公社的醫院上訓練課程，從三個月到八個月都有。訓練期間大隊照樣給他們工分，大約相當於熟練的農場工人，約每天十二分。寶珠不用上課的時候，就留在村裡推廣公共衛生常識或是家庭計畫，每天也有一定的工分。她除了去見習，學著做赤腳醫生以外，也像大隊的成員一樣下田工作，此外，還養豬賺些外快。她分擔了不少家事，使我母親輕鬆不少，而家裡人口愈來愈多，多了她一份薪水，家計也寬裕一點。」

「你們什麼時候生頭胎？」我指指坐在一旁靜靜聽我們講話的阿西。

「阿西是一九六九年底出生的，」他答道：「他是我父親頭一個孫子，那真是我一生中最高興的時間之一。但是阿西出生固然是件大喜事，我心裡卻因惋惜三年前去世的大弟而有些沉痛。大弟沒有後嗣給他承繼香火，在重要的節日裡祭拜他，族譜裡面他這個分支，就到他為止了。所以，我和父親商量，想把阿西過繼給死去的大弟，以後阿西再娶妻生子，大弟這一支就有後了。我父親一聽我這樣說，真是喜出望外，高興得流下淚來。你知道，在這一帶，做父母的不只要生養小孩、給他們受教育、過好生活、幫他們定下親事，還得擔心他們有沒有兒子好繼承香火。我肯讓阿西由死去的大弟收養，就等於幫我父親解決了個大難題，或說解除我父親因大弟的死而生的罪惡感。」

經過葉書記這番解釋，我才知道為什麼不管政府再怎麼處心積慮要改變傳統的社會價值，仍然徒勞無功。但那時候我也注意到，十五歲大的阿西跟平常人不大一樣。他不像一般青春期的孩子，很少開口講話，而且不管是講話或動作都很緩慢。我懷疑他是否有輕度智障，但一直無法鼓起勇氣問葉書記。既然這次，剛好講到阿西，我便趁此澄清疑慮。

「阿西動作一直都像這樣嗎？」我小心地問。

「不，」葉書記似乎在沉思：「阿西小時候胖胖的，很好動。家裡面每個人都喜歡他，誇

圖6-1　葉書記、妻子寶珠及三個兒子的全家福

他活潑可愛。可惜這孩子命不好。一九七〇年初，阿西幾個月大的時候，因為寶珠和我都忙，所以就由我母親來照顧阿西。我母親也很疼愛這個大孫。當時寶珠剛開始上第二個醫療課程，而新的大隊長調我去負責整個大隊的戶籍登記事宜。由於舊資料雜亂無章，我花了很多時間在大隊辦事處加班整理。

「有天早上我上班之前，注意到阿西有點發燒，我心想冬天裡感冒是常有的事，所以不大在意。但下午我回來的時候，竟然發現阿西的體溫之高，連我把手放在他額頭上都覺得燙手。我母親並不識字，她在想辦法讓阿西喝些冰糖化的糖水。冰糖樣子像冰，中醫認為此物性『寒』，可以解熱。但是高燒不退，是絕不可以等閒視之的問題。我趕忙將阿西包好，背在背上，騎上腳踏車，盡快趕到江頭鎮上寶珠正在見習的公社的醫院。醫生的診斷是阿西得了腦膜炎，幸虧發現得早，命可以保住，但是長時間的高燒卻使他的腦子受損，阿西注定是個低能兒了。

「我們原來寄望阿西能生個兒子，幫我大弟傳宗接代。阿西這一病，夢想便破滅了。阿西的智慧不如人，以後也許娶不到老婆，生不出兒子，我和父親兩人對這件意外都感到萬分痛心。我父親安慰我說，也許是老天不要我大弟有後。如果這是命，我們就要接受。我是共產黨員，我不相信這是命運。我們農民會受這種苦，是因為教育不多，醫療設施不足；所以，我有了權之後，第一件事就是蓋個完善的診所，讓全村的人，不管是貧是富，都享有綜合醫療保險。雖然在一九八四年，公社和大隊集體耕作制已經廢除，但我仍貫徹舊的保險條款，一定要全村每個人都能有醫療照顧。」

葉書記自信而激動地講了上面一番話之後，換了較為和緩的語調說：「但是，有時候我不得不相信命運對人的影響，就像我父親的看法一樣。俗話說：『種瓜得瓜，種豆得豆』，什麼事都是注定得好好的。我們這一群黨幹部，大概是在過去二、三十年間做得太過分了，所以大家都走楣運。

「你看看鴉片洪！他那兩個兒子像白癡一樣。這兩兄弟託媒人找對象的時候，村裡的人笑話說肯嫁給他們的女孩不是為了他們而嫁，而是為了鴉片洪而嫁。以前的大隊長雷公林，身體又好，人又長得體面，卻年紀輕輕就死於肝癌。他死後不久，他兒子做工時出了意外，也死了，死時還不到二十歲。我大弟先是變成瘋子，後來又跌到井裡去。現在我大兒子一輩子要帶著低能兒的烙印，我能說什麼？也許冥冥之中，真的是善報惡報各分明吧。還好寶珠又給我生了兩個兒子，兩個都聰明、健康。這樣子的話，我家的未來至少會有些保障吧！」

1　中共中央在一九六六年五月十六日發布一份宣稱由毛澤東親寫的公文。但在林彪死後沒多久，中國政府宣布這份文件的實際撰稿人為林彪，假毛澤東之名發布。

2　「破四舊」包括破除舊思想、舊文化、舊傳統和舊習性。這個新詞首先由毛澤東在「延安文藝座談會」創立（參見Mao Zedong 1965）。

3 促聯，其全名是「廈門市促進革命大聯合」。這個組織的前身是「八二九革命造反總司令部」，是福建省大學生、中學生最早組成的紅衛兵組織。之所以稱為「八二九革命造反」，是因紅衛兵於一九六六年八月二十九日首度在福州市批鬥當時省委記葉飛，及他的妻子王于畊（時任福建省教育廳廳長）。在這次鬥爭會上福建省委發動一萬多人毆打與會的一千多名紅衛兵，造成重大傷害。廈門市的「八二九革命造反分部」於一九六八年一月奪取廈門市政權，改名為「八二九廈門公社」。其後為了爭取其他工商團體的支持，又成立「廈門市促進革命大聯合」，簡稱「促聯」。其宗旨是反對現有政治機構，包括黨、政、軍。其後遭軍方逮捕壓制。

4 革聯，其全名是「廈門市革命到底聯合總司令部」，是從廈門市「八二九革命造反分部」分裂出來的紅衛兵組織。以廈門大學為主，黨政人員子女為骨幹。聯絡軍隊與農民，向促聯奪權。關於革聯與促聯兩派之間的爭鬥討論，可參見凌耿（Ken Ling）於一九七二年出版的作品。

5 根據葉書記的說法，大戰於一九六七年八月二十三日爆發，不過日期與凌耿所記載的不符。後者的紀錄為一九六七年八月十九日。我無法確認何者的日期為實。

第七章　治保主任

葉書記才是村裡的統治者，他的作爲像個勤政的首長。我們說他是個父母官，他負責訂定全村共同遵守的法規，排解糾紛，伸張正義。

林村的日常生活開始得很早。通常不到早上五點鐘，連太陽都還沒照亮東邊五公里外的山南，便可以感覺到在這些暗暗的房子裡，已經開始忙碌了。最早起床的通常是女人，她們靜靜地更衣，用庭院裡大水缸的井水漱洗，隨即進到廚房，把前一晚準備的飯菜熱一熱。

由於蜂窩煤的問世，早上要起灶火省了不少時間。村裡的人說，直到一九八〇年代初期，本地才看到這種用處理過的煤屑做的蜂窩煤。用火力發電，會產生不完全燃燒的煤屑。這種副產品本來是要丟棄的，但是林村大隊卻向杏林的發電廠買煤屑，運回來再賣給村裡各個家庭用戶。因為煤屑多少還可以燃燒，所以家裡煮飯的時候仍然能用。主婦得了空便將煤屑、水和黏土混在一起，裝進圓筒形、中間有蓮藕狀的鑄鐵模子裡，之後移到太陽下曬到完全乾燥，又可以慢慢燃燒，放在灶裡一夜火苗不會熄。要是沒有蜂窩煤，主婦還得起得更早，用稻稈、乾柴或樹葉來起火。而且要撿樹葉、乾柴得到山坡去，費時又費力。

早飯準備好之後，主婦先叫醒在村裡的工廠上班的家人，好讓他們吃飽了早點上工，此外，要是她們手上有點閒錢，還可以用來買小菜。在清晨，照例有兩個販子推著腳踏車，後座載著大木箱，裝著各式小菜沿街叫賣。這兩個小販，一個是從西邊五公里處的江頭鎮來的，賣的是熱豆腐。另外一個則是來自南邊一公里處的洪山村，賣的是油條。還有從東邊的何厝村來的賣鮮魚、鮮蝦和牡蠣。他們各用不同的叫聲來吸引村民。賣豆腐的叫得很清楚：「燒豆腐（燒：臺語，熱之意）！」每兩、三分鐘就叫一次。相反的，賣油條的只會偶爾高聲叫著，「枝——呀！」不管他們用什麼聲調叫賣，村民都一聽就知道賣什麼東西的人來了。主婦便在販子經過的時候把他叫住，購買自己想要的菜色。

村裡的男人在六點以前就開始工作了；因為村裡不少人有卡車或是牽引機，所以清早的交通高峰時段充滿各式不同的引擎聲。在丈夫及成年子女出門工作後，主婦便將注意力轉到家禽、家畜身上。她們取出細心存放在瓷缸裡、前一日的洗米水和切碎的番薯葉，有時還加入放壞了或是吃不完的食物，一起煮來餵豬。雞鴨則任由牠們在屋子附近覓食，只給幾把穀子和菜葉。

家禽、家畜都打點妥善之後，就該叫醒孩子上學了。因為村裡的小學只教到五年級為止，五年級以上的學童便得走路或騎車到江頭鎮去上課，騎車至少要花二十分鐘。所以，大一點的孩子七點鐘以前便得起床，趕在學校八點開課之前到達。然後，在村裡上學的孩子也得在七點半之前叫醒，換衣服、吃飽飯。到了八點鐘，便不復那種忙碌、急促的樣子，一切平靜下來，這時主婦可能會到自耕田去耕作，或到井邊、溪邊洗衣服。

一九七〇年代末期，政府放鬆對農村的管制。此舉燃起農村的動力與衝勁，村民說他們工作得比以前實行集體制時還要賣力。村裡不少開車的人自己有卡車，他們做得愈多，就能賺更多錢養家。由於工作有直接的回饋，所以村民工作態度變得熱心了許多。

村裡唯一一群不受這種影響的人大概是大隊級的幹部。他們每天都到大隊辦事處來處理一些當辦的急務，他們辦事的方式不是很正式。大家坐在裝潢簡單，幾乎只有辦公桌椅的辦公室裡，喝茶、抽菸或看報。葉書記叫李德海大隊長寫一份去年的穀物報告交給公社辦事處，或是婦女隊隊長洪靈麗談起她到地區辦事處參加有關生育控制的會議，指出大隊應該要想一套辦法來達到生育控制的目標。大隊的幹部一邊談著，一邊就有些村民進來，報告一件剛發生的事情，抱怨村裡大馬路的整修妨礙交通，或者進來聊天。大隊的辦事員可能要隨著村民出去檢查一下供應全村電力的電線桿。有時大隊隊長會離開一下，去驗收一卡車政府派分給本村的肥料。不過這些幹部雖然各有不同的職責，但是遇有重要問題，他們差不多總是推給葉書記來處理。

葉書記才是村裡真正的統治者，他的作為像個勤政愛民的首長。在封建時代，我們會說他是個父母官。他要負責訂定全村共同遵守的法令、規章，排解糾紛，伸張正義，他若覺得合適就會去做。因為我跟他的關係密切，所以有此難得的機會去觀察他如何平息村裡的紛爭，維持正義公平。從下面提到的實例中，我們不但可以看出農村司法的本質，也可想見在古老的中國社會中，村民如何化解衝突。

村內的口舌之爭

一九八五年五月二日，天氣晴朗溫暖，不太潮溼。我坐在葉書記的廚房裡跟他聊天。這時有位婦人走了進來。她的名字叫作王秀花，她要控告她堂弟王文山，因為文山打了她一巴掌，她堅持要葉書記根據鄉規民約罰文山十元人民幣。葉書記問她是怎麼起衝突的，是不是兩人吵了一架？秀花說是，他們因為撒老鼠藥的問題而吵起來的。文山故意把老鼠藥撒在秀花的雞寮附近，秀花怕雞會誤食而中毒，叫文山停下來，但是文山不肯。兩人爭執不休，文山竟憤而打她一巴掌。

葉書記想了一下，平淡地問著秀花：「妳知不知道是公社要我們撒老鼠藥的？妳知不知道文山在執行公務，為全村人的好處做事？」秀花說她都知道。她沒有異議，她和文山吵的是老鼠藥不應該撒在離雞棚太近的地方，而且文山千不該萬不該打她一巴掌。

葉書記又想了幾分鐘，然後叫秀花先回去，他保證一定會好好調查一下，把這件事圓滿地解決。秀花出去之後，葉書記朝著我說：「秀花還藏了一些話沒講。如果只是叫文山撒老鼠藥時，小心不要離雞寮太近，文山怎麼會打她？我們去文山家裡走一走如何？」我們走到村子的東邊，第一生產隊的所在地，文山家就在這裡。

文山好像知道我們要來，因為他已經泡了一壺茶等在那裡了。葉書記一走進文山的客廳，就揶揄地說：「我怎麼不知道你神勇得會出手打女人，而且打得不是你太太，而是你堂姊！」

文山看起來很不自在。他招呼我們坐下，倒了茶，囁嚅地說：「但是我不是故意的。秀花逢人就說我的壞話，講得很難聽，所以我才打她。」

文山說，大隊交辦要撒滅鼠藥。他這個第一生產隊隊長，想來想去，有個寡婦帶著兩個孩子，生活很苦，不如就交給寡婦來做，算是幫個忙。所以他給這個寡婦五元人民幣，叫她去撒老鼠藥。撒到秀花家的時候，秀花衝了出來，說寡婦存心毒死她的雞。所以寡婦就去叫文山來看一看。文山到了，就跟秀花說這個寡婦做的是上級派下來的事，而且老鼠死光了對大家都有好處。但秀花說寡婦壞心眼，故意把藥撒在雞寮附近。接著又質問文山，為什麼要把工作派給寡婦，分明是兩人有了不明不白的關係，所以文山才給她這個差事。文山說，他聽到這裡實在忍無可忍，就打了秀花一巴掌。

葉書記聽了文山的說詞，滿意地點點頭，告訴文山說：「你去跟秀花講，說我已經來查過這個案子了。根據鄉規民約，本應罰你十元人民幣的，但是這次是秀花挑起事端，你又是在執行公務所以不罰。你跟秀花說，她被打一巴掌是活該，要是她再抱怨，我會在她另一邊臉補上一巴掌。」

回來的時候，我問葉書記，為什麼他好像在偏袒文山？他是基於什麼理由來做這個決定的？書記看著我，笑了起來：「話到底是真是假，要看說的人的個性和做事方式。像王文山，這個人很踏實，從一九七八年起，年年被選為第一生產隊隊長。不過這個人也是出名的怕老婆。他女人在外和別的男人勾勾搭搭，他連氣都不敢吭一聲，因為他怕女人。秀花就不一樣了，大家都知道她是個長舌婦，她碰到誰都會胡天胡地亂扯一通。要不是忍無可忍，文山是不敢動手打她的。所以我當然不會罰文山，他這樣做了之後，會比較有自信一點。對我而言，這件事算是解決了。」

村中的內部衝突

村中的司法和治安的問題引起我高度的興趣。既然沒有正式的警力，村中的秩序如何維持呢？中國政府用什麼力量來約束鄉里？為了找出答案，我開始田野工作兩、三個月之後，跟葉書記長談了好幾次。一九八五年五月底，我特意直接問他：「林村內部衝突的主要形式是什麼？村民有了糾紛如何排解呢？」

他想了一下之後答道：「這個問題我從沒想過。但是你既然問起，回顧村子裡所發生過的衝突，我覺得，在一九七〇年之前，許多個人不滿都肇源於政治運動。一九七〇年後，跟政治問題有關的衝突就少了，但是別種衝突，像是偷竊、通姦和賭博的情形卻多了起來。」

「依你的看法，為什麼會有這種變化？」我鼓勵他繼續說。

「大概有幾個可能的原因。」葉書記邊想邊說：「在四清運動和文化大革命的動盪不安之後，人民對政治的狂熱冷卻了不少，這是免不了的。一九六九年，政府下令壓制紅衛兵的派系，使人感到這些運動至為荒謬無理，要是再被政治人物利用做奪權的工作，實在太傻了。所以呢，人民便對政治失去興趣，把精力用到生產上去。而這個轉捩點大概是在一九七〇年。

「但這並不是說我們這些鄉下人，對政治可以不聞不問。在一九七〇年代初期，文化大革命餘波未平，政府仍不時發起政治運動，諸如一九六九年的『清理階級隊伍』、一九七三年的『批林（林彪）、批孔（孔子）』運動，和一九七六年的『批鄧、反擊右傾翻案風』。但是相對而言，這些運動對農村影響不大，它們是針對城市居民和高幹而來的。農民似乎只是袖手旁觀，因為他們對政治失去信心。」

「那麼幹部呢？」我問：「他們也有同樣的感覺嗎？」

「是的，」他肯定地答道：「連農村幹部都有同樣的感覺。因為政府的政策起伏難測，而每遇政治運動，又免不了被送到鬥爭大會中羞辱一番。遇有新的政治運動，他們就虛應一下故事，盡量減少對『階級敵人』的攻擊。他們心裡清楚得很：今天是你來審判『階級敵人』，但是明天可能換別人來審問你。要保住明天的皮肉，最好就是對同村的人留情一點。

「村裡的人，連吳家兄弟的態度也漸漸軟化，到了一九七〇年，也不再老想著要奪權了。他們心裡大概很清楚，再怎麼做都是徒勞無功的。他們原來把雷公林當作是奪權的唯一阻礙，但是雷公林被革了職，後來死了。一九六九年公社委員會決定讓黑皮林繼任大隊長，黑皮人年輕，初中畢業，又得林姓的支持；而吳家兄弟大字不識幾個，又過了四十五歲，他們也明白要再爭取任何職位都是不可能的了。

「林村的內部衝突會減少還有一個原因，那就是吳家兄弟那一派分裂了。原來他們那一派還有幾個聲名狼藉的人物，像是巫婆夫婦，對吳家兄弟巴結逢迎，簡直像他們的走狗。所以到了一九七〇年時，田雞吳、吳明和巫婆三家要蓋房子的時候，他們申請要把房子蓋在一起。」

「但是他們為什麼鬧分裂？」我問：「就因為吳家兄弟對政治失去興趣，巫婆夫婦覺得他們派不上用場才一腳踢開嗎？」

「不，」葉書記答道：「不是這個原因。他們是在一九七二年或一九七三年分裂的，起因是要開始蓋房子，雙方爭吵不休。他們要把房子蓋在村子的西北角，巫婆的房子是最靠外面的，要進村子就得從吳家兄弟的房子之間通過。巫婆請吳家兄弟蓋房子的時候不要靠得太近，至少要牛車能通過才行。吳家兄弟為了自己的利益，這兩間房子幾乎是緊靠在一起，因為分到用來蓋房子的土地不大，所以村民莫不把房子蓋得愈大愈好。這樣一來，巫婆家的通路就變得很小，連用扁擔挑著兩擔東西都很難走。從此以後，巫婆便逢人就把吳家兄弟的各式詭計講出來。對大家而言，這一派人馬分裂了，起碼降低村子內部起衝突的可能性。」

「那麼，」我問道：「你不是說，在一九七〇年代初期，因政治而起的糾紛減少，而其他的問題，像是偷竊、通姦和賭博則多了起來嗎？這兩者之間有什麼因果關係？」

「這個嘛，」葉書記答得很慢，看得出他正在想適當的話來描述：「表面上看來，是政治糾紛少了，別的問題就多起來。但是我的意思並不是說這其中有什麼直接的關聯，兩者的關係可能是間接的。」

我實在想不出其中的道理。葉書記看到我迷惑的表情，主動解釋道：「一九七〇年以前，村人比較熱中政治，但也比較窮。不過到了一九六九年，文化大革命運動高潮結束後，[1]村人便不大願意為共產主義的目標貢獻心力，他們對個人物質所得更感興趣。自己的時間，大多花在自留地上面。對於和政治有關的事情，就冷嘲熱諷一番。一九七〇年代初期，生活條件的提升，多少算是以人民的精神作為代價的。所以呢，人跟人之間的摩擦才會增多。村裡的犯罪增加，很可能是因為生活條件的改善而促成的。」

我對他的解釋仍有幾個疑點，因為有些地方似乎拼湊不起來，但我決定先從另一個角度來探討這個問題：「在一九七〇年代初期，村裡的生活條件到底有什麼改善？」

「改變都是漸進的。不是說我們一下變得像現在這麼有錢，那時候我們還差得很遠。我們那時候所說的改善，是每天有足夠的番薯可吃，每隔三、四天，能吃一頓乾飯，這樣就算不錯了。但是，就算是在一九六〇年代鬧饑荒的時候，也有改善的地方：因為蓋了水庫，大部分的旱田都有水可以灌溉，改成了水田，所以生產提高了不少。到了一九六九年，黑皮林當了大隊長之後，為了因應『農業學大寨』的運動，又發動全村做得動的人進行一項規模較小的建設：便是將水田的水位齊一，並重造田埂，讓每一壟田盡量擴大。有些人家的祖墳散置在田間，必須移建到山坡去。其中有人抱怨這樣會壞了他們家的風水，但是大多數人對四清運動和文化大革命記憶猶新，所以緘默不言。在此之後田間有窄窄的田埂可走，牛走過時也不再害怕。

「因為有這樣的改善，一九六九年下半年時，廈門市蔬菜公司才選擇本村作為供應蔬菜的來源。這家公司其實是市政府的機關，他們派給附近的各個大隊一定生產配額，然後將大隊生產的蔬菜運到廈門市內市府經營的商店去。蔬菜公司每年會告訴我們那一季要些什麼。這樣一來，我們的大隊可以得到部分現金、配給的化學肥料和殺蟲劑，還可以用政府的公定價買配給米。再說，我們要是生產得比配額還多，可以拿到自由市場上去賣，這種市場在一九七〇年代已經普遍起來了。

「這樣的安排，對我們而言真是再好也不過了。以前，我們只能種番薯，每天三餐也只能吃番薯。但是一有了現金進帳，村民可以買許多以前他們連想都不敢想的東西，像是收音機、腳踏車或是手錶。

「一九七〇年代初，我家的經濟情況也改善了許多。當時我們全家都住在一起。寶珠和我、我的三個弟弟和一個妹妹、我的小孩，還有我父母親，組成一個大家庭。我父母親都全天下田工作，賺取成人的工分。我二弟清輝在一九七〇年加入海軍，那年他二十一歲，是小學畢業的程度。他能走上軍人這條路，算是最好的了。寶珠和我也都全天上班，每月領取大隊辦事處固定的薪水，那時候我在做大隊辦事員，而寶珠做赤腳醫生。我既不願要求分家，也不想搬出去，因為我知道父親的擔子很重。他把我大弟加德養到二十一歲，但是加德死了，對父親一點回報也沒有。清輝雖然從軍了，但是薪餉少得可憐，我父親還得不時接濟。下面還有兩個小兒子及一個女兒，他們都在念書，樣樣要靠我父親。寶珠和我留在家裡，就可以把錢拿出來讓大家用，這樣我的雙親負擔會輕一點。我們住在家裡，樣樣花費也可以省一點。我家就是在大家齊心努力之下，開始在一九七二年蓋新房子。

「在這裡，每一個農民最大的願望，就是蓋房子。房子不是隨便蓋就好了，要很大，大到

四、五代人能夠同住。直到今天，蓋一棟三代同堂的房子，全家吃從同一口鍋子煮出來的飯，仍是許多村民的理想。

「但是蓋房子要花很多錢，蓋之前要長時間籌備、存錢，蓋的時間又很長。就拿我家的房子來做例子好了。一樓是用從廈門附近的採石場買來的石板蓋起來的；買了石板之後，我們得想辦法運回來，然後要買砂石、水泥做地基，紅瓦做屋頂。我們這裡的做法是這樣，假如你一年可以存兩百塊人民幣，石板一塊是十塊人民幣，那麼你就可以買二十平方米的石板。在你和家人有空的時候，便用扁擔將石板一塊一塊挑到工地，如果有拖拉機更好，可以一次載好幾塊。然後你等到下一年，存夠了兩百塊人民幣，再去買水泥、砂石和地磚。這時候，便可以挖地做地基，立石板為牆，大概蓋到與腰齊高左右。

「到了第三年，你還得存夠錢來買一些石板，而且最好能買齊足夠外牆和隔間之用的石板，把一樓蓋好。等到第四年，你就買些較為長而薄的石板來做一樓的屋頂，做到這一步，房子看起來像個長方形的盒子，但家人已可遷入這所半完工的房子了。

「到了下一年，也就是第五年，家裡還得再存錢買磚、水泥和鋼筋，好把二樓蓋起來。房子的一樓既然是用堅固的石板蓋的，二樓便可以用不那麼貴的磚頭來蓋。

「為了減低費用，村民大多從建築的初步就自己來，像是搬石板、挖地基等等。但到了一定程度，還是要請師傅來做比較精細的部分，像是鋪屋瓦、蓋隔間等等。要蓋磚牆比蓋石牆更難。另外要請石匠來做門做窗。至於上梁，不但要技巧，還會影響家運，一定要請經驗老道的師傅來做。這些零零總總的加起來，要花好大一筆錢，所以要把房子蓋好，大概要花個十年左右。」

「還有什麼重大原因使你家決心蓋新房子？」我問：「實際需要嗎？還是想炫耀一下財富？」

「大概是兩者都有，」葉書記毫不遲疑地回答：「我告訴過你，我家原來的房子很小而且是茅草屋頂的。我家因為要建水庫而必須遷建，政府於是草草蓋了這樣的房子給我們做補償。房屋有三間房間：我父親、母親和妹妹用第一間，我那三個弟弟用第二間，寶珠、我和小孩用第三間，真的是太小了。那時候我們也存了點錢，所以選了塊空地，在一九七二年向大隊申請許可蓋新房。前前後後又過了五年，房子才完全蓋好。雖然用今天的標準來看，沒有什麼特別華美之處，但在一九七七年剛蓋好的時候，村裡兩層的房子還沒有幾間呢。」

既然這個背景因素已經弄清楚了，我想我們應該回到原來的話題：林村的內部衝突。我問葉書記：「你從什麼時候開始涉入地方犯罪事件？」

「一九七五年，鴉片洪派我做民兵營長，就是從那個時候開始，」他平實地說道：「做了民兵營長，我還要兼任治保主任。我覺得接這個職務實在好笑。既然我沒當過兵，所以對軍隊的事情沒什麼經驗，他們要找我，只是因為這個位子挺重要，要找個可靠的幹部才行。那時候村裡符合資格的黨員不多，而我在文化大革命時立場超然，各方都能接受，所以一經提名，公社很快就接受了。看來我的前途會愈來愈順利。

「從我個人的觀點而言，這個新職對我的事業非常重要。第一，這表示我雖背負著四清的烙印，但是高層幹部已經不太在乎了。文化大革命的狂熱已經揮去，紅衛兵對劉少奇和劉的政策所做的批評和攻擊都嫌太過火了。此時，中央政府已經壓制了紅衛兵的各個派系。像我這種原先被視為劉少奇派的幹部，又有了復出的機會。如果我估計得不錯，我還有機會往上爬，並遷出農村。

「這個新職之重要還有另一層原因：它使我進入大隊權力結構的核心。大隊辦事處有六個支薪的位子：黨支部書記、大隊長、治保主任（同時兼任民兵營長）、辦事員（同時兼任會計）、出納和婦女隊隊長。事實上，真正掌權的只有前三個：黨支部書記、大隊長和治保主任。這三人決定了一切重大決策，而且薪資所得是同一級的。

「民兵營長的主要任務之一，就是根據地方部隊的計畫排定課程來給年輕人軍事訓練。整個廈門島農村地區算作是一個師，設有師總部、師總指揮，負責核定轄下的各個團的訓練課程，並派出正規軍人來指導。而我的任務就是安排適齡青年一起去受訓。在受訓期間，這些青年仍照領工分。一遇到緊急狀況，像是颱風、洪水或其他重大災害，大隊黨支部書記或是公社辦事處便會發動民兵協助賑災工作。

「我做這個工作可說一點也不得心應手。既然我沒當過兵，所以對軍中事務知之甚少，更糟的是，我還因為這個原因備受嘲弄。例如說，每次本區有新的民兵師總指揮上任，必會到各大隊巡視。巡視到本大隊的民兵團的時候，照例會問我以前在軍中是哪個單位的。當我坦承沒當過兵時，他便會先難以置信地瞪著我，然後大聲笑出來，『我們怎麼能把訓練民兵的工作交給一個沒當過兵的人？這可不是歌仔戲團哪！』每次聽到這種話，我都覺得受到侮辱。

「我比較喜歡做治保主任的工作，這個工作的內容主要是調查犯罪事實，處罰逮捕犯人，及執行黨支部書記鴉片洪的命令。做這個工作，使我有機會深入瞭解農村犯罪的本質。因為我做事公正，不偏袒任何一方，所以我在村裡的名聲不錯。我不論說什麼，村民都會照做，因為他們知道我說話算話。我也知道很多人怕我，背後說我是暴君。但是他們也信任我，他們知道我不會為了自己或是某個人的好處而犧牲他們的利益。就是因為這份信任，所以我在一九七八年接任黨支部書記之後，我們這個大隊才能進步得這麼快。」

「那麼，你在做治保主任的時候，到底對農村犯罪有何深切體認呢？」我設法轉回原來有關治安和秩序的話題，以免他談到其他的話題去。

葉書記似乎講得很來勁：「哦，對，對。我們就拿偷竊這件事來做例子。以前，偷竊可說非常普遍。大部分的村民都會隨手拿些公家的財產回家。種田的人完成了一天的工作之後，連想都不想就從田裡抽出一兩根甘蔗，一邊啃著一邊走回家。不然就是到公家的田裡挖一兩個番薯，塞在自己口袋裡，帶回家做晚餐。他們認為這些既然是公有財產，自己自然也有份，所以竊為己用一點也不覺得有罪惡感。

「但是被偷的不只是農作物而已；連放在公家倉庫裡的農具，用來蓋學校教室的木材，用來鋪馬路的石板都有人會偷。小偷要是被捉到，可能會罰錢，或是罰做勞役，像是掃街。情節比較嚴重的，我就呈報給公社去處置。一般來講，我盡量自己解決不太嚴重的偷竊問題，因為公社的幹部一罰就罰得很重。如果想和村裡的人保持良好的關係，最好是不要牽扯到公社。從頭到尾，我只向公社呈報過一件案子，因為這個小偷不服我的處置，竟對我報復。

「這件事的主角是巫婆的兒子——阿輝。差不多當我一接治保主任的位子，就跟他們起了衝突。我從小就不喜歡巫婆。她和她丈夫是解放前不久搬到林村來的，起初是在富農家裡做長工。解放之後，他們一下子變成重要人物，因為他們的身分是貧農。接著她丈夫被分派到公社的所在地，江頭鎮的合作社去做事，從此升到經理的位子。巫婆和吳家兄弟合作也就算了，主要是她這人的個性非常惹人嫌。她既聒噪又愛搬弄是非，而且還不守婦道。村裡和她睡過覺的人很多，老少都有。她連未來的女婿，年紀只有她一半的年輕人也不放過。她丈夫呢，像個豬公似地追求女人。村裡的女人很少公開談性問題，但是巫婆卻常向人誇耀她丈夫每天晚上騎在她身上如何如何。

「幾年前，巫婆的丈夫還在做會計的時候，跟合作社的一名女工發生關係。像這種不名譽的事情，要不是巫婆到處張揚，我們也不會知道。她開始跟別的女人說，最近她丈夫沒有像豬公一樣每晚賴著她，她猜一定是在外面有了女人。有一天，她丈夫說他會晚一點回家，因為他要查公社的帳目。傍晚的時候，巫婆就到了江頭，溜進她丈夫的店裡去。她丈夫和那個女人待在店後面的倉庫裡，被巫婆當場捉個正著。巫婆抄起掃把，就狠狠地往兩人的光屁股上打，她丈夫大聲尖叫，起身逃了，但是那個女人卻被打個半死。這件事情過後，巫婆又向別的女人誇耀說她這一棒打斷了兩人的姦情，晚上她丈夫又像隻豬公似地賴著她了。

「巫婆之所以被人叫作巫婆，是因為她非常迷信。她在家裡供了好幾尊神佛，不時燒香膜拜。她還說她具有『乩童』的力量，能進入催眠狀態，讓鬼神附身。她用這番話來嚇唬別人，但是村裡的人大都不相信。她要是這麼厲害，早就用這種力量來對付吳家兄弟了。

「我和巫婆家的衝突，是因為她兒子而起。一九七五年，我剛接任治保主任的時候，廈門市蔬菜公司要求本大隊在八、九月供應五十萬斤（二十五萬公斤）的甘藍菜。大隊把配額分配給大隊所屬的五個生產隊，各生產隊也都保留了充分的田地來種甘藍菜，同時還指派最有經驗的人去種這些菜，以期生產足夠配額的甘藍菜。

「樣樣都很順利，但是天氣很不合作。七月的時候天氣熱得不得了，把菜芽都曬焦了，看起來生產量會不夠，於是大隊決定蒐購自留地生產的甘藍菜，把配額補滿。自留地占全部耕地的十分之一，而且自留地的甘藍菜長得大多比公有田地的還要好，所以我們應該可以湊足配額要求的數量。既然這一年雨水少，生產量不多，甘藍菜應該可以賣到好價錢，農民一定不願菜讓大隊收購一空。但是我們認為要保住大隊的信用，比什麼都重要。蔬菜公司給大隊的長期穩定的利益，比少數農民在自由市場賣得的錢重要得多了。

「八月初的某日傍晚，我們用村裡的擴音器宣布：從次日早晨開始，自留地生產的所有甘藍菜都必須繳送給大隊辦事處，整批賣給蔬菜公司以期達到生產配額。長遠來看，這樣做會帶給大家好處，所以不能計較短期的得失。我還宣布說，從次日早晨開始，任何人皆不得把甘藍菜拿到自由市場上去賣，違者罰人民幣十元。

「為了確保大家遵守這條新規定，第二天早上四點鐘，我就站在村裡的大馬路上等。我抓到好幾個村民，想把自留地上生產的甘藍菜拿到自由市場上去賣。我罰他們每人交十元人民幣。大部分的人一被抓到都會求我網開一面，讓他們把菜拿到自由市場去賣，或是不要罰錢；但是我非常堅持，並且威脅要將他們扭送公社辦事處，所以個個都乖乖照辦了。但是阿輝除外，他騎著腳踏車載了兩袋甘藍菜，要拿到自由市場上去賣。他跟我吵得很凶，像他母親一樣。他說他的鄰居田雞吳，昨天拿了兩袋甘藍菜去自由市場賣，為什麼我不罰他。我說，那是因為新規定從今天早上開始生效，田雞吳昨天這樣做，還不算違法。阿輝辯稱如果我不罰田雞吳，就不能罰他，他們都是要賣甘藍菜，要罰就要一起罰，才算公平。接著他就誣賴我故意陷害他，我氣得差點動手打他。最後我將他扭送大隊總部關禁閉，關了一天才放他出來。

「兩、三個月後，發生了一件重大竊案。大隊本要新蓋學校的教室，但是預定要用的幾根木材卻被人偷走。在我們這裡，木材本來就短缺了。政府透過國營商店，一年才派給全大隊一立方米或兩立方米的木材。這一點木材，還不夠給村裡死掉的人做棺材哩；要是有人想蓋新屋、添家具，就得到自由市場上去買。但可想而知，那裡的價格貴得驚人。幾天以前，儲藏室的窗戶被人打破，把幾根最好的木材偷走了。這是頭一次有人膽敢闖入大隊辦事處的樓房裡偷東西。我到村裡查了一查，發現涉嫌最重的就是阿輝。有人說他們最近看到阿輝在晚上的時候到本隊辦事處附近繞來繞去。田雞吳的大兒子說，半夜裡他聽到有人運東西，從他家門前的窄巷子經過，而且他看到一個人影，像是阿輝的模樣。而且巫婆家正在房側加蓋房間，更不禁令人起疑。

「第二天，我去搜查巫婆的房子。我一眼就看到那幾根從大隊儲藏室偷出來的木材，他們似乎正準備拿來使用。一開始巫婆矢口否認這些木材是偷的，她說這是從自由市場上買回來的。但是問她是向誰買的，她又答不出來。我又把僱來蓋學校的那幾個木工叫來，他們都說這些就是被偷走的那些木頭沒錯。所以我罰巫婆付五十元人民幣的罰金，她付得很不甘心。從此以後，她就散播謠言，說我一定是和吳家兄弟，或是雷公林的次子聯手來對付她，而且還暗示說她會報仇。

「她真的報仇了。一九七六年初，我家在自有的〇．七畝的耕地上種西瓜。在春初種西瓜，到了夏初就可以收成，拿到自由市場上去賣個好價錢。我們小心地照顧瓜苗，到了四月初，西瓜已經長得有拳頭大了。看來西瓜成熟之後一定可以大豐收，我們就可以拿這筆錢，繼續把我們的房子蓋起來。

「四月初的某天早上，天還沒有亮。鄰居有人本來要去他的自留田工作，到了半路上就慌張地折回來告訴我說，我家的西瓜通通被人連根拔起來了。我家的田在村子的西邊，我去那裡一看，簡直不敢相信自己的眼睛：西瓜苗被人一棵棵地拔起，整齊地放在洞口。這可不是平常的西瓜賊。到了收成的時候，有的人自己沒種西瓜，就叫孩子晚上到鄰家的田裡去偷幾個西瓜，解解渴、止止饞。但是這件事情完全不同，這一定是有人蓄意報復。

「我馬上向公社報告這件事，於是他們派了警察來調查。警察在我的田裡發現了一些腳印，於是用石膏做了腳形，然後他問我，最近是否有人恐嚇我。最近只有巫婆恐嚇過我，這點大部分的村民都可以作證。員警便帶著腳形到巫婆家去，結果發現完全符合阿輝的腳形，所以他馬上給阿輝上了手銬，關進公社的監獄。

「公社的幹部對這個案子感到非常憤怒。他說這個人竟敢對有公務在身的幹部報復，應該要重重地處罰，要不然老百姓就不會尊重黨和黨幹部了。他本想罰巫婆賠三千元人民幣來補償我的損失，再以反革命的罪名把阿輝關個十五年。我考慮了一下，告訴他說，要他們賠我三千元，補償我所損失的西瓜是沒問題，但是，刑期能不能減到三個月？十五年太久了，這只會使巫婆恨我入骨。十五年後，阿輝被放出來時，已經是大人了；而我大概會在林村住一輩子，會在路上遇見巫婆和阿輝，我寧可給雙方留點妥協的餘地，不要助長仇恨。和鄰居和平相處，比維持公共秩序重要得多了。

「我這番話說動了公社社長，他終於同意如我所議，將刑期減成三個月。阿輝從監獄放出來時，我還簽名具保做他的監護人，負責糾正他日後一切不軌的行為。雖然我幫了她這麼大的忙，減輕她兒子的刑期，她卻一點也不知感激。到現在她還到處說我的壞話，說我盜用公款，濫用公家的建材來蓋自己的房子，幫我弟弟安插職位。但是面對巫婆這種人，你還能對她怎樣？

「我做治保主任以來，碰到的一件最離奇的案子，就是偷女人內褲的事情。有一陣子，村裡很多女人報告說，她們把內褲曬在家裡的庭院，結果卻不翼而飛。我本以為是有人偷了這些內褲之後，拿到廈門的自由市場上去賣，但是我猜錯了！有一天我和幾個人在田裡挖水道，因為需要多幾把鏟子，所以到田間大隊所有的小儲藏室去拿。這時我們發現在肥料包和種子包之間有個小空間，被人小心地用稻草蓋起來。我叫人把稻草拿開，赫然發現前一年失蹤的所有女人內褲。我真是完全搞糊塗了。誰會這麼無聊，做出這種事情？如果不是偷去賣，那是要拿來做什麼？你比我懂心理學，你想到底是什麼樣的人會做出這種異想天開的事？」葉書記向我問道。

我認為這可能是性異常的人所為，並且把我的想法告訴他。但是我說我並未受過正式的心理學或心理分析的訓練，所以要講出誰會做這種事未免自不量力。他接受我的說法，並抱怨說他要在村裡十幾歲的男孩身上多費點心思，因為他們是最有可能開這種玩笑的人。

再談農村犯罪事件

我跟葉書記談到農村罪犯的問題後不久，又有另一個機會得以繼續我們的話題。這一次我們在我的住處聚會，我劈頭便問：「除了偷竊之外，村裡還有哪幾種形式的犯罪？」

「要算是賭博和男女關係。」這次他答得比上次快得多，可能是因為他把這些事情仔細想過了。

「賭博的問題很令人頭痛，特別是近三、四年來我們的經濟改善很多，這個問題就更嚴重了。有的人賭博成性，有錢賭錢，沒錢了，拿香菸也可以賭。過春節，一般人都會小賭一下。喜慶祭拜，大吃大喝之後，也要賭一下。用麻將、用撲克牌、用骰子、用象棋都可以賭。差不多每個男人都會賭。女人大多從早忙到晚，沒時間可賭。但是有些上了年紀，尤其是有兒子女婿照顧的女人，也會賭。

「我處理賭博問題的原則是，年紀大的人，整日無事可做，聚在一起玩幾局，輸贏也不會大，這樣的賭博我不會去干涉。鄉下地方，老人家沒什麼好消遣的，他們不愛看電視，因為節目大多是說普通話的，他們聽不懂。要到廈門去逛街或看電影，年紀也嫌太大了。所以他們玩玩牌，消磨消磨時間，並無可厚非。除非因為詐騙或是賭注而吵了起來，否則我是不去管的。

「但是年輕人賭博就是另一回事了。他們一賭就賭到半夜，第二天早上直打呵欠，分派的工作根本做不好。更糟的是，要是做丈夫的輸了錢，會使家庭失和。吳明的大兒子吳漢林，平常我們叫他鬍鬚吳，這人簡直嗜賭成癖。他這個人很聰明，要是肯下決心，什麼事都做得成，但是他幾天不賭就坐立難安。一開始，我要是捉到鬍鬚吳在賭，我就罰錢，他付得心不甘情不願，一有機會他又會去賭。有一次，鬍鬚吳輸掉好幾百塊，所以偷了他太太陪嫁過來的金鐲子去付債。他太太發現之後，和他大吵一架。鬍鬚吳一氣之下，把她狠狠地打了一頓就出門了。鬍鬚吳的太太想不開，於是上吊自殺。還好她婆婆在他們吵架之後就特別留神，把她救了下來。

「我聽到這件事就把鬍鬚吳叫來，訓他訓了兩個鐘頭。我罵他是個懦夫，打老婆算是什麼好漢？但是我也無能為力，我最多只能罰錢，但是罰錢斷不了這個惡習。但是我警告他，要是他再賭，太太就會自殺，然後我就會以殺人的罪名將他逮捕，關他一輩子，到那時候再求我就太晚了。那是我唯一一次看他有悔改之意，他鄭重地跟我發誓，以後絕不再賭，他起誓要是再被我抓到的話，甘願把自己的左手小指頭剁掉。之後鬍鬚吳就戒賭了，戒了六個月，一切又故態復萌。所以他現在很怕看到我，因為他還欠我一根小指頭。」

「你認為近年來賭博的問題增加，和生活條件的改善有直接的關聯嗎？」我問道。

「是的，」他答道：「政府的管制放鬆之後，農民便有更多的時間和精力，得以投入生產之中。手頭上錢一多，平常又不用愁吃不飽，農民的興趣就轉入賭博和其他的犯罪行為，像是男女關係上，二者從一九七〇年代初期便漸漸普遍。鄉下人和城裡人不一樣，對男女關係的態度比較有彈性。鄉下多的是黑暗的角落可供男女幽會。而且村裡不同姓的人也多，年輕男女可以在村裡找對象。我們鄉下人不像城裡人，把婚前性關係或外遇看得那麼重。只要這種關係不超過大隊要求的年生育率目標，也不要造成家庭失和就好了。鴉片洪的女兒出嫁之前墮胎兩次，這件事大家都知道，但不會像城裡人那樣覺得這種事有辱門風。

「另外還有個例子，是第五小隊前任隊長阿侯這一對夫妻。阿侯又高又英俊，不但是退伍軍人，又是黨幹部，可說是樣樣皆得意，但是他是性無能。他太太卻正好相反，慾望很高，這方面的需求很難滿足。婚前她就和不少男人往來，婚後她一發現他無法滿足她的需要，就公開和別人睡覺。她母親和他們同住，不但不勸止女兒，還幫她牽線。阿侯不管在晚上什麼時候回到家，丈母娘都會叫他到別的房間去睡，離她女兒遠一點。因為女兒跟別的男人一起，正忙著呢。可憐的阿侯只好乖乖照做。

「農民們也會公開講黃色笑話。講得最大膽的要算是林福成，他的綽號叫西裝林，這是因為他父親死後給他留下一套西裝，他每天都穿這套衣服。他是第二生產隊的人。一九七〇年代初期，他這生產隊有個女的副隊長，負責監督農田工作。有天西裝林被派到白蘿蔔田去幹活，他拔了一個很大的白蘿蔔，塞在胯下；見到那個女農產監督來到，他便倒在樹下呻吟。那女的命令道：『西裝林，你怎麼躺在那裡休息？不准偷懶！』『救命呀！救命呀！』西裝林一邊喊叫，一邊把胯下的大白蘿蔔立起來：『你看看，我倒陽[2]了，好難受呀！』『我怎麼幫你呢？』那個副隊長問。西裝林半睜著眼說：『幫我把那裡按摩一下。』那個女的羞極了，遲疑了半天，跟西裝林說：『這樣好了，你躺在這裡，我去你家叫你太太來，她比較幫得上忙。』她走了之後，西裝林一路笑，一路走到生產隊隊員聚集的地方，把這件事情講給大家聽，全部的人都笑得嘴合不攏。

「像這種事情，只要不去妨礙到公共安全，我是不會干涉的。不過我知道城裡的員警會去調查正常婚姻以外的關係。一經證實，還會將當事人逮捕、監禁。我在治保主任的任內，處理男女關係的案子，不是三角關係的一方提出告訴，就是屬於強暴的案子。我給你舉兩個例子。

「第一個案子的主角是雷公林的寡妻秀蘭。雷公林在一九七〇年去世之後，秀蘭和村裡好幾個男人發生關係。一九八〇年左右，她私密地勾搭上侯強。侯強就是不幸被送往勞改營裡，斷送了右手的侯漢男的弟弟。那時候，秀蘭已經快四十歲了，而侯強不到二十五歲。他們倆瞞過了所有的人，沒人知道他們有這層關係。秀蘭當時和小女兒阿美同住在舊房子裡。阿美是二十一歲，在江頭鎮的工廠上班。每次阿美輪晚班，秀蘭就叫那個小夥子來陪她睡覺。

「一九八〇年的夏天，有天阿美上晚班，傍晚時騎車到江頭去了。秀蘭也匆忙地決定回廈門的娘家看看，但是她忘了告訴侯強她不在。到了半夜，不知情的侯強一如往例摸進了秀蘭家。但巧就巧在這裡，那天阿美頭痛，晚上就回家休息了，但是進了門卻發現侯強躲在她母親房裡。阿美大驚之下，拔聲尖叫，侯強就趁機逃走了。

「她家的鄰居向我報案。第二天，秀蘭還沒回到林村，前晚侯強藏在她房裡的事，就傳遍了整個大隊。秀蘭為了挽回顏面，就主動來找我說她要控告侯強，因為侯強企圖強暴阿美。要不然侯強溜進她家是想做什麼？她這樣問。表面上看來這個講法沒有破洞，但是秀蘭不知道我一早就訊問侯強，而這個小夥子把他和秀蘭的祕密關係都抖了出來。

「我把秀蘭帶進我辦公室，訓了她一頓。我說她真是恬不知恥，竟然引誘這樣年輕的小夥子。她的年紀幾乎有侯強的兩倍，而且她兒子都幫她生了孫子了。我要是把她這個案子報到公社去，侯強大概會被勞改五年至十年，要是到這個地步，她會不會良心不安哪？起初她裝作聽不懂，一直否認她跟侯強有往來。但是我講了幾個早上侯強供認的情節，她不得不承認，最後她哭了起來，願意撤回告訴。

「我跟秀蘭談過之後，就把侯強叫進來。那時候，侯強已經知道秀蘭要告他強暴未遂，心裡怕得不得了。我告訴他，秀蘭已經撤銷告訴了，他暫時可以放心。但是，他得老實招認他跟村裡多少女人有過一腿。你想，這個姓侯的男孩子又高又英俊，只要他看得上眼的女人大概都能到手。他承認說他愛撫過八個女人，年紀大小不等，但只和其中兩人發生性關係，包括秀蘭在內。我叫他以後要自制一點，要是再被我抓到，我就報給公社的公安處理。

「我另外處理過一件男女關係的案子，也和雷公林有關係。這次是他弟弟林樂水，外號叫風流林，因為這個人吃喝嫖賭，只要是玩的，他樣樣精通。他哥哥雷公林在世時，他就很放肆了。有一陣子他在追求巫婆的女兒，但是她不理他，風流林就恐嚇要用雷公林保管的民兵槍枝把她全家殺光。

「我剛接任治保主任的時候，對他的行為盡量忍耐。雷公林才死沒幾年，我不想對他弟弟太狠。所以風流林第一次犯案時我未予追究。這件案子的受害人是阿歪的太太。阿歪是個太保，文化大革命時，在村裡混不下去，搬到上海去住。在那裡又犯下幾件搶劫強暴的案子，後來被捕，判他在福建西部清流縣的勞改營裡關二十年。

他的太太頗具姿色，隨著夫家的人住在林村。有晚風流林爬進她房間想強暴她，但是她大叫，驚醒了她公公。她公公一來，歹徒慌忙逃逸，但是在暗淡的燭光中，依稀可辨是風流林的身影。第二天早上，老頭兒來向我報案，我告訴他最好有別的人證，因為他年紀大了，眼睛花花的可能會認錯人。

「但是私下我警告風流林，叫他最好不要亂來，我護著他是看在死去的雷公林的面子上。雷公林在村裡的聲望很高。如果他敢再放肆，我就送他到公社公安部。他聽到這裡，皺皺鼻子才扭頭就走。我心裡想，最糟的事遲早要發生的，果然兩年後出了事情。

「村北有戶窮人家，家裡三口人：婆婆、四十歲上下的媳婦，和十八歲的孫女。這媳婦的男人前幾年得了癌症死了；家裡面沒人在工作隊工作賺工分，生活幾乎三餐不繼。所以村裡的男人花個五塊錢人民幣，可以跟寡婦睡一覺，這已是個公開的祕密了。」

我對他講的這段話，真是一點心理準備也沒有。我在國外念到的一切關於解放後的中國的資料，都說政府已經杜絕了賣淫的問題。我想弄清楚一點：「你是說村子也有妓女嗎？我以為全中國的妓女都絕跡了呢！」

「哈哈！」葉書記乾笑兩聲：「那是官方的資料。在中國，大小城鎮都找得到妓女。政府的確用了最強硬的辦法來消滅賣淫的問題：在福建西部的清流縣有座勞改營專門關女犯人，一抓到妓女就送進去。那裡不時都有七、八百個犯人。從這個勞改營的現況看來，政府無力杜絕賣淫的問題，已是不爭的事實。

「一九七七年，風流林娶了個洪山大隊的女孩子做老婆。太太很漂亮，但也改不了他愛拈花惹草的性子。有一晚他和幾個不三不四的人混在一起喝酒賭博。其中一人提到村裡有那種花錢就可以到手的女人，風流林說他以前沒找過她。風流林已經喝得半醉了，還站起來說他要去她家。

「他搖搖晃晃地離開之後，他的朋友以為他是說說大話，其實是要回家陪老婆。誰知道他真的朝北走到那戶人家，翻了牆進去，溜進一間他自以為是那女人睡覺的房間。不過他走錯了，那其實是小孫女的房間。他一抱住那個女孩子，她就尖叫起來，她的寡母和祖母都趕來了，當場逮到風流林，連褲子都沒穿。風流林醉得連逃都逃不走，我到的時候，他還在那裡。碰到這種情形我只能讓公社的公安來處理。後來風流林被判在清流縣的勞改營關十年。

「這件事情的有趣之處還在後面。風流林被捕後，他太太還住在林村。一九八四年，廢除集體制之後，她買一輛手扶拖拉機[3]，僱了個年輕人做駕駛，做起生意來。這個年輕人是同安縣來的，跟她同住。我知道兩人之間絕不止於僱傭關係，所以我就把這個年輕人叫來，好好勸勸他。我告訴他要自知檢點，要是出了什麼差錯，我就把他送到公社去。這一來他八成也是判到清流縣的勞改營，到時候可就有趣了。他、阿歪和風流林三人要是聚在一起，比較被關進勞改營的原因的話，風流林會說他是因為趁著阿歪不在時，企圖強暴他老婆而被捕。開拖拉機的年輕人則是因為趁著風流林不在時，跟他老婆發生關係而被捕。扯來扯去，談的都是那幾個女人，他們三人真可稱為同好了。

「要是性犯罪不大嚴重的話，我就罰錢，並罰他們勞役，去清理村裡的汙水下水道。這種公開羞辱的方式非常有效，有助於維持村裡的秩序。

「村裡還有幾個樂此不疲的男人。一個是那個馬來亞人——黑番，他是吳明的妻弟。黑番雖結了婚，但是太太很早以前就離家出走了。黑番自稱善法術，許多女人真的就來求他解決身體上或家庭的問題。也許他真的會法術，我聽說他會念咒催眠，女人一旦人事不知，他便強加占有。有時他還給女孩子錢，讓他『玩一下』。村裡有個女孩子，十七歲大，她覺得不舒服，父母親帶她到公社的醫院看病，她竟然生下了孩子。她連自己懷孕了都不知道。後來我們查出黑番和她『玩』過幾次，每次給她一或兩元人民幣。我對這事非常惱火，把黑番送到公社的監獄去關了兩年。

「村裡還有另外一個人更糟糕，他的名字我不能說。他對太太需索無度，有時候他下了工一回到家，太太還在廚房煮飯，他就要在廚房地板上做。這個可憐的女人真是又虛弱又厭倦。她要是不肯，他就瘋了似地蠻幹。有一天傍晚，鄰居聽到她尖叫、哭泣的聲音，通知我去勸架。我到的時候，門鎖著，我叫那男人的名字，他也不肯開。裡面還傳來摔碗、摔盤子，和椅凳打在牆上的聲音。他太太則大聲哭個不停。不久，那個男人像受傷的牛似地衝出來。我不敢攔下他，但卻趕快進去看看他太太怎麼了，真令人難以置信，因為他太太拒絕他，他為了要洩恨，竟然拿了玻璃瓶子，伸進她的陰道裡，割得亂七八糟。她下身都是血，一動也不能動。我找了幾個男人，用擔架把她抬到大隊的診所去。寶珠還得用外科手術用的鉗子，一片一片把碎片夾出來。我罰了那個男人五十元人民幣，但我知道這只能讓他在幾個月內稍為節制一點。

「我做治保主任最大的問題之一在於我的身材較矮小。村裡大多數的成年男子要是想的話，可以隨時把我打倒，毫不費力。我去勸架時得格外當心，以免受到波及。有次村裡有對婆媳打起架來，兩人都拿了棍子，使盡全身力氣對打。我要讓她們停下來，非得站在兩人中間。第一棒打下來時，我用手護頭，結果那一棒打在右肘上。但是第二棒打下來時我來不及反應，結實地打在我肩胛骨上，我痛得一跤跌下去。兩個女人都嚇壞了，馬上停止打架，蹲下來看我傷勢如何。

「對付某些人，非得用大膽的手段不可。一九七七年的時候，政府開始緊縮每戶農家可以生育的嬰兒數目。新規定是一戶只能生兩個。一般而言，家庭計畫和節育的事我不用管，交給婦女隊隊長去辦就可以了。但若是有人不守規定又不肯付罰金，我就會出面。第一生產隊有一戶人家，以前就很自行其是，現在家裡有兩個孩子，太太卻又懷孕了。婦女隊的隊長要她去墮胎，但屢勸無效。我只好去她家，準備把她強行帶走，送到公社的醫院去。但我到達時，她丈夫擋在門口不讓我進去，罵我自私。他說我自己有三個孩子，都是男的，他才兩個，而且都是女的。他威脅我說，要是我膽敢帶他太太去墮胎，讓他家斷了香火，他就要殺死我和我兒子，讓我家也斷了香火。

「說老實話，我也很害怕，不知道要怎麼做才好。我心裡交戰了好一會，決定要正面迎接他的攻擊。那一天很冷，但是我卻脫掉外套答道：『你想對我怎麼樣？想殺我嗎？那你先過來跟我打一架再說，我可不怕死。我死了黨一樣會支持我，黨會好好照顧我的家人及孩子。但要是我殺死你，你能怎樣？跟埋條死狗一樣用草席包住屍體就埋下去了！所以你過來打啊！幹你娘的ＸＸ！』

「我一邊向他挑戰，一邊覺得眼中的怒火像要噴出，額上的汗流了下來。這傢伙大概想都沒想過我的反應會這麼激烈。他不知所措，所以嘟囔幾句就退開了。我從他面前走過去，把他太太帶出來，過程都很順利，有時候你得在村人面前表現得心狠一點，這就叫作殺雞儆猴。」

1 中國政府宣稱文化大革命期間為一九六六年至一九七六年，以四人幫垮臺畫上句點。以實際情況來看，將紅衛兵時期（一九六六年至一九六九年）視為文革時期似乎更加合理。

2 「倒陽」是中國的傳統說法，指男性性能力突然喪失；民間認為，如果倒陽沒有正確治療，男性患者的生殖器會縮回下腹部，造成性無能。

3 又稱「手動牽引機」。

第八章　欣欣向榮

表面上看來，村裡的人在生財能力、自我抬高身分方面不斷激烈競爭，但他們似乎也深受傳統的影響，互相幫忙合作。

林村的生活條件，雖然寒傖卻不虞匱乏。舉例而言，冬天時村人都有鞋可穿。衣服是用粗劣的棉布織成，多有補綴，但是差不多每個人都穿得暖。

村人吃的看來也不錯。一天三餐，早餐吃稀飯，配幾盤青菜、魚乾或是豆腐。午餐是一天最重要的一餐，吃的是乾飯，村裡大多數成年男女一餐可以吃三到四大碗的飯，再炒個青菜，主菜則是魚或肉。晚餐比較清淡，跟早餐差不多。這樣的食物調配，碳水化合物的量很多，但是蛋白質卻很少。不過村人自有補救之道。每逢特殊場合，如婚禮、節慶，或是固定的宗教祭典，村民便食用大量的豬肉和雞蛋。

在中國南方，「門口公」是很重要的祭拜對象。門口公意指野鬼，每逢農曆初一、十五便要加以祭拜。這時主婦便會多買點魚或肉，或殺雞殺鴨，準備四、五盤供品來拜拜。中午時分，主婦在大門外擺了板凳，將煮熟的菜排上去，點兩枝香，面對大街祝禱野鬼來饗用這些祭品，但是不要進到家門來。等到香快燒完了，主婦便燒紙錢，將野鬼送走。然後將菜端回餐桌上，此時一家老少已等不及要下箸了。

林村的小孩看起來都很健康，臉蛋圓圓紅紅的，身體壯壯的。

政府推廣公共衛生和疾病預防的努力，也有顯見的成效：在年輕的這一代身上，傳染性的疾病，例如小兒麻痺、肺結核、傷寒、天花、麻疹已絕跡了。我只看過一個跛腳的男孩子，他才十一歲大。一問之下，才知道因為母親沒有帶他去大隊的診所接種疫苗，所以他在幾個月大的時候感染了小兒麻痺症。

林村的社交氣氛顯得輕鬆而自在。成年的男子一聚頭，話題總是離不開賺錢。他們常常會比較何處貸款的利率較低，或者是人民幣和美元、日圓、港幣之間的最新兌換匯率。村人都知道廈門市的大百貨公司裡有什麼貨色，價格是多少，像是彩色電視機、音響、冰箱和摩托車。不管是哪家人新買一樣人人稱羨的耐久貨品，都會立刻成為村人閒聊的話題。他們都知道該上哪兒去買，要花多少錢，他們會比較這次買的商品和上次買的類似商品，評論買主到底精不精明。由於家戶之間的關係相當密切，誰在做什麼事、賺多少錢，大家都好像很清楚。所以他們熱切地想改善自已的生活環境，好跟別人比個高下。

村裡的年輕人，事業一發達就想做些炫耀性的消費，這是各地農村的普遍現象。雖然政府標榜的是平等主義，但是村民非常在意身分地位。象徵地位的主要指標之一是香菸，看看這個人抽什麼香菸，在社交場合敬什麼香菸，用什麼香菸來款待客人等等。村裡最高等級的人抽的是原裝進口的美國菸或英國菸，像是肯特萬寶路、三五和溫士頓。這種菸一包要賣四塊五人民幣（一塊五美金），相當於熟練成年工人一天的工資；村裡只有三、四個人抽得起，他們全都是三十出頭，而且無疑的，是當地商業界的領袖。

次一級的人抽的是從美國進口菸草，在香港製造、包裝的香菸，像友誼牌便是這類香菸中較為普通的品牌。這種菸一包要賣兩塊兩毛五人民幣，雖只及前者半價，但是仍然相當昂貴。村裡抽這種菸的人大概有三、四十人。他們做的生意多與農業無關，像是運輸業或製造業。他們的年紀比第一類的人大，消費習慣也比較保守。其他村民抽的是當地製造的香菸，一包約四到五毛錢人民幣，比較起來算是便宜的。第一、二類的人多半看不起這類的人，認為他們是沒有品味抽好菸、沒有能力改善生活的鄉巴佬。

表面上看來，村裡的人在生財能力、自我抬高身分方面不斷激烈競爭，但他們似乎也深受傳統的影響，互相幫忙合作。所以我才會看到田雞吳和林其山在侯漢男長子的婚宴上幫忙煮菜。這兩個人的手藝早獲村人公認，但是他們為什麼會來幫忙呢？這場婚禮在一九八五年的二月舉行。剛過春節，請了八桌客人。侯家的庭院裡臨時搭起了帆布帳篷，兩人在那裡賣力地洗菜、切菜、煮菜，那麼多的菜，似乎怎麼弄也弄不完。雖然天氣還很冷，但是他們都在流汗。看到田雞吳在場我並不驚訝，因為他已經退休了，沒有別的事好做，再說，做這些廚房的工作，使他有機會「試吃」珍餚，並且小酌一下。但是看到我的房東林其山來幫忙煮菜就奇怪了。他自己有卡車，自己開車，一天最少賺五十元人民幣。到這裡來幫忙他就不能賺錢了，而且我知道他根本不把侯漢男這個人看在眼裡。第二天，我問他為什麼去幫忙，他咧嘴笑起來，原來侯漢男最小的弟弟是他的結拜兄弟[1]。他是不把侯漢男看在眼裡，但是結拜兄弟的姪兒要結婚，他當然要幫忙。這種因為傳統的社會關係而彼此協助的情形，在林村相當普遍。我常看到一家人要收割稻子或蓋房子時姻親或血親過來幫忙的例子。

無所不在的政治工具和政治控制，恰恰和平順、輕鬆的社交生活形成對比。這種統治方式和傳統儒家的統治方式，包括農村自治和無為而治是背道而馳的。村民被迫必須經常參加政令宣導或是政治活動。這種控制緊密的政治控制，具體地表現在擴音器上。這些惹人嫌的擴音器都是一個樣子，圓錐形，閃閃發亮，和環境很不協調。不但遍布於村內的每一個戰略據點，而且延伸到附近村人工作的田裡去。控制擴音器的開關設在大隊辦事處，有個兼職的電機工人負責按照時間表開關擴音系統及維護和修理的工作。

每天的廣播固定從早上六點鐘開始，照例播放廈門廣播電臺的新聞節目。內容有軍樂、新聞摘要和時事評論，都是用普通話廣播的，整整播放一小時。第二次廣播的時間在中午，也是一小時。內容同樣是軍樂、新聞摘要和時事評論。傍晚的時候再播一小時的政令宣傳。村人一般都不去聽廣播，只當它不存在，它的唯一用處就是報時。偶爾大隊辦事處會用擴音器宣布和村人生活相關的資訊：當晚八點要在小學操場播放電影；配給的米或肥料到貨了可以來買；卡車和手扶拖拉機的車主請繳納執照費；大隊的診所剛收到四十劑腦炎的疫苗，家中若有兩歲以下的嬰兒，請趕快帶到大隊診所來接種。村民會注意這類消息，因為這些對他們的生活有直接影響。

在抽象的層面上，農村地區的擴音器還有另一層意義。農民只是接受這些指令和訊息，並照著去做，而不是要問他們有何意見。這條傳達的管道是單向的，從層峰到基層，而非反向而行。

我對於農村的生活和發展的感受可說是五味雜陳。一方面，中國農村比起其他發展中國家而言算是相當進步的，令人欣慰，至少在我的眼中，村民的基本需求，像是食物、保健設施和基本教育都相當充分。但是在另一方面，農民又不得不接受無所不在的政治控制力量、意識形態、強制的一致性。這似乎是村民為了享受物質的進步，不得不付出的代價。

一九八五年五月間，葉書記到我的住處來聊天時，我跟他提到這一點，聽了之後他笑起來說：「雖然你是教授，但我看得出來你忘了一件事。」

「此話怎講？」我抗議道，因為我覺得他故意想把我壓下去。

「因為，」他答道：「要是你認為今天的政治控制還算緊，那你可能不知道真正緊密的政治控制是什麼情形。想像一下這個情景：村裡的擴音器從早到晚播放毛主席的語錄，沒有停頓、沒有插播的音樂。村民必須參加政治集會，一遍又一遍地誦念小紅書裡的句子，雖然連那是什麼意思都不知道。還有上級下令要所有的農村幹部，每週固定一天下午研讀政策指示，或是馬克思、列寧和毛主席的文章。今天的政治控制比起一九五〇或一九六〇年代來，根本不算什麼。」

「你講的不錯，我低估以前的政治控制的緊密程度了，」我堅持道：「但是我得說這裡生活條件大概比印度或非洲好得多。我想這可能跟控制緊密但是效率高強的行政系統有直接的關係。經濟發展和人權有基本上的衝突；為了要快速發展，有時候低度發展國家的人民，如中國人，勢必得犧牲一些個人自由。我認為真正的問題在於如何在集體的利益和個人自由之間求取微妙的平衡。」

葉書記厭倦地看著我：「我不知道印度和非洲的事，也不知道你怎麼會想到經濟發展和自由的衝突這個偉大的念頭。我心裡想的東西都是根據我的親身體驗得來的，但是跟你想的恰恰相反。對農民施加愈多的政治控制，他們愈不想工作。換個角度來看，如果國家廢除了大部分控制，給農民更多自由的選擇機會，農民的反應會更為熱切，生產量會更高。也許中國各地民情不同。但是至少我看得到林村大隊的情形，一直要到一九七〇年代末期，大家瞭解到政治運動的荒謬性，不再隨時武裝自己、攻擊別人，而且政府的政策變得較有彈性時，這時我們才有真正的進步。如果你不瞭解這一點，你就永遠無法瞭解現今全國或是本村的農業改變。」

「這場改變是突然的，還是漸進的？是由中央政府還是由地方策動的？」我問道。

「地方的人什麼也推不動，」葉書記確定地說：「一切都是由上到下。黨的中央委員會發表的政策指示，會一層一層地影響到最低層。因此所有的幹部都得仔細讀《人民日報》上的評論，以便找出未來的施政方向。一九七三年，鄧小平重新掌權之後，我們就知道狂熱的政治運動將告結束。

「當然最明顯的發展，當數地方行政部門的改變。鄧小平式的農村改革，是要掃清舊幹部，無論他們的黨齡多長，因為他們基本上算是過去運動的最後殘留。為了推動實用主義及地方主導，鄧小平首先撤換公社和大隊級的幹部。一九七五年，在公社黨委會的指示之下，大隊的領導班子有了大變動。已經幹了十五年黨支部書記的鴉片洪，從『農村幹部』被提拔為『國家幹部』。鴉片洪的去職表示大隊的政治方向要進行大的調整。鴉片洪並未犯錯，但不管他對黨多麼忠心，他仍是個文盲。他無以瞭解、也可能永遠不懂得什麼叫共產主義，也不知道要採取什麼方法來促進發展。他可能無法貫徹鄧小平在一九七八年後所推動的改革。」

我被農村幹部和國家幹部這兩個名詞弄糊塗了：「到底農村幹部和國家幹部有什麼不同？

為什麼你說鴉片洪被『提拔』為國家幹部，卻又講得像是降職似的？」

葉書記對我突如其來的問題一點準備也沒有，因為這些事情對他來說是想當然耳，所以他一下子覺得很困惑。然後他似乎想到我對中國的「無知」，於是慢慢解釋給我聽：「農村幹部是由黨指派在家鄉服務的幹部，這種幹部的收入主要依賴地方歲收。農村幹部幾乎沒有什麼機會可以調離家鄉。而國家幹部屬於國家級的官僚系統，這種幹部的派任取決於中央政府，薪水則來自國家財政而非地方歲收。國家幹部調換工作的可能性大，任職地點也可能會變更。這就是說如果他被派到城市工作的話，便可以將戶籍轉到城市去。國家幹部要是退休了，可以支領退休金，但是農村幹部沒有。」

「這樣說來，鴉片洪變成國家幹部，當然算是升職，」我評道：「但是聽你的話，卻又不全是如此？」

「這真的要看你是從哪個角度去想。」他退一步說：「從個人保障的考慮來說，農村幹部大多企望成為國家幹部，並認為這是升職。但是從個人事業的考慮來看卻不盡然。國家幹部是名稱好聽，但是其中許多職位是沒有什麼前景的。做個農村幹部要是幹到大隊黨支部書記，下面有數百人聽命於你，等於是村子的真正統治者。但是要是做國家幹部，也許手底下只有一、二十個掃街的工人。所以農村幹部比起國家幹部，也許在表面上看來聲望和權力上略遜一籌，但這也很難講。」

「農村幹部和國家幹部的職位是不是劃分得很清楚?」我問道。

「是的,」他確認了我的看法:「在鄉下,農村幹部和國家幹部是依職級來劃分,在大隊這一級的幹部是農村幹部。比大隊高的,像是公社或是鄉鎮級的幹部就是國家幹部。一般而言,黨在獎酬忠心的鄉村幹部,如大隊黨支部書記的時候,會提升他到公社任職,讓他成為國家幹部。在以前,升為國家幹部是一項殊榮,這表示黨肯定他的工作成績,給他一個又有保障又有退休金的職位。

「鴉片洪被派去山頂村公社所有的一家磚廠做黨支部書記。因為從鴉片洪家到山頂村騎車的話只要十分鐘,所以他還是通勤上下班,戶籍也留在林村。

「黑皮林從一九六八年就做大隊隊長,在一九七五年時升作大隊黨支部書記。同一年較早的時候,鴉片洪已將我從大隊辦事員升作治保主任。黑皮林在年底升上去做黨支部書記之後,大隊隊長的位子就空了出來。我本以為我的黨齡長,教育程度好,會被升為大隊隊長。結果令人失望,我被人家超越過去了。這大概是因為我參加了四清運動和社會主義運動。那時候,為了對抗鄧小平的政策,全國性的反修正主義運動仍然盛行。我既被劃作劉少奇這一派,黨還是認為我不夠可靠,不能做大隊隊長。最後黨指派了四十七歲,只有小學程度的黨員李德海做大隊隊長。

「李德海為人冷峻無情,懦弱無能,一點幽默感都沒有。表面上看來,他似乎很和善,因為他伶牙俐齒，不講粗話，但他其實是個翻臉不認人的混帳。隨時有人要找他幫忙，他都會一口答應下來，一點都沒考慮短期或長期的後果。他大概覺得這樣做可以使他更孚眾望。要是事情辦不成，他就說是別的大隊幹部不肯好好跟他配合。

「李德海最要不得的地方就是他處理大隊內部衝突的方式。衝突的一方來找他支持時，他會滿口答應。但是對頭的那一邊的人來了，他也說他會全力支持。這一來，衝突便會擴大、加深，因為雙方都以為大隊長站在他這邊。這些人鬧得愈厲害，說不定他心裡暗自愈高興，這讓他那無足輕重也毫無分量的自我，得以藉此吹擂膨脹。但對其他的幹部來說，要清理李德海造成的混亂，得花數倍的工夫。所以李德海做了大隊長之後不久，村裡的人就叫他作『雙頭蛇』，因為他為人奸詐狡猾。」

我幾次和李德海打交道，對這個人的印象和葉書記所講的頗為相符。

葉書記又說：「在某個程度上，你可以說雙頭蛇這種人是典型的中國農民的寫照：短視、以自我為中心、只對眼下的個人利益有興趣。李德海的眼光看不到比自己、家人和近親更遠的地方。我不是說他笨，他可能是全村最聰明，不，應該說是最機靈的人。他總是為自己的蠅頭小利打算，卻讓別人吃大虧。背地裡在別人看不到的地方，他一定覺得我們愚蠢無比，竟然為別人的事情傷神。

「在這段期間，鄉間的情形改善了不少。一九七六年，四人幫被捕後，文化大革命的殘留算是掃清了。最令我高興的是新上任的公社黨委書記和副書記、公社社長和農村地區級的某些首長之中，有許多是我在四清中的隊友或好友。如果他們有機會捲土重來，那麼我也會有機會。

「這些老幹部復職之後，鄉間的政策走向也更有彈性。大隊被賦予更大的自主權，可以自己計劃經濟活動。例如，如果完成了政府收購的配額，便可以設立小型企業生產更多的經濟作物換取現金。鄉間也設立了許多自由市場，讓農民販售多餘的生產品。一九七五年，本大隊買了第一臺手扶拖拉機，我們不用它來犁田，反而在它後面加裝了拖車，用來運輸貨品。這臺手扶拖拉機給我們賺了許多錢。所以一九七八年，本大隊決定購買一輛二手的解放牌卡車，擴大運輸隊伍。」

繁榮的策略

「一九七八年初，我的第一個機會來了：黑皮林被升為國家幹部，被派任為公社的水利公司的黨支部書記。黑皮林的新職到底算是升職還是降職實在難講，就像三年前鴉片洪調職的事情一樣。公社的水利公司負責的是林村和山頂村之間的水庫。黑皮林手下管的人不到五個，他告訴我說，他每天在辦公室做的事情就是喝茶和看報紙。

「我獲得提名擔任大隊黨支部書記，填補黑皮林留下來的空缺，超過李德海。我被提名在公社級的幹部中無人反對，因為其中的關鍵人物幾乎都是我在四清時的同志。我的舊職，民兵營長，則由林其發接任。林其發是林氏家族的人，他為人正直堅定，雖然只有小學畢業，卻受到大多數村民的尊敬。他另一項資產是，他娶了雷公林的妹妹為妻，使他在村中的聲望增加不少。

「一九七八年三月我接任大隊黨支部書記之後不久，便拜訪公社幹部推銷我改革的理念。我告訴他們說要使人努力工作的唯一辦法，就是讓他們清楚地看到成果之中有他們的一份。我要求公社准許我進行兩項試驗。一是用選舉的方式選出各生產隊的隊長及副隊長，既然隊裡人人都有權投票，他們也應該有權參選。我請求公社廢止兩項有關小隊隊長的選舉的規定，以便實施這項自由選舉制：第一是生產隊隊長由上級指定。根據原來的規定，候選人應由大隊黨支部書記提名，並由公社認可。我認為這個選舉應該讓生產隊成員，而非上級來決定生產隊隊長。第二，舊規定言明只有黨員才有資格被選為生產隊隊長。難道非要是黨員才有管理生產隊的能力？這樣講不合理嘛。中國共產黨說它的決策方式是『民主集中制』，但是在過去，集中多過民主。如果讓生產隊隊長經由自由選舉產生，至少可以平衡一下，讓農村有更多民主。

「我提的另一項試驗，是實施紅利制度。我建議，將來各生產隊隊長應該有權保留某些百分比的生產盈餘作為紅利。生產隊長可以自己判斷，將紅利分給隊上最努力的人。藉著控制這個經濟槓桿，生產隊隊長才能提高該隊的生產，除此之外，別無他法。

「我一直跟公社的幹部吵，讓他們相信這是個實際的做法。我指出一個事實：多年來農民一直在批評中國共產黨，說農村的行政系統沒有作為。如果生產隊隊長繼續由我們來指派，那麼農民會一直把他們遭遇到的各種困難推在我們身上。要是讓他們自己選生產隊隊長，在生產出了問題時，他們只能怪自己不好。我的上級不太高興，但仍同意讓我一試，一九七八年六月一期稻作收成後，本大隊開始試辦首度的選舉，結果相當驚人。在選舉前，大隊的五個生產隊長都是上級指派的共產黨員，選舉之後卻通通換上了黨外人士。

「這樣的結果，我並不覺得意外。事實上，這樣的發展相當自然。農村的根本問題在於共產黨本身。黨在遴選新血之時，挑的是忠貞、聽話而且沒有想像力的人。這種人很安全，因為他們沒有什麼個人野心，而且只知道小心地執行黨的指示。但是在遇到需要個人的自發性和創造力的情況時，他們便無法調適。所以這種人一定要換掉。

「就拿第一生產隊的前任隊長為例。他姓王，是個退伍軍人，一九七五年回到村裡，已經當了第一生產隊隊長三年。在他任內，隊上的生產幾乎沒有增加，這傢伙只知道吹噓他在軍隊裡有多重要。他跟他隊上的人講，要是他繼續留在軍中，一定會幹到營長。你知道他在一九七八年的選舉中獲得多少選票嗎？零！他的妻子和弟弟同在第一隊，都去投了票，連他們都沒選他。他來向我抗議，說這個選舉有人作弊，像他這麼重要的人，應該管大隊，不只是生產隊而已。

「我忍不住揶揄他說：『你說你很重要？哈，你倒給我解釋一下，為什麼你做了三年的生產隊長，卻沒有半個人投票給你？怎麼連你老婆和兄弟都沒把票投給你？要是你家舉行選舉，你大概連一家之主都選不上。我勸你最好回家好好和家人相處。如果你的家人堅決支持你，也許明年你會再度被選為生產隊長。』

「我把選舉結果報告給公社之後，立刻受到公社黨委書記的責難。他說：『你這種草率的舉動簡直毀壞了黨的前途。你辦一場選舉，我們就損失了五個生產隊長的位子。你看看我們現在變成什麼？變成農村的在野黨！』在黨員會議上，他要我好好反省一下。但我並不因此而退縮。只要對大隊的多數人有利，我不在乎跟一、兩個幹部起衝突。我跟公社黨委書記說，我隊上的新的選舉系統才剛開始，如果要改回原來的方式，也得等到明年。黨委書記咬牙切齒地接受我的提議，並警告我以後不得再放肆。要是再有什麼大膽的行為使政治生態突然改變，我就別想再幹黨支部書記了。

「一九七八年十二月，中國共產黨召開了十一屆三中全會。在會中，中央政府討論並通過了農村改革的政策。這個政策的目標是要增加生產，並讓較低的集體農耕單位擁有更多的行政權力。這個政策一宣布，公社黨委書記就恭喜我這次可保住了皮肉。但我仍不為所動，決心在大隊裡推動更多改革。

「因為新上任的生產隊長都不是黨員，所以大隊的行政系統必須做調整。以前事情很簡單：生產隊隊長都是黨員，我們在每月固定召開一次的黨務會議中，便可以順便討論大隊和生產隊的行政問題。現在的生產隊長都不是黨員了，決策的過程就必須改變。我的做法是，保留原來的黨務會議，先討論跟黨有關的事項，再討論大隊和生產隊的行政問題。我們達成基本共識之後，結束黨務會議，然後叫生產隊隊長進來一起開會。我們把這個叫作『擴幹會議』，就是說讓黨幹部和非黨籍的幹部一起討論，決定影響整個大隊的重要課題。

「這個新系統的成效很好。新任的生產隊隊長自認為是老百姓的代表，凡事莫不據理力爭。這個情形和黨幹部的做法可說有天壤之別。黨幹部只會聽令行事，就算對新規定不完全同意，也不可能置黨紀於不顧。這些新的生產隊隊長積極活躍的態度真使黨幹部大開眼界。看到新的生產隊隊長大膽行動、竭力爭取的樣子，黨幹部變得更獨立、更有創意。結果使本大隊更能大刀闊斧地使生產多樣化。

「一九七八年的選舉過後，我就把新的生產隊隊長通通找來，鼓勵他們進行新的投資。我告訴他們，如果投資所需的貸款額度不大，大隊的出納便可以安排。如果需要龐大的資金，我會想辦法找公社的信用合作社或是中國農業銀行貸款。除了這兩個管道之外，我還能從其他政府企業中借到無息貸款，因為像是市府的建設公司和食物配銷公司，都有大筆的周轉金擺在銀行裡不動。

「第一個熱烈反應的人是侯桐，他是那個在勞改營裡被切掉手的侯漢男的弟弟。侯桐說服了他的隊友將該年生產隊年收入的十八%投資在建一座沙磚廠上。這種沙磚很容易做，只要把煤屑、石灰水和沙混合在一起就可以了；煤灰可以跟杏林電力公司買，因為他們是燒煤發電的；石灰要到福建西部的龍岩縣去買，再用卡車載回來。這兩種材料的價格都算是相當便宜，特別是在那幾年需求不高，價格可以壓得很低。沙子，那就更便宜了，廈門島岸邊都是沙，只要花運費載回來就好了。

「首先將這些材料加入大缸之中，加進固定比例的水，用電動磨碎機磨成細粉。然後用鏟子鏟入長方形或是方形的模子中，女工再用電力鍾將它壓得硬一點。然後把這些半乾的沙磚移到太陽下曬四十天，就會變得跟水泥一樣硬了。這個沙磚廠在一九七九年落成，是當時全島僅有的兩座沙磚廠之一。此時適逢政府放鬆管制，廈門各地開始許多營建工程，所以對建材的需求便步步攀升。侯桐的小隊靠這座沙磚廠賺了不少錢，在廠裡工作的年輕男女也從半日制改為全天制上班。為了要運送大量成品給顧客，侯桐又集資買了一部卡車和幾部手扶拖拉機，並指定許多隊員整天負責運磚的工作，不用下田幫忙。

「其他小隊看到侯桐的沙磚廠迅速致富的實例，紛紛有樣學樣。在一九七九年年底之前，第一、第二和第三生產隊分別蓋了沙磚廠。大隊本身也蓋了一座沙磚廠作為大隊所屬的企業。一九七八到一九八〇年，本大隊的生產淨利增加了一倍。一九八〇年，本大隊超過了何厝大隊，成為本公社的十八個大隊之中，收入最高的大隊。同年本大隊取代黃村大隊，成為廈門全島的模範大隊，開放讓國內外的訪客參觀，展現中國現代化過程中成功的例子。

「一九八〇年初，公社為所屬的十八個大隊舉辦一項競賽。競賽的目標是增加糧食生產淨額和總收入至少二〇%，並將生育率控制在二五%以下，公社喊出了一個口號，叫作『二增、一降』。獲勝的大隊可以得到人民幣三千元的獎金。

「那年年底，只有本大隊的糧食生產和收入現金增加了二〇%。但是我叫大隊的治保主任林其發去公社辦事處領獎金時，公社的黨委書記卻不肯給他。我一聽有這種事，心裡氣極了，馬上叫人用卡車送我到公社去。你知道公社黨委書記用什麼藉口來搪塞我嗎？他說本大隊雖然在糧食生產和現金收入上都達到給獎的標準，但是本大隊的生育率達不到規定的二五%。那一年本大隊的生育率是三九%。我跟他理論說，就算本大隊的生育率未達標準，至少另外兩項是全公社表現最好的。要是給獎的話，就應該給我們大隊。他笑了起來，說既然沒有一隊完全達到標準，這一年就不頒獎了。我氣得要命，用最下流的話罵他欺騙我們。他一副自得其樂的樣子，叫我遣詞用句要多注意一點。他說我是『鐵齒』，意思是說我還不瞭解情形，就武斷地講大聲話。他說在現在政策比較放鬆的情形下，我的做法不會有什麼問題。但要是早個五年、十年，我真是吃不完兜著走了。我知道他這樣講是為我好，因為我們從一九六四年，一起在四清中受訓時就認識。他既然是我的同學，就會盡量幫我保住我的位子。

「在我的治理下，林村的生產增加非常迅速，就算不是絕後，至少是空前了。我剛接黨支部書記的位子時，大隊的年總產值近乎三十萬元人民幣。到了大隊解散的前一年，亦即一九八四年，大隊的總產出已達二百萬元人民幣，七年之中增加六倍！所以本大隊自一九八〇年以來便成為公社裡個人平均所得最高的大隊，便不足為奇了。」

「那麼，看這個情形，」我打斷他的話：「你們的成功到底有什麼祕訣？換句話說，到底是什麼因素使得林村在過去六年來得到空前的成長？」

「我們成功的祕訣？」葉書記應著我的話：「大概會有人以為，我們既是開放給外人參觀的模範村，公社、郊區，甚至廈門市一定會給我們不少補助，就像文化大革命時的大寨大隊一樣。我敢說你現在一定瞭解這並非事實。事實上，本大隊所收到的唯一一筆補助，是公社每個月給我們三十元人民幣的交際費，作為款待外賓之用。這麼一點小錢能幹什麼？只夠買十包的友誼牌香菸來請客！我們大隊一個月大概要花三百塊人民幣來款待外賓。

「講到補助，我可是對政府感到十分不滿。一九八二年，郊區的教育局長來本大隊視察，我趁機請他撥款，補助村裡的小學建一座水泥的操場。我指出學校的泥地問題多多。晴天時塵沙飛揚，下雨又泥濘不堪。我們是這個地區的模範大隊，要是連個水泥操場都建不起，是有損我們的形象的。他被我說動了，同意撥六千元人民幣給我們村裡的小學蓋一座操場。因為他保證要給錢，所以我先挪用大隊的錢去買水泥、僱工人。等到操場蓋好了，我就去找這傢伙要錢，他一直拖延，說他們今年沒錢。他保證明年編預算的時候會編進這筆錢。你知道次年怎麼了嗎？他調到福州的省政府去工作了。我跟新上任的局長要錢，他說這件事他從頭到尾都不知道，也不會去收前任局長的爛攤子。到最後，本大隊不得不自行消化掉這筆費用。

「就是有這種情形，我才覺得模範大隊這個名稱很矛盾。一方面，這表示我們的成就受到認可。我們每年要接待兩、三團外賓，在一九八四年十月時，我們還接待了日本青年訪問團。因為受到認可，我們才能在一九八三年選出一名代表進入市人民代表大會及省人民代表大會。但在另一方面，這塊模範大隊的招牌要用掉不少人力和資源。除了花錢款待外賓，我們至少要派一、兩個幹部全天候地待在辦事處，接待外賓，做簡報，帶他們四處參觀。從中央政府或從省政府來的訪客是最糟糕的。這些高層幹部權力一大，就自認為什麼事都懂。我們做的一切事情他們都要看，看過之後對於不合他們的標準或不合意的就批評得一文不值。我的對策是，恭恭敬敬地告訴他們說我很感激他們的指正，日後一定按照他們的指示加以改進。但只要他們一走，我就把他們的話當耳邊風。」

「但是，你還是沒說到為什麼過去幾年來林村會這麼成功啊？」我含蓄地提醒他。

「哦，對哦，」他抱歉地說道：「我想，本大隊成功的原因，可用六字古諺來概括：『天時、地利、人和。』我慢慢解釋給你聽。

「天時就是說一九七八年以後，國家的農業政策大轉向。公社書記說得沒錯，要是我早幾年改革的話，一定會惹上很大的麻煩。我在隊上進行的兩項試驗，讓非黨籍的人選上生產隊隊長，並且用紅利制度來獎勵生產，要是發生在文革或四清時一定會被打成異端。老實說，我想我前一任的黨支部書記黑皮林，要是有機會去嘗試的話，做得也會跟我一樣好。但是在他掌權的那幾年，政治氣候仍由不時刮起的『共產風』所控制。要是他像我這樣做的話，準會被鬥爭到死。

「我們成功的第二個原因是地利，因為本村坐落的位置只離廈門市中心十公里。我們的產品不用花多少運輸成本就可以送達市區。廈門蔬菜公司會選上本村，這也是原因之一。同樣的，我們的優勢地理位置相當適合供應市區建設所需的沙磚。龍海縣和同安縣的磚窯，一樣可以便宜買到做磚頭的主要原料，像是沙子、煤屑和石灰，他們的人工還比我們便宜。但是有一點他們絕比不過我們，就是我們離市區很近。每一塊磚的運輸成本少一%都會有很大的差別，因為每一卡車一趟載的磚頭有三、四千塊。

「因為我們離廈門近，所以能迅速適應那裡的各種狀況。市區的營建單位要是突然發現短少了一萬塊磚頭，只要一通電話，當天就可以收到磚頭。因為我們可靠、有信用，所以在市區的營建單位之間口碑不錯。我一直把長期的口碑看得比短期的利益還重要。市郊有許多大隊，把比較差的磚頭混在好磚頭裡欺騙顧客，我不會讓手下做這種事。如果這批磚頭品質差一點，我們會賣得便宜些，並且事先讓顧客知道這些磚頭比較差。雖然島上還有很多廠磚頭賣得更便宜，但是因為我們的客戶信任我們，所以我們才能把生意愈做愈大。」

走後門的關係

「大隊會成功的最重要的原因，是人和。社會關係有兩種，一是內部關係，二是外部關係。外部關係主要是我在四清時與許多幹部建立關係。當年年輕的積極分子，如今已成了四十多歲的人，在市政府、地區和公社辦事處做中層的職位。我有什麼事要辦都可以找他們來幫忙。當然，他們幫我的忙，我也會回饋他們。最近《人民日報》上說，政府各部門、各層幹部之間走後門的情形複雜無比，所以現在出現一種新的研究學科，叫『關係學』[2]。這個觀察相當細微，用這個名字也相當恰當。在中國，要是沒有關係是辦不了事的。讓我告訴你我們大隊在遇到困難時，如何利用外部的社會關係來解決。

「就拿木材為例，政府透過公社的合作社，每年賣給我們兩立方米的木材。這樣的數量根本不敷村中建屋、做家具所需。尤其是過去四、五年來，村民存的錢比較多，想要蓋房子的人也多。我想出了一套計畫，動用不少舊識來解決這個問題。我在四清時認識一個朋友，他現在在福建西部的明溪縣做黨委書記，明溪位於山區，生產上好的杉木，根據採購計畫，他們得賣一定數量的杉木給政府的採購處。不過，他隊上的人，可以使用繳交配額後剩下的木材來蓋房子。蓋新房子時，從舊屋拆下的木材可以再賣給其他地區的人使用。我就跟這位做黨委書記的朋友商量，能不能跟他隊上的人買二手木材。既然他隊上的人不必像一般人一樣，二、三十年才能蓋新屋，而是三、四年就可以翻建一次，所以他們的二手木材和新的也差不了多少。

「我安排好買木材的事情之後，又和鎮辦事處商量，讓他們使用我們大隊用不完的木材來做建築工程。鎮辦事處本想在江頭鎮新建一個辦公大樓，但是因為木材不足，遲遲沒有動工。我勸他們和我們大隊建立交易夥伴的關係。本大隊負責供應木材，並提供卡車載回木材，而公社負責提供一紙正式文件，讓木材順利通過各個地方政府的檢查關卡和稅務關卡不致受阻，而且公社要讓我們使用他們的銀行戶頭，以便在貨到時把錢匯到明溪去。

「去年我們去了兩次明溪，每次買了兩卡車的木材，兩趟都很成功。木材運到之後，本大隊和公社均分。明溪的木材，一立方米賣三百五十元人民幣，運費大概是一立方米一百塊人民幣，包括油錢、司機和搬運工人的錢，還有在各關卡打點的小禮物。一卡車大概可以載十五立方米的木材，我根據村民的需要加以分配。要蓋新房子，或是娶妻進門，需要木材做新床的人，可以優先購買。我賣給他們的價格是一立方米五百八十五元人民幣，這樣子每一立方米大隊可以賺一百元。一九八四年的時候，自由市場的木材一立方米要賣八百五十元，比較起來，我們的價格是便宜多了。算起來每賣一卡車的木材，大隊就賺一千五百元人民幣。

「這整個過程完全合法。我可沒有笨到要違反黨紀，只不過是運用了一些私人關係和現行法規的漏洞而已。但是這樣做沒什麼好怕的，因為我不是為了私利而做的。所有的利潤都進了大隊的保險箱。我也沒有霸占木材為己用。我的確在第二趟的時候，勻下快要一半，約七立方米的木材自己用。但那並非給我自己用的。我給兩個小弟一人一立方米，因為他們剛結婚，需要木材做家具。給了岳母、寶珠的母親一立方米。再把一立方米的木材，給了三弟的岳父，因為他家正在蓋新房子。給我妹妹半立方米；隔壁的林承虎，綽號叫虎仔的，是我的表兄弟，他的祖母和我祖母是姊妹，我也給他半立方米。我自己留了兩立方米。那時候我考慮要分家，自己蓋棟房子。我可不認為這個計畫違法，我能做得到是因為我有社會關係。

「我可以再講一個例子，這樣你更可以看出適當的社會關係對本大隊的成功發展有多重要。這個例子你今天到了廈門時還看得到。一九八五年初，市政府決心改善市中心混亂的交通狀況。市交通局提議在主要幹道兩側加裝鐵製護欄，這樣一來，行人便不能任意穿越馬路。行人要過馬路，得從指定的區域走過，這種地方的護欄有開口。

「市政府同意了這項計畫並交給交通局去辦理。我正好認識交通局的副局長，因為他是我在四清時的老朋友。我告訴他說我們大隊的工人經驗好、成本低。我去和他交涉的時候，發現交通局合作社的進口菸缺貨。因為我認識經濟特區的進口商店的經理，他可以以低關稅進口香菸，所以我從中安排，讓交通局向進口商店買了大量的香菸。這不算是賄賂，我們兩個都沒從中取利，我們是各為了自己的單位而做的。我只不過是運用自己的關係，讓原本不會接頭的兩邊做成一筆生意而已。這一來我的大隊就拿到了鐵製護欄的契約。

「跟外界的人要人和，跟隊裡的人維持人和也一樣重要。我繼任大隊黨支部書記後，使村內派系對立的情形降低了。我既不是林家這派的，也不是外姓那派的。因為我祖母，我和林家有一定的關係。因為我祖父，我和外姓也有一定的關係。而且因為我在文化大革命期間採取中立的態度，所以無論是吳家兄弟或是雷公林的集團都能接受我。現在雷公林死了，吳家兄弟退休，影響力也漸漸消退，村裡緊張的程度便大大減少了。現在年輕的這一輩，根本就不管過去的內鬥。所以在發展大隊的新企業時，我可以讓吳家兄弟的兒子和雷公林的弟弟齊聚一堂為大隊的新計畫而努力。

「此外，國家政策的改變，也有助於減少村子的內部衝突。一九七八年，政府在黨的十一屆三中全會中決定廢除階級劃分。過去依解放前的經濟情況分為富農和貧農，現在都不需要了。政府不但廢除了階級劃分，也拿掉扣在階級敵人頭上的『帽子』，像是歷史反革命分子和右派分子都因此受益。這個行動對鄉間產生了莫大的影響。解放以來，農村最難解的癥結，就是將農民分為好的和壞的。那些『壞分子』身上的烙印是如此得深，連他們的日常生活都會遇到難以克服的問題。所以他們變得難以相處，拒絕參加社會活動。另一方面，那些『受重視的階級』，像是佃農和流浪漢，卻自認為是農村的合法統治者，濫用權力，迫害別人。

「就拿林大來說好了。一九六四年的四清運動時由於他弟弟林山的關係，使他的階級成分從『中農』被劃為『富農』之後，他馬上就因此吃不少苦頭。遇有鬥爭大會，他就被叫上來，和其他富農站在一起受到群眾的攻擊，還被派去做最髒、最臭的挑糞工作以示懲罰。他兒子也無法入解放軍。更糟的是，人家遇到他，像遇到瘟疫一樣，躲都來不及，連他的老朋友和親戚都不肯踏入他家門一步。一九六四年的時候，他的大兒子已經成家了，剩下的三個兒子等於是被判終身獨身。誰會把女兒嫁給這種壞人家？林大生了痤瘡之後更是盡可能多地留在家裡不願出門。因為大家都給他眼色看，他也不想和別人接觸了。直到一九七八年，他的富農身分被取消了，他的病才好起來，並再度露臉。雖然次子已經三十六歲，但總算娶了太太進門。現在林大還有兩個兒子沒娶，都是三十出頭。林大還得出門工作養錢，好讓這兩個兒子成家。

「鄉村廢除了階級劃分的制度之後，解決了主要的問題。現在每個人的地位都是平等的，再也沒有什麼力量可以把他們劃分開來。我認為，廢止階級劃分這個政策，是黨對人民最大的貢獻。一九八二年，我們更換新的戶口名簿，上面已經沒有階級身分這一欄了。這樣一來，等於是掃清了因為解放前身分不同而產生的衝突的任何殘痕。林村的氣氛變得很和諧，改革也得以順利進行。

「更重要的是，由於村裡和諧的關係，使我們能夠順利搭上村民的外部社會關係。我們開始將大隊視為一個整體，集中運用村民一切可用的關係，來解決我們遇到的問題。我給你舉個例子。我們既然蓋了磚廠，組織了一隊包括卡車和手扶拖拉機的運輸隊，就絕對需要一樣東西：汽油。政府每月只配給一部卡車三十公升的汽油。三十公升的油，視大隊的工作量，一、兩天就跑完了。但要是我們花兩倍的錢，在自由市場買汽油的話，我們賣沙磚就賺不到錢了。

「不過，婦女隊隊長洪靈麗的丈夫，正好在郊區的加油站工作。他是林家的人。每到月底或季末，他那個加油站有剩的油，就通知我們去買，不用配給券，而且可以按照政府的定價來買。另外我在公社辦公室還有個朋友，如果油輪運來的汽油比正常的配額還多，他就會通知我，馬上趕在別的大隊得到消息之前，派我的人去領額外的配給券。

「為了回報洪靈麗的丈夫，大隊不但給這位婦女隊隊長一份穩定的薪水，還讓她兼任包括磚廠在內的大隊所屬企業的出納。因為她的收入多寡，和大隊企業的榮枯息息相關，所以她丈夫會盡量想辦法供應我們充足的汽油。

「另外一個重要的關係，是村裡某人的兒子。他是個退伍軍人，在廈門市市長身邊做祕書。市長那邊有什麼新發展，他會告訴他父親，這位老人再傳給我們知道。像是新通過什麼法規，可能會影響大隊生產計畫的，或是經營特定的行業需要申請執照等，我們都是透過這個管道得知的。大隊在考慮未來的投資、發展新企業，或是設定大隊企業生產目標的時候，都用得著這些資訊。同樣的，為了答謝這位老人家對本大隊的重要貢獻，一九八四年中，大隊所屬的磚廠讓我承包的時候，我分給他半股，這樣他就可以每年坐收股利。

「我還可以再講一個例子，讓你知道大隊的關係有多深廣。這個關係是李德海的。李德海，人稱雙頭蛇，從一九七五年開始做大隊長。我雖然不喜歡這個人，卻發現他有個關係會對大隊的運作有很大幫助。李德海的弟媳婦在公社的信用合作社工作。她負責審查申請貸款的案子，而貸款對於我們所有的經濟活動都很重要。我們蓋新磚廠的時候，就向公社的信用合作社借款。如果農民要貸款蓋房子，要購買手扶拖拉機，也可以以〇．七％的月利率，或是八．四％的年利率和合作社借款。因為她的地位相當重要，一九八四年的時候，我也給了雙頭蛇半股沙磚廠的股份。

「一九八〇年代的前三年或前四年，是本大隊最好的幾年。每一生產隊都有自己的磚廠，除了第四小隊，他們只有座舊式的磚窯，但大隊另外還有一座磚廠。這五座磚廠，總共僱了兩百名左右的年輕男女。村民除了直接在磚廠工作之外，也有加入運送磚頭的運輸隊，駕駛卡車或是手扶拖拉機的。大隊會選出年輕而有潛力的人，資助他們參加汽車駕駛訓練。他們結業，拿到執照之後，就幫大隊的各個企業駕駛卡車或手扶拖拉機。還有許多村民負責磚頭裝卸的工作。

「除了磚廠之外，大隊還投資了不少其他經濟活動，對村民也有很大的好處。一九七八年，我們將大隊原有的機械廠擴張，添購機械工具。擴張之後，我們便可以自己修理農業機械，並在市內找工作來承包。一九八四年末，我們拿到在廈門主要幹道兩側加裝鐵製護欄的合約之後，便在村裡的機械廠做出這些護欄。一九七九年我們建了電鍍廠，目的也是要爭取市內大的工廠的合約，以增加村民的收入，但是到目前為止還不是很成功。

「大隊也在一九七九年買了一把電動鋸。這樣工具在村裡的工作和外來的承包工作中都會用到。廈門市的腳踏車工廠在出口的時候，需要木箱來裝成品，本大隊就簽下合約，供應所需的木箱。

「大隊最成功的企業，是我在一九七八年設立的建築隊。我們用這個隊伍，向市區要發包建築工程的單位爭取合約。我們一聽說哪個單位要建樓房，就評估建築所需的原料，如沙磚、水泥和鋼筋的成本，再加上勞工成本和周轉的支出。這些都算好了之後，我們便去找那個單位，開出我們的標價。要是得標了，我們把大家聚起來工作；如果人手不足，就從惠安縣僱人來幫忙。有時候我們還會把工程細節，像是建築內部的木工或是電線配管等再發包給惠安縣的人來做。

「一九八〇年代初，大隊賺的錢大多是從工業和服務性的工作上得來的。這個改變再明顯不過了。我先前告訴你，一九七八年，大隊的淨生產值將近三十萬元人民幣，其中農業生產所占超過了九成。一九八四年的時候，農業生產跟原來差不多，但是工業產值和服務業產值卻翻了八十番。一九八四年，大隊的總產值將近二百萬人民幣。從一九八〇年開始，村民就不用再拿地瓜做主食了，我們終於完全將饑餓的威脅逐出我們的生活。

「一九八〇年代初，本大隊繁榮起來之後，我便在分配工作時刻意地安排，以使村內人人都能分享得到繁榮的好處。因為在大隊的企業裡工作，賺的錢一定比在田裡工作多，在選擇工廠的工人時，我會先選窮人家的孩子。窮人家得到照顧之後，我再挑中等人家的孩子。我們盡量讓每一家至少安排一個不是農田的工作，讓大家分享繁榮的利益。在分派生產隊磚廠的工作的時候，他們也遵守這項原則。廠裡的輕便工作，就保留給老人、寡婦，還有殘障的人。我們給他們好薪水，讓他們做夜間的守衛，檢查灌溉水道，或者是大隊照顧牲口的工作。共產主義的目標就是要保護弱勢的人。我覺得很光榮，因為這樣做對隊上大家都好。這是本村有史以來，首次得以一起分享和諧的氣氛，而不是互相爭鬥憎恨。」

1　結拜兄弟是中國傳統的風俗。幾名沒有血緣關係的男子透過儀式的進行，成為類親屬關係。關於這個主題欲瞭解更多細節，可參見葛伯納與葛瑞黛（Bernard Gallin and Rita Gallin 1977），與焦大衛（David K. Jordan 1985）的著作。

2　「關係」（也稱作人脈）這個詞，被中國政府視為一個嚴重的內部問題。「關係」點出了經濟改革中公平性的嚴重問題：擁有「關係」的個人經常能規避法律與條規。書中葉書記明顯視個人關係為他政治實力的真實資本。

第九章 解體

我慢慢瞭解葉書記不願參加寺廟活動的原因，黨的信條要他敵視一切迷信或是宗教事務。而且他的父親生前曾積極參與宗教活動，更令他心中深感歉疚。

林村的廟裡供奉（或稱「服侍」，臺語）的主神有三位：仁聖帝公、池府王爺和劉府元帥。另有一尊神是巡行王爺，不但林村，連何厝、洪山和黃厝大隊都參與祭拜。這幾個村有套儀式和制度，各村輪流供奉巡行王爺，每年換一個地方。

村民幾乎都不知道這幾位主神的來源和歷史，除了知道這些神會保佑他們之外，也不知道為什麼要供奉這些神明。不過有件事村人絕不會記錯，那就是神明的生日。這幾天不但有廟會，而且是村裡一年一度的大事：農曆三月二十六是仁聖帝公的生日，農曆六月十八是池府王爺生日，劉府元帥的生日是八月十五日，巡行王爺的生日是十月十四日。

每到神明的生日，村民便帶著供品到廟裡祭拜。傳統上供品包括整個煮熟的豬頭、米糕、全雞、煎魚和各式水果。近年來鄉間的繁榮也反映在他們的供品上。經濟能力好的村民，用啤酒或是進口的烈酒來代替傳統的米酒。村民焚燒大量的香燭紙錢來取悅神明。

在祭壇前長跪，祝禱神明繼續保佑他們的，則多為婦人和老人。卡車和手扶拖拉機的司機則把他們掛在駕駛座旁的香袋取下來，用瓷湯匙從香爐裡舀一點香灰裝進去，以使香袋更添神力。

廟會

這四尊神明之中，仁聖帝公是最重要的，因為他是眾神之主。他的生日這天，林村舉行全年最大的慶典活動。一九八五年這年，他的生日落在陽曆五月十六日這天，而村民早在四月中便開始計劃這場盛會。村裡有股看不見的興奮和緊張的氣氛。村裡年老的漢醫林方，娓娓地道出村民的情緒：「我們這一輩子，從來沒看過村子像今天這麼繁榮。這都要感謝老天保佑！我們唯一的回報，就是盡我們的能力，好好辦一場廟會來謝神！」

村裡有幾個人平常便為廟裡大小事情奔走，這次他們計劃在五月十四、十五和十六三天舉行廟會。五月十四日，要在廟前的廣場放場電影，接下來這兩天，會僱個戲班來演歌仔戲。

錢則由全村的人來出：全村每人收兩元人民幣，每部手扶拖拉機收十元人民幣，每部卡車收三十元人民幣。村裡有一千多人七十部手扶拖拉機和七輛卡車，至少可以收到三千元人民幣，足供一應開銷。

這幾個熱心人士把全村分為四個區塊，一個人負責收一區塊的廟會錢，當地人稱之為「稅」。他們請田雞吳的兒子吳宏恩去集美鎮僱戲班子。這是因為他母親是集美的人，所以吳宏恩有幾個舅舅住在那裡。他騎摩托車前去，圓滿地達成任務，訂好戲班來村裡表演兩個晚上。村裡的治保主任會被派去廈門的戲院租一部電影也是基於類似的理由：他常到廈門去辦交涉，所以知道去哪裡租影片。

我對這個活動備感興奮，因為我可以藉此認識熱心廟事的人，探索村民對超自然現象的態度，並研究他們如何組織傳統性的公共活動。從廟會前一個月開始，我便忙著訪談這些熱心人士，詢問建廟歷史、他們的參與程度，以及對傳統信仰的知識。我整天忙著這些事情，所以不像以前那麼經常和葉書記談話。

那陣子我和他沒談過幾次，但是我一開始就發現他對這個活動抱持敵視的態度。我一談到仁聖帝公或是廟會的準備工作，他就硬生生地把話題轉開。我發現他雖為全家付了十元人民幣的廟會錢，但是在捐獻名冊上登記的卻是他大兒子的名義。我同時也發現其他大隊級的幹部也有類似的敵視態度。例如，林其發本應幫廟會第一天的活動租一部影片來放，但他卻隨便找了個藉口，說他忘記了，而且堅持這時才安排電影的事情已經來不及了。於是吳宏恩又匆忙地去集美鎮看看戲班是否能早來一天。還好五月十四日那天，戲班沒有別的約，總算讓大家鬆一口氣。

五月十三日，村裡派了卡車去集美鎮，把戲班子載回來。卡車滿載三十幾個人、樂器和裝行頭的箱子，一抵達村子便引起一陣騷動。小孩子在用來給戲班子住的空房子旁邊跑來跑去。我聽說村裡以四百二十元人民幣一晚的代價，加上兩箱本地的香菸和一斤的菜油，請這個班子來演三天。菜油是給演員表演後卸妝用的。

同時，黑番收了五百元人民幣，負責在廟前搭一座戲臺。黑番找了幾個年輕人來幫忙。他以長竹竿搭建戲臺的骨架，上面罩著帆布防雨，並吊了燈光做照明之用。

廟會的首日，全村瀰漫著歡樂興奮的氣氛。大家都停下工作，主婦忙著準備供品和晚上大餐的菜色；男人洗得乾乾淨淨，換上一塵不染的襯衫和長褲；孩子被喚往村裡的雜貨店，買些最後關頭需要的東西，像是醬油、菸、鞭炮、紙錢、香燭等等。嫁到別村去的女兒也帶著丈夫、小孩回娘家，一起吃頓豐盛的大餐。

當晚七點，我決定去廟那裡看看大家的活動。時候還早，因為戲要到八點才開始，但是我想我可以拍幾張照片，訪問幾個人。我在路上遇見葉書記，於是問他說：「你要到廟那裡去看戲嗎？」

「不，我沒興趣。」他近乎嚴厲地回答。

所以我就不管他，一路走到了廟前廣場。這時人已經聚集不少，我有點驚訝。而且人潮還在繼續湧入，大家都帶著長板凳和竹椅子。戲臺的另一邊則聚集了不少攤販，大概是從鄰近的村子來的，正賣著甘蔗、冰棒（當地叫作冰棍）、水果、汽水、果汁、煮花生，還有香菸，這些一直相當暢銷。

有戶人家注意到我，並說他們多一條板凳，他們告訴我說我會用得著板凳，因為戲會從八點開始演到清晨。我道了謝，把板凳拉到樹下，舒服地坐下來。

我正集中精神調整照相機的焦距，卻發現四周突然靜了下來。我抬眼一看，看見葉書記黑暗的身形正筆直地朝我走來。他靜靜地跟我點了個頭，一言不發地在我身邊坐下。四周的群眾噤聲不語，全都在用好奇的眼光瞪著葉書記，而且顯然不知道應該如何回應這個情況。葉書記的小學兼初中同學丁勇走近，擠出一句聽似輕鬆的評語：「看看是誰來了！葉同志，這一定是您頭一次走到離廟這麼近的地方吧！」說著遞了一根菸給葉書記。

葉書記接過香菸，此舉似乎使周遭氣氛略為軟化。他遲滯地說：「的確，這是我頭一次走到離廟這麼近的地方。我會來主要是為了貴教授，他是本村的貴賓。我既然是本村的負責人，至少應該陪他看一天的戲。」

為了讓氣氛輕鬆一點，我問丁勇：「今天要演什麼？」

「《木蘭從軍》。」丁勇答道，並仔細把這個故事講了一遍。雖然我也知道這個歷史故事，還是讓丁勇繼續講，以便把大家的注意力從葉書記身上引開。

八點左右，戲臺的燈亮起來，開始演戲。這時整個廣場已聚集了不下千人，大家完全沉浸在戲裡，根本沒有注意葉書記。這場是歌仔戲，演員全是女性，若有必要便由女演員扮男裝演出。

我一邊照相，一邊注意到葉書記似乎仍然很緊張。他一根接一根地抽著菸，身體不停地變換位置。他似乎覺得備受折磨，大概是因為他接受的是正統共產黨教育，要他反對宗教。黨的教條要他拒絕任何物質存在以外的東西。在公開的場合，他大概把一切的傳統信仰和習俗都斥為迷信或是封建殘留。所以他在場看著他拒絕和斥責的這一切，便顯得倍加突兀。為了避免尷尬，我在十點左右便準備離去，並對葉書記說：「時候不早了，我想回去。你要不要一塊走？」

他趕快站起來，打個哈欠說：「是啊，我也累了，一塊走吧！」我把板凳還給主人並道了謝。我回到剛才看戲的地方時，葉書記已經走了。我雖能瞭解他的異常態度，但還是決定第二天要找他一談，以免他妨礙我在這段宗教慶典期間的活動。

次晨七點，我去找葉書記，發現他獨自一人在廚房吃飯，他太太可能去餵豬或洗衣服了。這是個談話的良機。他要幫我添碗粥，但是我說我在房東家吃過了。我坐到桌邊，面對著他，單刀直入地問：「昨晚去看戲有什麼不對勁嗎？我覺得你好像很不自在的樣子。」

他無力地笑道：「你知道的，我是共產黨員，又是本大隊的領導，理應給大家做個模範，反對迷信才是。」

「但是迷信在哪裡？」我質問道：「你昨晚在廟前廣場上看到什麼？」

「歌仔戲，」他被我的問題弄糊塗了：「《木蘭從軍》那場戲。」

「這是歷史故事，不是嗎？這場戲並未提倡迷信思想或封建主義。那麼你為什麼要說這是迷信？」

「當然是迷信，」他反擊道：「難道你看不出來這個活動是廟裡的人組織的嗎？你總不能說那些熱心人士不迷信吧！」

「這是你的觀點，也是黨的標準說法，」我把話放慢，想要導入人類學的觀點：「但是要是你換個角度，你看到的形象會完全不同。」

「比如說？」他絲毫沒有妥協的跡象。

「我們以這次慶祝神明生日的廟會為例。這正好是春稻移植完成的時候，村民有閒輕鬆一下。他們前幾年很順利，賺了不少錢，蓋了好房子，買了好家具和日用品。所以他們想和家人親友分享這份喜悅，回饋親友的幫忙，還可以趁機加強和遠親、舊日的同學和生意夥伴的關係。除了廟會，還有什麼場合更適合？」

「但是這還是跟廟宇、神明有關啊！」他頑固地堅持道。

「你為什麼要從這個角度去看廟宇和神明呢？」我好言勸道：「廟宇和神明只是一種象徵，它們既不真實，又沒有設立教條和社會組織去反對共產主義或反對黨。這種民間信仰可曾煽起政治狂熱？沒有！它只是勸導人要孝順，要努力工作，要行善才會在今生或來世得到善報。我們昨晚看的戲，是在用故事教導觀眾傳統價值。」

「再說，廟會還有更重要的功用呢！」我看他毫無反應，繼續說道：「廟宇和神明其實只是象徵而已，實際上的作用在於凝聚全村的力量。你不是也提過村裡這幾年很繁榮、很團結嗎？村民一定心裡很感激，他們需要的是用一個公開的場合，將所有人心中的感謝之意匯集起來。廟宇和神明正好用來作為達成這種目的的工具。除了廟會之外，還有什麼場合更適合的？」

「可是黨呢？」葉書記堅持道，但是他的聲音已經弱了下來：「這幾年村裡會繁榮是因為黨的政策正確，可不是那些偶像的功勞。他們的生活有了改善，應該感謝的是黨。」

「你的話裡有好幾個破綻，」我答道：「首先，傳統上村民並不用政治活動來表達感謝之意。你要招待親戚朋友的時候，難道請他們到家裡吃頓飯，再來一段政治研習課程嗎？朋友結婚的時候，難道你送他們《毛主席語錄》做結婚禮物？政治教條和組織無法滿足許多重要的社會需求，所以廟宇和神明才能占有一席之地。你的話裡的第二個問題是，有多少人真正相信他們今天的繁榮要歸功於黨？黨帶給他們的災禍和苦難又怎麼說呢？難怪村民會轉向傳統的東西，像是廟宇和神明來尋求社會需要的滿足。」

葉書記放下飯碗，全神貫注地聽我說話。我講完之後，他難過地說道：「你的看法大概不錯。我一直都不太能瞭解為什麼有人會在廟裡進出，或是參與寺廟活動。我所受的共產主義教育，不准我用客觀的角度來理解宗教事務。我真希望我父親在解釋他為什麼會對寺廟的事情那麼熱心的時候，也能這樣分析給我聽。那個時候我要是對這些活動的起因知道得多一點，就不會和父親起那麼多爭執了。我不應該在我父親過世的前幾年堅持要分家。我真是不孝啊！」

從他的話裡，我慢慢瞭解葉書記不願參加寺廟活動的背後原因。黨的信條要他敵視一切迷信或是宗教事務；而且在他父親死前不久，他因為父親積極參與寺廟的活動而起了不少衝突，又使他心中深感歉疚。這些衝突多少促成了分家。我先前未曾看出這個關聯性，現在決心好好探索一下：「你怎麼會和父親起爭執？這和你們分家有什麼關係？」

葉書記似乎發現他方才自顧自的講話，已經把我弄糊塗了。他問我：「你知道不知道村裡最熱心寺廟活動的是誰？」

「就是那五、六個組織這次廟會的人。」我根據我這幾天的觀察答道。

「不，」他無力地說：「以前是我父親，加上幾個老人，像是林其發的父親和田雞吳的母親。

前兩、三年，這三個人陸續過世之後，才由現在這幾個人接下去做。」

難得葉書記願意談廟裡的事，我抓住這個機會問他：「廟是什麼時候建的？是在舊廟的原址建的嗎？」

「不，」他先回答我問的第二個問題：「原來的廟建在村北，但是水庫建好後已淹在水下了。之後那二十年，村裡沒有廟來供奉這幾尊神明，所以他們就被棄置在沒人住的房子裡。以前我們的政府非常反對偶像崇拜，再說大家也是窮得沒法考慮建新廟的事。在一九八〇年代初期，這個情形改變了，村人不但有了餘錢，政府對於民間的宗教活動管得也沒有那麼嚴。一九八三年初，我父親、林其發的父親和田雞吳的母親一起商量，想要集力將廟蓋起來。我想叫我父親不要牽涉進去，但他不聽我的。他說，多虧神明保佑，今天我們村子才會這麼繁榮。我們感謝神明之餘，建一座廟來安放神位是應該的。但我說這一切都是迷信。我們大吵了好幾次。如果他像一般信徒一樣，只是捐稅、拜拜那也就算了。但是他不應該帶頭計劃建廟的事，或是籌組慶典。我告訴他說我是黨員，是全大隊的最高領導。要是我的上級發現黨支部書記的父親竟然帶頭領導大隊隊員一起搞迷信，那怎麼辦？」

「那你父親怎麼說？」我問。

「我說不動他。他說老天爺賜給我們這麼多東西，我竟然這麼不知感恩。他還說如果我以我們的父子關係為恥的話，我們應該考慮分家的事。那時候我很擔心，不知現行的寬鬆政策是否會繼續，也想和我父親分清楚，以免招人懷疑。分家之後，至少在表面上我毋須為我父親熱心寺廟活動而負責任。

「當然我們會考慮分家的理由不只一個，但是我父親熱心寺廟活動是促成分家的主因。我做了黨支部書記之後，家中的生活條件大幅改善。因為有餘裕，所以許多拖著沒有完成的社會責任都可以完成了。一九八三年，除了我最小的弟弟之外，其他弟妹都結了婚。他們都在大隊或是小隊的企業裡工作，每月領取固定薪水，可以幫助家計。我父母仍參加農業生產每天下田工作，賺取工分。因為家中的成人全都在工作，所以經濟條件持續好轉。那一年，全家協力把兩層樓房的貸款付清了。既然弟弟都能經濟獨立，欠債也已償清，便是該分家的時候。」

分家

「一九八三年初，我首次和父親談到分家的事。那時候他正全心全意投入建廟的募款工作。他同意了，並且說：『你這樣提很好。你們都大了，應該要有機會發展自己的前途。我們這兩個老的都還做得動，你們不用擔心。我唯一顧慮的是你弟弟阿榮，他還沒結婚，所以最好是我們兩老和阿榮同住，這樣阿榮在娶妻進門之前，你母親可以幫他煮飯。他結婚的時候，你們幾個做哥哥的要出點錢幫他成親。我這一輩子最後一件事就是要看著阿榮找到好對象，把她娶進門。這樣子，要我去死也甘心了。』

「我父親應允後，我把幾個弟弟找來開了個家庭會議。那天不是農曆三月十五，就是三月十六，因為在我們的習俗裡，分家要選在農曆的月中，也就是十五和十六這兩天；如果在月中之前分家，會沖到長子，如果在月中之後分家，會沖到次子。所以大多數的人家都選在月中這兩天來分家。雖然我家有五個兒子，我們還是遵循慣例，以避免任何不測。另外一個原因，是我想盡速趕在村廟落成之前分家。村廟預定在農曆三月二十三日完成，我自私地想，如果在此之前正式和父親劃清關係，就不必負什麼責任了。

「我們不傷和氣地分配了財產。因為在中國私人不能擁有田地，所以最有價值的財產就是房子。我們講好讓父母親和阿榮分得舊房子，裡面有三間房間、一間客廳和一間廚房。其餘四兄弟均分新房子，一人得一層樓的一半，新房子的廚房在庭院裡，平均分成兩半由兩兄弟使用。另外在庭院裡加蓋廚房給另外兩人使用。

「鍋子、板凳、水缸和小型的農具等家用品原為全家共用，現在則依照現值均分為五份。誰覺得哪一份對他有用，就拿哪一份去。如果同時有兩人要同一件東西，就談一談，然後妥協一下。我們講好我們每人每月給父母親十元人民幣做零用，阿榮結婚時，我們每人出二百元人民幣幫他成親。

「我們在一天之內就完成分家。我們不像有些人在分家時吵鬧不休。很多家庭在分家時，兒子們為了誰拿多誰拿少，常常鬧到惡言相向。所以在分家時，往往會請舅舅、受人尊敬的幹部，或是另一位年長的長輩來做見證，避免事情一發不可收拾。但是我們並未請長輩到場。我們幾個兄弟，分家分得和和氣氣，不需要請人仲裁。我們不會做出使父親蒙羞的事。

「分家一年之後，阿榮和林其發的妹妹結婚，林其發從一九七八年起就做村裡的治保主任，很受林氏家族的推崇。阿榮能娶他妹妹為妻真是再好不過了。為了這場婚禮，我們幾個做哥哥的，不是按照原來講好的，每人出二百元人民幣，而是每人出了四百元人民幣給阿榮張羅婚事。他的婚禮辦得很隆重，請了二十桌客人，新房裡裡外外都裝飾得喜氣洋洋。那天我父親非常驕傲，我從沒看他這麼高興過。

「不曉得是命，還是我父親一生的任務都已完成，我父親的話應驗了。一九八四年八月，也就是阿榮結婚三個月之後，我父親因鼻癌去世。這一切來得好快，從診出病因到病發，不過短短幾個月的時間。他這麼快就走了，我到現在仍然難以接受這個事實，我一想到他就覺得心痛。他這一輩子都在為全家而拚命工作，從來沒有好好享受過。說起來他在踏進墳墓前都在工作。他唯一的奢侈就是抽那種最便宜、現在村裡已經沒人要抽的香菸。他不喝酒，因為他覺得酒太貴了。他每一分錢都要攢下來留給我們。但是一等到我們的日子過得比較好，可以讓他過過清閒的日子時，他卻撒手走了。我真恨我自己，竟然不能在他在世時好好回報他。

「為了給父親下葬，我親自到村子南邊的山坡上選了一個能俯瞰全村的地點。我花了二百元買了最好的大理石來做他的墓碑，墓丘則用水泥和朱砂混合，使它變成紅色的。墓的背後我僱了工人做了一條溝，以免山坡的流水把墓沖壞了。這座墓在一九八四年九月完工時，是全村最醒目的大墓。喪葬的費用我們幾個兄弟按照本地習俗平均分攤。也許我父親在這時候去世是命，因為一個月之後，廈門地區頒發一道禁令，為防止農田減少，今後不得土葬。所以在一九八四年十月之後，村人就只能火葬死去的親人了。要是我父親晚兩個月死，我連好好埋葬他都不能了。」

我對葉書記提到的分家的事很感興趣，於是問他：「像你們兄弟分家的這種情形，在本地是不是很常見？」

「呃，」他想了一下才答道：「可以說是，也可以說不是。在本村，分家有好幾種做法，但是最常用的大概有兩種：第一種做法是，父母親在長子結婚，成立自己的小家庭後仍住在舊房子裡；父母支付了結婚的費用之後，把一間房間，或是房子的一部分劃給新婚夫婦。如果父母有積蓄，就給現金，不然的話，至少會給新婚夫婦一些家用品布置新居。他們分家的唯一象徵是新婚夫婦分開煮飯，不和父母及未成家的弟妹一起吃飯。次子結婚時，整個過程重演一遍；每個兒子結婚時情況都是一樣，一直到所有兒子都成立了自己的家庭單位為止。」

「第二種做法，是父親在兒子結婚後仍握有大部分的財產，由於結婚時已由家庭支出中支付部分費用，所以他們更容易談到分家這個問題。如果分家時還有沒有結婚的兒子，其他兄弟便會在分財產時給他較大的一份，或是講好在弟弟結婚時給他多少錢。在正式分家後，每個兒子都有了自己的家。」

「為什麼有些人選這種方式分家，有些人選那種方式分家呢？」我問道。

「要決定採用哪種方式，要考慮許多因素。」葉書記似乎已經把答案準備好了：「第一點，當然和父親的權威性有關。如果父親很強悍，所有的兒子都怕他，那麼做父親的可能會出於個人考慮，選一個最方便的做法。[1] 比如說，村子裡田雞吳是出了名的壞脾氣，他的兒子要是惹惱了他，他就撿起扁擔往他們頭上打。他的次子結婚時，他決定和結了婚的長子和次子分家——其實，比較像是把他們兩個踢出家門。之後，田雞吳夫婦和尚未結婚的三子和兩個女兒住在一起。

「分家時考慮的第二個因素是家庭的經濟狀況，如果家裡窮，可能連給兒子找對象都成問題，在這種情況之下，最好是全家住在一起，直到所有的兒子都結了婚為止。這種家庭的唯一希望，就是全家一起攢錢，希望有朝一日，能存到足夠的錢，讓所有的兒子都能順利成婚，擁有分家的能力。但有時這個策略並無法奏效，因為大兒子結婚之後，可能就想要自立門戶，他寧可分家，因為他覺得跟舊家一起沒有什麼希望。事實上，若要真正支持尚未成婚的弟弟的話，新婚夫婦的收入可能就所剩無幾了。在某一方面而言，長子婚後搬出家門，等於放棄他對父母、手足應負的責任。所以這種夫妻會被村人評為『不孝』。

「分家並不是讓手足之間、兩代之間斷絕關係。雖然他們各自成立獨立的家庭，但是仍有許多責任使大家結合在一起。第一就是要祭祖和善待父母，因為他們的生命是從祖先來的。每逢四月初的清明，便一齊去掃墓、祭祖。另外，在祖先的冥誕或是其他重要節慶，如春節或是中元普渡時，這些兒子也會一起準備供品祭祖。祭拜的場所多是在舊房子，或稱祖厝的客廳，因為祖先的牌位就是掛在這裡的。

「你一定知道我們政府非常反對祭祖。在土地改革的時候，宗祠和宗祠的田產都被充公。解放之後，葬禮和土葬也飽受政府出版品的批評。這股反對祖先崇拜的風潮在四清運動時達到高潮。當時工作隊的成員逐一搜索各個家庭，把所有他們認為是迷信的或是封建的東西通通揪出來。不用說也知道，在一九六〇年代和一九七〇年代，村裡根本沒有人祭拜祖先。一直要到一九七〇年代後期，三中全會召開後，村民才開始掃墓。

「既然所有的祖先牌位都在四清時毀得一乾二淨，村民便將祖先的名諱、出生和去世的時間寫在一張紅紙上，貼在祖厝的客廳的正中央，代替祖先的牌位。如果有祖先的相片，也可以拿來代替祖先牌位。每逢重要的節慶，所有的兒子都會帶著供品回到祖屋來，一同祭祖。做兒子的要在複製祖先牌位，放在自家客廳，或是自己的房舍之內，獨立奉祀之後，才算是完全擁有獨立家庭的地位。

「至於在世的祖先，亦即父母親或祖父母，依照本地的風俗，兒子應該奉養他們的餘生。在分家的時候，兒子會決定留一份適當的財產給父母親或祖父母，以及日後他們要給父母親或祖父母多少錢作為食物及其他支出之用。有時父母親決定要和某個兒子同住。此時其他的兒子便會講好，每月要給與父母親同住的兄弟多少錢供養父母親。父母親死時，喪葬費用由兒子平均分攤。我聽說泉州那邊有種風俗，讓父母每隔一定時間，輪流在每個兒子那裡住一陣子。例如說，月初這十天，父母親和大兒子同住；月中這十天，和次子同住；月底那十天，和三兒子同住。要是只有兩個兒子，就分別供養兩老：父親和長子同住，母親和次子同住，我們這裡沒有這種風俗。」

集體制的解體

「你父親患病，不久後去世的這段時間，不正好是農村的集體制解體的時候？」我記得大隊是在一九八四年五月或六月解體的。

「是的，」他答道：「但是這兩件事同時發生，實在是巧合。一九八四年五月初，我父親剛被診出患有鼻癌之後幾天，我們大隊就解體了。其實，一九七八年時，政府的農村政策改弦易轍之後，大隊集體制的解體似乎便無法避免了。但是我仍盡量抵制來自上級領導和部分村民的壓力，延後這個必然結果的到來。我有的是理由，不要讓這個集體制過早解體。一九八〇年初期，大隊在集體制之下運作得相當好。本大隊是這個地區十八個大隊中，個人平均所得最高的。如果這個方式做得好好的，就沒有理由喊停。再說，我希望年老的、弱勢的村民能夠得到保護。在集體制之下，我們可以很容易地用公家的基金來補助他們。要是集體制解體了，他們怎麼辦？

「連田雞吳的長子在內，有許多人都說我會拖緩大隊分裂的時間是因為我怕個人權力喪失了。真是放屁！今天，雖然大隊和生產隊的集體制解體了，我仍是村中權力最高的人。本大隊在一九八四年五月七日解體，我有什麼損失？什麼損失都沒有！還有人說，如果我們早一點將大隊解體，我們一定會更繁榮，比今天領先各個大隊更多。對這個論點我沒什麼好說的，因為我無力扭轉歷史。真正使我決定抵制各方壓力，延緩大隊解體時間的因素，是我個人的正義感。可惜的是，即使這個決定會立即影響大家的生活，村子裡卻沒有一個人瞭解正義的真諦，或是支持這個理想。農民都很短視，除了最直接、立即的個人利益之外，他們什麼也不懂。因為我的關係，本大隊是整個公社最後解體的大隊。到底我這樣決定是對是錯，只能留給歷史去公斷了。

「在一九七八年黨的十一屆三中全會中，將農村集體制解散的趨勢還不十分明顯。我們從報上得知，一九七九年的時候，四川和安徽幾個非常貧窮的地方開始試驗『生產責任制』。在當時，生產責任制只是指大隊或生產隊這類集體單位，和幾戶人家或單一一家簽訂合同生產定量的配額。這個制度的概念是，如果讓農民清楚地看到他們的收入多寡和工作有緊密的關係，他們就會更加努力地工作。但是在這個制度之下，生產工具，像是農地和工廠設備仍屬集體所有。生產工具的所有權為公有，是社會主義的標記。如果我們解散集體制放棄生產工具公有制，那我們就不算是社會主義者了。

「只要我們維持生產工具的所有權為公有，我便對生產責任制毫無異議。我一貫堅持的是，個人的所得多寡，應視其工作表現而定。以往共產主義這套制度會失敗，就是因為工作和報酬沒有直接的關聯。高層的黨幹部要是在生產計畫之中出了大紕漏，根本就不可能受到任何懲處。政府各個部門、機關，設計並推動許多完全不合實際的計畫，浪費的錢不曉得有幾千、幾百萬。結果怎麼樣？不怎麼樣。他們只是聳聳肩，說這樣子行不通，然後又再設計出錯誤百出的生產計畫來！

「一九八三年，黨派我代表廈門郊區參加福建省人民代表大會。我到福建省省會所在地福州去開會，討論如何使生產更有效率並避免省人民政府的浪費。我跟省發展計畫委員會一位姓鄭的人談了很久，他問我，為什麼我們大隊能在這麼短的時間內，將生產提高這麼多，他想知道省人民政府能從中學到什麼經驗。我說：『這很簡單。只要讓省屬企業相關幹部的薪水，從企業生產之中提撥一定比例來支付就可以。如果這個企業善用資金和設備並且有高額獲利，相關幹部的薪水就按照比例增加。反過來說，如果這個企業的獲利下降，相關幹部的薪水也照樣下降。人只有在清楚地看到自己有份的時候，才會努力工作。如果他們浪費公家的錢，個人又沒什麼損失，他們是一點也不會在意的！如果你能採納這個政策，從明天開始就在各個省營企業中實施，我敢保證浪費的情形馬上就會減少，而生產會迅速增加。』他對我的觀點很感興趣，還邀我同坐他那部由司機駕駛的車子繼續討論。

「一九八一年，政府開始在全國各地推動生產責任制。那時候，我們大隊已經開始做類似這個政策的試驗了。在本大隊的所有企業中，特別是沙磚廠，工人所得到的工分是按照他們每日生產多寡來計算的。他們做得愈多，收入就愈多。不過，我們並非照這個方式來計算每個人的收入，因為每個人的工作性質都不同。舉例而言，沙磚的生產過程需要七個工人通力合作。首先要兩個人，這兩人多指派男性，用推車將沙、石灰和煤屑運到磨碎機旁。磨碎機旁再派另一個男工按比例將原料鏟入磨碎機中。電動磨碎機會將這些原料磨成細粉，再由三個人使用氣壓錘將它打壓入正方形或長方形的模具中。這項工作適合由女性來擔任，因為男性常因粗心，在使用氣壓錘時會傷到手指；另外還要一個工人將這些磚運給另一組去曬乾，這也多半由女性擔任。

「這七個工人每天工資視其生產磚頭的數量而定。生產幾塊磚頭，就算幾塊磚頭，這樣大家都沒有閒話。但是這一組七人，每人的收入是一樣的。例如說，這樣的七人小組工作八小時，約可生產四千塊磚頭。每生產一千塊磚頭，可以得到五十七個工分，所以他們一天可賺到二百二十八個工分。平均下來，一人一天可得三十二個工分。每個工分值多少錢，每一年都不一樣。每一年年底，隊上會計算總收入和總支出，總收入減掉總支出後所得的淨益除以全隊所賺的工分。在較好年成，像是一九八四年，我們大隊裡一個工分值兩毛。沙磚工人要是一天能賺三十二個工分，換算現金便有六塊四毛人民幣，一個月下來可賺將近二百元人民幣，這對年輕人而言，可不是小數目！

「所以這七個工人，便算是工業生產中的集體工作小組。因為他們的工作性質一樣，所以人人所得相同。搬運沙、石灰和煤渣到機器旁，將磚頭運去曬乾，是最耗體力的工作，他們拿的錢不能少，因為他們要在烈日下工作。將原料鏟入機器的男工，和三個操作氣壓錘的女人不需要在烈日下工作，也不需要移動，所以比較不會那麼累。但是她們做的工作必須要準確才行，沒有技巧是做不來的。不管他們做的是哪樣工作，大家都得努力，因為其中一個人慢了下來，別人的工作會受到阻礙，如此一來全組的收入都會受到影響。他們也得顧到別人，因為除非大家通力合作，否則整個生產過程便無法順利完成。我相信這個系統不但有助於增加生產，也有助於維持集體制的精神。這個方法很成功，一直到今天，雖然集體制已經解體，但是工廠經理人員大多仍舊使用這個方法。

「一九八一年，我們大隊開始在農業生產時試用生產責任制。我們第一個試驗，叫作『聯產承包制』。每個小隊分為四或五組，每組有八到十戶。我們在編組時，考慮了各個家庭的親戚關係、地理位置、相處情形，和每組所需要的特殊技巧等等因素。所以『組』成為大隊之下實際負責農耕生產的單位，同時也是會計計算的最基本單位。將集體制的規模縮小之後，農民便較能連繫到工作和收穫之間的關係。

「無論是市區蔬菜公司的蔬菜生產配額，國家採購的豬肉生產配額，或是我們自己食用的穀類，大隊都會平均分配各生產隊來生產。為了完成配額，各組必須按照事先決定的工分及價格將產物賣給生產隊。舉例而言，小組每賣價值一元的蔬菜給廈門市蔬菜公司，便可得到四個工分。在一九八四年，四個工分換算現金為八毛人民幣；至於稻米，小組每生產價值一元稻米，便可得到六個工分。」

我注意聆聽葉書記解釋，發現這其中有些問題：「在一九八四年時，小組每生產價值一元的稻米，可以得到六個工分，但是六個工分相當於一塊兩毛錢呢！為什麼蔬菜生產和穀物生產有差別？」

「你能注意到這個差別？還不錯嘛！」葉書記讚許地說：「說得明白一點，大隊和生產隊是在用工業生產和蔬菜生產的利潤來補助穀物生產。這是因為穀物的市場價格被刻意壓低，所以需要補貼；政府一直緊控穀物價格，以人為的方式維持低估的公定價格。因為我們將部分土地與廈門市訂定合約生產蔬菜，所以我們可以用公定價格買到定額的白米。但是我們跟政府買的數量不足全大隊的消費，必須加上自己生產的稻米才夠吃。要是沒有補貼，大隊裡沒人願意生產稻米。反過來說，蔬菜生產的工分就少，因為它的產量多、價格高。

「如果一個小組生產的蔬菜、豬肉或是穀物比配額還多，便可以將這部分多餘的生產品賣給大隊或生產隊換取現金，再由出力的各家平分，或是將這些留著自用，或賣到自由市場去。另一方面，要是小組未能達成配額的生產目標，就必須以較高的代價將之購足。

「這個制度我們只試驗了一年便停止了，因為它相當地僵化。一九八一年那時候，政府催促農村幹部將農業生產反集體化，分散到以戶為單位為止，所以在次年，也就是一九八二年我們又開始試驗『口糧田制』，將生產隊以下的組全部取消。生產隊的農業勞動者仍依上級訂定的目標進行生產。無論稻田或蔬菜田，都要先犁過，蔬菜田仍由小隊的農業勞動者負責。這些人依其工作性質和在田間工作的天數，賺取工分。稻田就不同了，我們將它按照人口，分給隊上每一戶人家去耕作，照顧稻田的責任，完全落在指定家庭上。他們得從除草施肥一直忙到收成為止。家裡的人不在大隊的企業上班，或者不在生產隊上做農業勞動時，便去照顧指定的稻田。

「口糧田制維持了一年多一點。一九八三年，政府又極力催促農村實行『家庭承包責任制』：也就是讓各生產隊依各家參與農業生產的能力及意願來分配農田。生產隊首先決定當年預定生產數量，再將生產配額和相當的田地分配給個別家庭。例如，生產隊當年要上繳一萬公斤的豬肉生產配額，並且決定以一百畝（一公頃等於十五畝）的田地來完成這個生產目標。如果有一家庭願意接下配額的十分之一，也就是生產一千公斤的豬肉，這一家便和生產隊簽下合約，並且有權使用保留地的十分之一，也就是十畝的田地。這個生產隊或許也有十萬公斤的蔬菜生產配額，並將這個配額分為十份，每份分配十畝的田地。哪一家衡量自己有能力照顧這些田地，並完成生產目標的，就和生產隊簽下合約。生產隊會事先決定，完成生產目標的家庭可以獲得多少工分，至於繳交配額後所剩下來的產物，則聽任該戶自行處置。

「一九八三年和一九八四年初之間，政府的農業政策改變得很快。事情愈來愈明顯，政府想要走反集體化這條路。政府的最終目標，似乎是要完全將農業生產和銷售的機制交回給個別農家來控制。一九八三年底，便有謠言傳出，說政府想要廢止集體制。福建南部有幾個縣反應很快，馬上就採用『大包幹制』來配合這種說法。大包幹制是將所有的農田均分給集體制中的每一個人。如果大隊有一千個人，五百畝農田，每個人便可得到半畝田地。如果一家有八口人，便可以得到四畝。每一家都要和生產隊簽合約，以便得到五年或十年的使用權。同時合約也會註明，這一家每年應以政府的公定價格，賣給生產隊多少量的穀物、豬肉或是蔬菜。只要能繳足配額，其餘的農民種什麼，要怎麼種都可以。我認為這種制度，與其叫作『大包幹制』，不如叫作『分田單幹』更為適當。

「一九八四年初，大隊的第一生產隊沒有先和我商量，就採行了大包幹制。生產隊隊長將隊上的農田按照人口比例分配出去，連農具也分了。該小隊唯一保留不變的是沙磚廠。生產隊長說他會這樣做是因為公社的其他大隊多已將集體制解散了。他堅持說，這既然是國家政策趨勢，我們就應該跟進。我對他這種不顧後果的舉動感到非常憤怒。要是其他生產隊也照做怎麼辦？到最後我可能還是要解散大隊，但只要我還擋得住上級的壓力和村民的壓力，我寧可愈晚做愈好，這樣子我可以為全村人做出最合理的安排。我召集了第二、第三、第四和第五生產隊的隊長，警告他們沒有我的許可不要解散生產隊，時候一到我就會將整個大隊解散。

「那時候一般人預期改變的心理相當強。村裡暗藏著一觸即發的狂熱和莫名的焦慮，還有許多人正在算計。村裡有很多人，特別是能力差的人，還有寡婦，顯得憂心忡忡。我記得有天晚上有個寡婦帶著十歲的女兒來見我。她說在集體制之下，她和女兒都能賺取工分，維持生活。但要是大隊解散了怎麼辦？她家沒有男人，要是分得梯田，她也犁不動，她和女兒要怎麼活下去呀？她一邊說著，和女兒兩人就哭了起來。我能怎麼樣？我只能告訴她說，我會盡我的力量來保護像她這樣的人。很多村民來看我，請我保護他們，我都一律這樣告訴他們。

「一九八四年春天，情勢變得較為明朗。村裡一些和大隊企業及生產隊企業牽涉較深的人連成一氣，贊成解散大隊。其中包括了黨幹部，像是大隊隊長李德海，人稱雙頭蛇的那個，大隊的治保主任林其發，還有非黨籍人士，如五個生產隊的隊長。他們的動機很容易理解：由於他們長久以來便參與大隊和生產隊企業的活動，所以有足夠的經驗和關係由自己主持這些企業。要是他們完全擁有這些企業，賺的錢一定不只現在這樣。而大隊要是解散的話，他們更有機會把控制權拿在手裡。

「同時村裡的一般人也發現大隊解體之後會對他們的生活產生很大的衝擊。在集體制之下，他們或是家人會被分到企業裡上班，賺份好薪水；即使只做農田的工作，也有工業利潤的補貼。要是這些工業機構被少數人拿在手裡，也許新上任的經理寧可到內地去僱用便宜的勞工，把本村工人通通趕走也說不定。而且大家心裡明白，私人企業是不會補貼獲利少的農業的。那些主要仰賴務農維生的人家，日子一定會更難過，所以這些人強烈反對大隊解散。

「這段時期發生了一場有趣的事件。一九八四年四月初，正好有位廈門大學哲學系的周教授，帶著兩個學生到村裡來。他們的研究目標是設法以馬克思哲學來詮釋本大隊近年的經濟發展。但是村民不懂這些。他們以為周教授和他的學生是政府派來的工作隊，是為加速本大隊的解體而來。這三個人待在村裡的這段期間，反對大隊解體的人公開給他們難堪。那時候我承受上級和村裡某些人極大的壓力，而且又剛發現我父親患病的事情，所以我沒有給周教授的研究幫多少忙，也沒有設法排解村民的敵意。他們做完研究之後，我送了他們一人一條毛巾作為禮物。我想他們收拾行李離開，一路受村人咒罵時，可以用毛巾擦汗。

「我最後下決心要解散大隊，是在一九八四年四月底。當時國家環境保護局有一個參觀團到本村來視察。我花了整整一天陪這些婊子兒[2]四處參觀。我們大隊還出錢，請他們吃了一頓大餐。這個團要離開時，團長把大隊的幹部都叫來，好好地訓了一頓。這個婊子兒說我們成天只想賺錢，就沒有想到政府剛開始推行的政治運動，叫作『建設社會主義精神文明』。他說我們村子裡的環境糟透了。村裡的路都是泥土路，沒有鋪柏油，雞鴨到處跑，下水道沒有加蓋，公廁臭得要死。這不是住宅區應有的景象等等。

「我心裡氣極了。他以為我們是誰？有錢的華僑退休了來這裡蓋別墅養老嗎？當然，如果要消除空氣中的惡臭，我們以後就不要再養雞養豬了，而且以後不要再用糞便來做肥料。要解決公廁的問題，我們應該先花五萬元人民幣在村中設置自來水系統，再花五萬元幫村中每戶人家裝設抽水馬桶。你真的無法相信這些高層幹部笨到什麼程度。他們來就是要批評。他們要我們做這個做那個，但是我們去哪裡弄錢來滿足他們的要求？他們不但沒有提供我經濟援助，而且每回一來視察，就不知道要花掉大隊多少錢。我們請他們吃好的、喝好的，連菸都是特別準備的，他卻往我們百依百順的農民臉上賞一巴掌。那天我真的覺得我受夠了。我心裡說：『讓這個白癡去吃屎。我們大隊自有解決之道，我不要再做共產主義的看門狗了。』

「國家環境保護局這一團人走了之後，我便把大隊的幹部都召集起來，告訴他們說，我要他們在五月七日之前的這個星期之內將大隊解散。在這段期間內，各生產隊亦應解散。解散有幾個基本原則：各生產隊應依各隊人口，均分農田；農具則以拍賣的方式由農民購買。馱重的牲畜，主要是牛隻，要盡可能分配公平，使得每一戶都能利用牠們來犁田。當時隊上約有四十隻耕牛，平均分配於全村一千人之中，約每二十五人可以分配得到一頭牛。各隊的企業，主要是沙磚廠，應用競標的方式，誰出的價錢高，誰就可以簽下當年的合同。沙磚廠的租金則用來幫生產隊的的成員支付每畝五元人民幣的土地稅和社會福利支出，例如『五保戶』（對於窮苦人家，保證提供五項基本的需求：食物、衣服、住所、醫療及喪葬費用）的零用金。

「至於大隊的企業，則將在五月七日下午開會競標，租給開價最高的人。大隊企業的租金則用來支付大隊的開銷，例如大隊幹部的薪水、補助小學的款項、社會福利支出和醫療系統的花費。我堅持說，就算大隊集體制要解散，但是集體的醫療保健系統仍然應該維持。大隊仍應為村中的兒童購買預防性藥物，如疫苗，還有維護公共衛生，如定期清理村中飲用的水井。村民要看赤腳醫生，自己要付錢，但是他們若需要在市區住院就醫，大隊會負責交通費和八〇%的醫療費用。我認為為村民提供充分的教育和醫療資源是我們這些幹部應盡的責任。

「在大隊企業招標前的那個星期，全村簡直沸騰起來了。如我先前的預料，各生產隊的領導人控制了生產隊的企業，他們多非黨籍。另有少數黨幹部聯合起來，控制了獲利最高的企業，像是從一九七五年便開始擔任大隊長的雙頭蛇李德海，和從一九七八年便開始檐任治保主任的林其發，加上第三生產隊隊長侯桐，標得了全隊最大的企業：第五生產隊的沙磚廠。他們還跟第二生產隊的某人聯手，出價高過了第二生產隊的隊長，把該隊的沙磚廠標了下來。村中傳言說李德海、林其發和侯桐組成了個財團，想把大隊所有的企業都標下來。李德海和林其發在連續拿下兩座沙磚廠後，邀請我參加他們的集團。我婉拒了，並說我身為黨支部書記，不宜和一般村民競爭，獲取不公平的經濟利益。

「隨著五月七日這個日子愈來愈迫近，村中的政治氣氛也愈來愈緊張。傳言說雙頭蛇的三人財團決心要出比其他人更高的價錢，把大部分的大隊企業，包括沙磚廠、機械廠和電鋸廠都標下來。但是他們不想拿下營建隊，他們衡量村裡只有我的關係能夠調到建築原料，像這樣的企業標到了也做不起來。他們大概以為，只要把這個好處留給我，我就會讓他們標下其他所有的大隊企業作為回報。

「大隊裡有幾個幹部，像是婦女隊隊長洪靈麗，和從一九七八年就開始做大隊辦事員的林承瑞，都對此感到憂心。在集體制之下，他們除了拿大隊辦事處的微薄薪水之外，還可以用大隊企業的另一份錢來補貼。我准許他們兼任大隊企業的組長或是出納賺點外快。要是雙頭蛇的財團把大隊企業都拿在手裡的話，是絕對不可能再給他們這份薪水的。所以洪靈麗和林承瑞兩人一起來找我，要我阻止雙頭蛇集團的行動。另一個陷入困境的人是雷公林的同父異母弟弟——丁勇。丁勇以前是第二生產隊的隊長，而且有意標下該隊的沙磚廠。但是雙頭蛇的財團找了個第二隊的人做人頭，把這個廠標下來。丁勇十分喪氣，因為要是缺少沙磚廠這筆收入，他那新建的二層樓房便沒法繼續蓋了。丁勇也請我帶領反對雙頭蛇財團的勢力，不要讓他們壟斷村裡所有的企業。

「五月六日，鴉片洪和黑皮林這兩位前任的黨支部書記一起來找我。他們表示對大隊目前的亂象十分擔心，特別是雙頭蛇的財團。他們一旦壟斷村中的企業，將對其他村民造成大災難。這個投資集團透過名下的企業，等於扼緊了全村百姓的咽喉。他們說他們已得到消息，這個財團已經準備了八萬元人民幣要標下除了營建隊以外的所有大隊企業，他們催我立刻介入此事。他們說，如果我阻止不了雙頭蛇，那麼他們別無選擇，只好和雙頭蛇競標。當然，他們也準備要喊到八萬元人民幣的高價，不過他們自知這無異自殺，因為大隊企業一年根本賺不了那麼多錢，但是除了黨以外竟有人妄想統治這個村子，這種事怎能坐視不顧？

「那天晚上我翻來覆去，就是無法睡著。最後快到天亮的時候，我決定要介入。我到了丁勇家，叫他籌五千元人民幣作為次日競標之用，這筆錢將作為得標時的保證金。然後我便躲在丁勇家的閣樓中過夜。

「五月七日下午兩點鐘，我走進大隊會議室，丁勇陪在我身旁。會議室裡擠滿了人，大多是準備來看場好戲的。我走進去時，氣氛猶如火藥即將引爆一般。會議室中央擺了一張桌子，一邊坐的是雙頭蛇、林其發和幾個他們那邊的人，他們代表新財團。對桌坐的是鴉片洪、黑皮林和幾個在第一回合競標中失利的大隊幹部。桌子旁邊圍了一層又一層的人，焦慮地等待這場將會長久影響他們生活的招標。桌子的首位是空著的，不用說這是留給我的座位。我向那張椅子走過去的時候，聽到背後有個年輕人喃喃地說：『瞧他坐在金交椅（舊時皇帝坐的椅子）上的樣子，哼，今天是最後一次了。我們要是把大隊企業的控制權拿到手，看他還有什麼好張揚的！』

「我靜靜坐下來，給今天的招標致詞。我先解釋政府指示要實行生產責任制的意義。還有我們為了解散大隊，所採用的招標程序。接著我評論上一週競標生產隊企業的情形。我說我聽到許多傳言，說大隊裡形成好幾個陣營，要奪取權力。我警告說我們雖然解散了大隊，但這並不表示黨對鄉間的控制力量會減弱，政府不會坐視任何形式的無政府狀態。這些人最好收斂一點，不要做猴豬內鬥。『不管是猴是豬，』我提高聲音繼續說：『要是他們的舉動太過分，我們政府就會猴死殺猴，豬死宰豬。』我引用這句本地土話，本意是要表示我有多痛恨內鬥，但是他們顯然都想錯方向了。全部的人馬上靜了下來，連針掉在地上似乎都變得很大聲。他們聽到我講的殺猴殺豬的話，心中都起了三分畏懼。他們一定以為我特別選用這些字眼，當是另有所指。

「我宣布招標開始，並提出願以兩萬元人民幣的年費，承租除了營建隊以外的所有大隊企業。要是雙頭蛇加價的話，我也準備跟進。但是沒人敢動，十五分鐘過去了，沒有人敢講一句話。既然過了規定的十五分鐘競標時間，大隊辦事員林承瑞便宣布我得標了。說老實話，兩萬元人民幣是低估了。這些企業一年至少可以賺五萬元人民幣。扣掉兩萬元的承租金，我一年可以賺三萬元人民幣，我實在沒有料到事情會朝這個方向發展。招標結束後，人群紛紛離開會場。我付給大隊辦事員三千元人民幣作為保證金之後也離開了。後來我聽說營建隊租給吳明的長子，這人一開始便是做營建隊隊長的。

「我聽人說次日雙頭蛇和林其發兩人到公社辦事處去，控告我在演講時威脅村人。他們說我出言恐嚇，誰要是敢反對我，就把那個人像殺猴殺豬一樣地宰了。所以才沒人敢跟我競標。我得標的價錢根本就過於低估，這明明就是在貪汙嘛。

「公社的人要我在第二天前去解釋全部的情形。那時候我已經決定要怎樣運用這份合同了。我和丁勇、林承瑞和洪靈麗三位幹部討論之後，給了大隊前任和現任的幹部一人一股。例如鴉片洪和黑皮林，以及沒有拿到生產隊企業新合約的生產隊隊長。我的考慮是，我們應該照顧前任和現任的幹部，不要讓他們在集體制解體之後，變回一般的百姓。雙頭蛇發現這點之後，也央求我讓他入股。雖然他不夠格，我還是給他和林其發一人半股，讓他們也能從中獲利。我另外給我四弟半股，因為他的薪水比較少，總共加起來我集了十三股，這樣子不論前任或現任的大隊幹部都有一份。在一九八四年，每一股可以分得二千五百元人民幣的股利。

「除了分散股份之外，我還主動將大隊企業的簽約金提高一萬元人民幣，這樣大隊可以運用的錢會多一點。光靠一年兩萬元的租金，是不夠支付大隊開銷的。多付一萬元人民幣，是我至少可以貢獻大隊之處，同時也可以解決上述問題。

「五月九日，我到公社辦事處去報告本大隊解散的情形。我陳述我的演講內容，我所做的各項安排，以及這份契約的預估利益。當公社的領導人發現我並未將所有的好處占為己用，而且我的行為避免了大隊永久分裂為二的爆炸性局面時，他們稱讚我做得很好，對我的告訴便自動撤銷了。」

1 一家之主的性格會決定分家的過程，詳細情況請參閱盧蕙馨（Margery Wolf 1969）的著作。

2 婊子兒，即婊子的小孩，罵人之語。

第十章 農村幹部

葉書記聳聳肩，無奈地笑道：「農民根本不知感恩，他們老是希望你什麼事情都幫他們安排得好好的，但卻沒想過自己能夠爲大衆的利益貢獻什麼。」

我在林村時聽到許多關於政治運動的事。就我從村民口中得知的印象，政治運動不但包括群眾集會和鬥爭大會，而且往往為執行政策而衍生暴力。我再怎麼有想像力，也想不到我會在真實的生活中看到這一幕景象，至少沒想到會在住在林村的最後一個月目睹這類事件的發生。但是此時卻有個政治運動意外地降臨林村，從根本上改變了居民的生活方式和家庭結構。這段有關節育的插曲，雖不像村民口中舊時的政治運動那般殘暴，但是由於它的手法激進而強烈，仍使我大為震撼。

家庭計畫運動

一九八五年五月中，村中開始謠傳中央政府要實施新的家庭計畫運動。以後在農村地區，每家只能生一個孩子，而非現行政策規定的兩個。至於懷第二胎的婦女，則會被帶到醫院做墮胎手術。

這個謠言一經傳開，村裡的氣氛便緊繃了起來，尤其是那些懷第二胎的婦女特別緊張。虎仔的太太也不例外，因為她懷第二胎已經六個月，而且她頭胎生的是女兒。虎仔一直指望這胎生出個兒子來好傳宗接代。要是傳言屬實，虎仔就不會有兒子，自然他的香火就斷了。這是大多數的家庭最害怕的事。五月下旬時，虎仔變得暴躁易怒。他原是葉書記的好友，常在晚上去葉書記家聊天，但是這時他卻幾次為了微不足道的事情和葉書記吵起來。而葉書記的態度也大大轉變了，他盡量忍耐，避免和虎仔公開衝突。

我私下問葉書記，想弄清傳言到底是不是真的。但是他的口風格外地緊，有時乾脆當作他沒聽到我問的話一樣。不過，葉書記、治保主任林其發和婦女隊隊長洪靈麗三人常在村中祕密會商，並且到鎮上去開會，我想這謠言也非空穴來風。看起來他們是在籌劃新的政治運動，村民心懷憂慮，等待它的降臨。

五月底的某天傍晚，事情終於揭曉。林其發明確、堅定、絲毫不帶感情的聲音，一字一句地透過擴音器清楚地傳到每個人的耳中：「本村已收到上級指示，要改變現行的家庭計畫政策。從現在開始，每對夫婦只能生一個孩子。為了確保全村每一個人都能遵守這項政策，本村做了以下規定：第一，村民若是未經地方當局批准即自行結婚，要罰五百元人民幣。第二，村民若是未經上級許可而懷第二胎者，要罰八百元人民幣。這個非法出生的孩子不得登記在本村的戶籍紀錄之中，不能享有本村的醫療保險，也不能上村裡的小學。若是沒有登記在戶籍紀錄上，這個小孩便不能配給糧票。第三，村中所有已經生過頭胎的婦女必須於今天算起，一個星期之後的某天下午兩點到大隊辦公室來檢查。最後，不遵守這項政策的人不得參與本大隊的商務作業。」

這段聲明如同炸彈突然爆開一樣，破壞了天黑前尚未吃晚飯時，村中悠閒、寧靜的氣氛。雖然大家都知道這一刻遲早要來，但卻沒料到這個規定如此嚴厲，毫無轉圜餘地。那時我正和房東林其山坐在客廳中，廣播開始後，他便聚精會神地聆聽，聽完後他便跌入沉思之中。好一會之後，他才搖頭嘆氣說：「這真嚴，太嚴了，村裡大概沒人敢不照做的。」

「你是說因為這些罰款和規定嗎？」我問道。

「是，」他肯定道：「尤其是最後一條：哪一家不遵守規定，大隊辦事處就和他斷絕往來。說老實話，前面那三條規定對村裡的人沒什麼影響。要是花個八百元人民幣就可以生個兒子繼承香火，大家可能會搶著去繳錢呢！至於配給糧票的事情也沒多少人在乎。政府配給的東西愈來愈少了，現在農村地區，政府只配給米這一樣東西，而且很多人還篤定地說連這樣明年都會停辦呢！」

「但是為什麼村裡的人一聽到大隊辦事處要斷絕往來就這麼擔心呢？」

「這是因為村子裡的人大多已不是務農維生的。舉例來說，現在村裡至少有一百部手扶拖拉機，差不多每兩戶人家就有一部，有一部手扶拖拉機，一個月至少可以賺五百元人民幣。要買一部這樣的拖拉機，要花四千五百元人民幣，大多數人都是經由大隊辦事處向政府的土地銀行和農業信用合作社貸款。還有個例子，最近村裡有七個人籌了兩萬塊，設了一個重型機械廠，這些錢裡面有一半是向政府貸款的。要申請這種貸款，得要大隊辦事處許可蓋章，要是沒有這個章，任何金融機構都不會考慮你的貸款案。因此大隊辦事處掌控了村民的投資計畫。要是有哪一家甘於耕種承包地，賺取微薄收入，那麼就不用和村政府打交道，但是現在大家都覺得這樣子不夠。所以我才說大家礙於最後那個規定，一定會遵守這個政策。」

林其山這番解釋未能說服我，我決定去找葉書記問個明白。我走向他家的路上時，太陽已沒入地平線下，天空布滿深淺不一的紅霞。我到達時，發現他家正在上演一幕好戲。飯廳內光線昏暗，但可看出葉書記坐在藤椅上，仰頭望著天花板，好像在避開什麼。一位身著舊式藍色衫褲、白髮蒼蒼的老婦人跪在他身前，雙手合掌置於胸前，像在拜拜一樣，一邊念念有詞，但我聽不清楚她在說什麼。

葉書記發現我在場之後感到很窘，想把這位老婦遣退：「走開！走開！這是政府政策，跟我沒有關係。」

我走近之後，認出這位老婦人原來是虎仔的母親。她無視於我的存在，一味地堅持著：「求你讓我兒子再生一個！你和虎仔再怎麼說也是表兄弟啊，難道你忍心眼睜睜看他斷了香火？只要你這次饒過他，我情願下輩子給你做牛做馬！」

葉書記以絕望的眼神看了我一眼，對她說：「我有什麼辦法？我只能答應妳，我會盡量保住虎仔的孩子。不過我無法保證。但是要是妳現在不走，我會讓鎮辦事處的人直接找上妳媳婦！」

這句狠話立刻發生了效用。虎仔的母親馬上起身說道：「我現在就走。但別讓工作隊的人找上門來。你答應我要照顧虎仔的，對吧？」

「對！」葉書記不耐煩地揮手要她走開。

虎仔的母親離去後，葉書記臉上的肌肉放鬆下來，並示意要我坐下。我在對桌的位子坐下，說道：「原來謠傳會有新的節育政策，的確是真的！」

「是啊，」葉書記答道：「但是事前我什麼都不能說，以免引起村人不必要的恐慌。」

「你覺得村民的反應會如何？」林其山曾說經濟制裁是最有效的武器，我想把話題轉到這邊來，測試一下這個觀點的正確性。

「我老實告訴你吧，全村的人都恨死了。」葉書記毫不遲疑地答道。接著他充滿信心地預測說：「但是他們都會照做的。」

「你怎麼這麼肯定呢？」我堅持道。

「有兩個理由，」葉書記似乎早已料到我會這樣問他，謹慎地答道：「首先，我們已經不是第一次實施節育政策了。第一次總是最困難的，就像你第一次把牛軛放在牛身上一樣，牛會又衝又撞地抗拒，不肯就範。但只要牛接受了軛之後，你要拉得多緊，甚至緊到牛會窒息而死都沒關係。農民就像牛一樣，一旦他認為事情無法避免而加以接受之後，你就可以把開口束得一次比一次緊。他們一開始會抱怨，但後來便會向現實屈服。第二個理由是，我相信村裡沒人敢跟這個政策唱反調，因為我們已經宣布要是誰不遵守，大隊辦事處就不跟他往來。現在大家最關心的就是私人投資的事業，要是沒有村政府的批准，沒有一家能跟政府的銀行或是信用合作社借到錢。」

所以林其山的說法到底是對了，我心裡這樣想。我也覺得葉書記把實施節育政策比喻為給牛上軛的這個觀點非常有趣。「林村第一次實施節育政策是什麼時候？」我問道。

「是在一九七〇年代初期開始的。[1]一九七四年，政府開始在鄉村提倡一家只能生三個小孩的政策，毫無疑問的，那次是最困難的一次。村民頑強地抗拒這項政策，不只農民反對，連許多農村幹部也反對。每隔一段時間，公社就會派工作隊來強制執行這項政策，要是發現正在懷第四胎的婦女，就把她拖到公社的醫院去墮胎。女人生了第三胎之後就要裝設子宮環（IUD，子宮內避孕器）或做結紮手術。自願做結紮手術的女性可以得到現金或是禮物作為獎勵。黨的幹部若是不肯遵守或拒絕實行這項政策的馬上就被免職。一旦農民發現政府決心貫徹這項政策，便憤憤不平地接受了。

「一對夫妻生三個孩子的政策維持了差不多三年，直到一九七七年為止。之後，政府便把孩子的數目減為兩個。當時的政策不但要求每家只能生兩個孩子，而且兩個孩子之間要差三歲以上。村裡的人還是頑強地抗拒這個新政策，這是我服公職以來所碰過最棘手的事情。由於政策的要求，婦女生下頭胎之後必須到公社的醫院去裝置子宮環，兩年之後才能取出，準備第二次懷孕。如果婦女在這兩年間受孕，便得接受墮胎手術。如果這一家人不顧一切，太早將孩子生下來，便必須繳納罰金，每早生一個月要繳十塊人民幣。那個時候大家都窮，一個月十塊人民幣算是很重的罰款。」

「生下第二胎的婦女會怎麼樣？」我問道。

「婦女產下第二胎之後四個月，會被帶到公社的醫院做結紮手術。這樣做比裝子宮環可靠得多了，因為子宮環並非百分之百有效，而且要取出也不太難，所以生完第二胎之後就送去動手術。到了一九八二年，政策又宣布將兩個孩子之間的差距延長為四年。這時村民抱怨得很厲害，但不再像以前那樣頑強抵抗了。他們大概覺得自己無能為力，只好接受這個新規定了。這個一家生兩個孩子的政策一直延續到現在，又改為一家只能生一個小孩。」

「那麼，到底制定政策的是誰呢？是不是中央政府制定全國統一的政策，還是各個地方自己制定政策？我多少有種感覺林村採行的這項罰則是地方政府制定的。」我想把話題引到這個方面來。

「跟平常一樣，你講的可以算對，也可以算不對。」葉書記用種帶著揶揄的語氣說道：「中央政府只會制定節育政策的大方向。例如說，中央政府將次年的生育率預定為十一％；然後要求地方政府達成這個目標。省級的單位接到指標之後，算出次年全省有多少出生的名額，再把這個目標交給全省各單位去執行。以福建省而言，現在省政府要求每戶農家只能生一個孩子。但在某些情況之下允許有例外。例如說，在人均耕地超過五十畝的地區，就可以生第二個小孩。但是符合這種條件的只有福建西部的幾個縣分，因為那些地方多山，人口少。還有一種情況是，礦工家庭可以有兩個孩子，因為礦工因意外事故而死亡的非常多，生育率提高一點才能補足開礦所需的勞工數目。第三種情況是，如果夫妻皆為獨子，則不受這個新規定的約束，他們可以生兩個孩子，這樣一來可使兩家都有孩子可以繼承。就算連生兩個女兒，至少可以讓其中一個招贅以便延續香火。像這些特別的細部規定，都由省府基於實際考慮而制定。

「省府訂下這些規定之後，接下來便要由縣市和鎮、村級的單位去達成目標了。拿我們村裡來說，大隊可以自己決定用哪種方法推行政策最有效。村人最關心的就是投資的問題，所以我們威脅若有人不遵從的就切斷他的商業關係。但是如果是在貧窮、商業活動少的村子裡，這一套就不管用了。所以各個鄉鎮要自行研擬策略以便達成目標。」

據我記憶所及，城市居民早已採行一胎化政策，而且似乎這個政策推動時並未像在鄉間一樣遭受重重阻力。於是我問道：「城市居民不是早就採取一胎化的政策了，為什麼城市居民這麼快就接受了呢？」

「各個城市是在一九七九年採行一胎化政策的，」葉書記搔著頭說道，似乎正在尋找適當的答案：「城市居民容易接受一胎化的政策，有其實際上的原因。首先，城市人的生活空間不足。例如廈門市民平均每人居住面積只有兩平方米，那真是擠得不得了。再說，城市居民都在政府機構或企業中上班，退休了以後，領到的退休金相當於平常薪水的七成到八成，所以老年人不必靠孩子來養老。

「但是鄉下的情形完全不同。我們的居住空間不受限制，村裡的平均每人居住面積是二十平方米。換作城市裡的話，一家都住不到這樣大的地方呢。再說，我們種田的人靠的是勞力，老了以後可沒有地方領退休金。要是沒有生兒子，誰來養我們呀？我們農民對女人和女孩子都沒有偏見，但是事實擺在眼前，女兒長大之後就嫁到別人家去了。至少要生個兒子，家裡才能留住人。

「換句話說，除非政府能實施農民退休金制度，否則在此之前，我認為政府應該准許農民家庭生兩個孩子。即使生的兩個都是女孩子，也可以嫁掉一個，留在家的這個女孩，就讓她和有兄弟的人結婚，一起住進家裡來。這樣才能解決老人扶養的問題。」

「林村如何實行家庭計畫的政策？」我稍微偏轉一下話題：「到底實際執行的人是誰？」

「我通常是不管這些節育政策的，」葉書記點了一根菸，繼續說道：「我讓婦女隊隊長洪靈麗去解決相關的問題。她手裡有全村每一個女人的紀錄，包括她生過幾個孩子、裝置子宮環的時間、有沒有做結紮手術等等。因為洪靈麗管的是全村家庭計畫的事，所以如果有男性願意做輸精管結紮手術的，也由她負責。洪靈麗陪著村裡的男人到公社的醫院做輸精管結紮手術時，往往會發生令人好笑的場面。有時候護士或醫生剛來不久，不知道這是洪靈麗職責所在，會一直問她：『妳跟這個男人是什麼關係？妳是不是他太太？如果妳跟他沒什麼關係為什麼會陪他一起來？』她常常被這些問題問得下不了臺。村子裡只有七個男人做輸精管結紮手術，因為一般人認為這種手術會導致性無能，所以願意做的人很少。這七個人裡面，有的是忠實的黨幹部，為了響應政府的政策而以身作則。不然就是因為太太身體虛弱，無法做輸卵管結紮手術，所以才由丈夫去做結紮手術。村裡的人認為在體內動刀，會使人的『氣』減少，所以對人的身體不好。這是村民憎恨節育政策的另一個原因。」

「但是政府為什麼不推廣避孕藥或保險套，這樣就不會對人體造成傷害？」我想知道有無其他可能的做法。

「政府根本不相信農民會主動採用避孕的裝置，」葉書記回答：「這就像叫狼去看羊一樣。農民想盡辦法，就是要多生一個。就算裝了子宮環，還可能會找一個沒有執照的產婆，把它拿出來。我聽說這一帶有個產婆，定期到我們村裡來幫人取出子宮環，每次收十元人民幣。所以我們隊上每隔一段時間就要把所有的婦女集合起來，檢查她們的子宮環是否仍在原位。當然做輸卵管結紮手術是最一勞永逸的做法，但因為實際的考量，政府並未大力推廣。在政府的規定之內，婦女可以產足允許生育的孩子數目，但若其中一個夭折，她可以再生一個。但是輸卵管一經結紮便很難復原，所以婦女就難以再度受孕。」

這時已經相當晚了，我向葉書記道別，回到我的住處去。

政策的施行

村中宣布實施一胎化的政策之後，接下來這個星期，村民之間流傳著其他村子實行這個政策之後，所發生的種種可怕的下場。例如，我聽說在六月初，鎮上派了四、五個幹部作為工作隊，開著一輛小貨車到了洪山大隊。一聽到工作隊要來，就有幾個懷了孕的婦女聞風而逃。她們大多躲回位於其他縣分的娘家去了，還有幾家把懷孕的婦女藏在床底下，大門鎖起來，裝作沒人在家的樣子。

可是工作隊照樣破門而入。要是在裡面找到了婦女，便帶出去做懷孕測試。要是測試結果是陽性反應，就送到公社的醫院做墮胎手術。要是整家都逃得一個也不剩，工作隊便取走家中值錢的用品，像是電視機、縫紉機或是腳踏車，帶回鎮上的總部。然後再放話給屋主，如果這家的人未能於三日內親自到鎮上去領回這些東西，便將東西充公。要是這家窮得沒有什麼值錢的東西可拿，就卸下他們家的門窗作為擔保品。

這個負責家庭計畫的工作隊預定在六月六日到林村來。到了這一天，村中的氣氛異常地沉靜。大家都停下手邊的工作，焦急地等待命運的宣判。早上九點鐘，一輛亮晶晶的藍色小貨車抵達林村，停在大隊辦事處前面，裡面載的是副鎮長和另外三個鎮辦事處的幹部，這便是令人聞風喪膽的工作隊。葉書記和大隊的幹部在辦公室中迎接他們之後，立刻關起門來，整整開了一個早上的會。

午餐由田雞吳準備，可見得飯錢是隊上出的。我也受邀共進午餐，並被安排坐在何姓的副鎮長身旁。進餐時我和副鎮長談起這次的運動，他說，整個鎮（即先前的公社）有十八個村（即先前的大隊），在這次的運動中，將它分為五個區域，由鎮辦事處的五位副鎮長每人帶領三、四位幹部，各自負責一個區域。何副鎮長的區域包括洪山村、林村、泥窟村和山頂村。他確實在洪山村遇到不少困難。有時候，他的隊員要爬過好幾道牆，才能進到屋子裡去。是的，謠言沒有說錯，往往裡面就藏著懷孕的婦女。要是整家都逃走的，就帶走他家的值錢之物或卸下門板來。他開玩笑地說，要是我現在造訪鎮辦事處的倉庫，一定會找到一大堆電視和門板。他們花了六天，才完成在洪山村的工作。

「但是，」何副鎮長自信滿滿地說：「我想我們在本村不會遇到什麼困難。葉書記很能幹，村民都服從他的領導。」

這時已過一點半了，外面聚集了許多村民。葉書記叫洪靈麗去檢查外面的人，看看生過一個孩子但是還沒結紮的婦女是否都到齊了。何副鎮長對我眨眨眼睛，好像在提醒我他的預測並沒有錯。

工作隊將婦女分成兩組，用小貨車將她們載往江頭鎮的醫院檢查。第二組的女人離開之後，我看見虎仔的母親從圍觀的人群中鑽出來，筆直地朝葉書記走過去。她用手指著葉書記叫道：「你說過你要盡量照顧我媳婦的，但是她現在怎麼被送到鎮上的醫院去了？你這個狗雜種！你要受天打雷劈的！」

葉書記臉都青了，但是他沒有答腔。接著他轉向我，表示他要隨著工作隊一起去江頭鎮，以便在回程繼續討論。我知道沒有受邀同行之後，便告別回到我住處去。

當天傍晚，我從村民口中得到一些片段的消息，得知被帶到醫院去的婦女之中，有幾個人被迫墮胎，但除此之外，一切看來還算順利。工作隊當晚便完成了工作，回到了江頭。

葉書記的分析

次日早上我到葉書記家，想知道他如何和何副鎮長交涉，以及這個運動會這樣成功的原因。他似乎正在等我，並主動向我致歉：「抱歉，我昨天不能讓你一起去開會。你大概知道最近美國政府在聯合國提了個案子，攻擊我國的家庭計畫政策；既然你是美國來的，鎮辦事處的人特別指示不得讓你參加這個運動。」

「我並不想參加，」我在撒謊，心中明知我做不了主：「只要你能告訴我這一切經過，我就滿足了。」

「那有什麼問題，」葉書記欣然道：「你儘管問好了。」

「你和工作隊的人在會談中做了什麼安排？」我問道：「你們怎麼決定誰應該墮胎呢？」

「這個問題很複雜。」葉書記慢慢說道：「上週宣布這個新政策的時候，村裡有幾個女人是完全遵照舊規定來懷第二胎。這兩胎之間相差四年，所以照舊規定來說，這些人是合法的。這種例子應該加以讚揚，否則我會名譽掃地。還有幾個人也是懷第二胎，卻等得不夠久，兩胎之間差不到四年。這些按照舊規定來說是非法懷孕的人，就要分開來處理。

「我們閉門討論時，首先向工作隊澄清我們的立場。我們知道一九八五年鎮上的人口成長率目標是十一%，本村人口略超過一千人，也就是說我們今年出生的嬰兒數不得多於十一名；

還有，本村的平均每年死亡人數是十人，所以本村在一九八五年可有二十一名嬰兒出生的名額。所以，二十一個名額就是今年出生嬰兒數目的上限。若是今年出生的嬰兒多於此數，本村會被罰五千元人民幣的罰金。

「這個原則一經決定，我們就開始談個案。一九八五年初，有十對夫妻結婚，所以我們得保留十個出生的名額給他們。另外有五位婦女完全符合舊時的規定懷第二胎，於是我們再從中扣五個名額給他們。這一來，一九八五年之中，只剩下六個出生名額。我們檢查出有十一位不應懷孕但是又懷了孕的婦女，我們必須從這些非法懷孕的婦女中挑選五名做墮胎手術以便符合配額的要求。

「除了這十一名非法懷孕的婦女，另外還有十六名裝設子宮環，所以不應該會懷孕的婦女。我把這二十七名通通交給工作隊，帶到公社的醫院去做檢查。我們要用這六個出生名額，把受孕六個月以上的嬰兒留下來。我和他們論理，說讓懷孕六個月以上的婦女接受墮胎手術，實在太危險。若是我們因此超過限額，大隊願意付五千元人民幣的罰金。以後大隊再回過頭來向這些未經授權就懷孕的婦女科以罰金。至於懷孕五個月以下的婦女，則一律要做墮胎手術。」

「那麼虎仔的太太算哪一種？」我問道。

「她算是非法懷孕的，因為她女兒才兩歲，但是她懷孕絕對超過六個月了；我想這是我唯一能救她的辦法。工作隊同意照我的提議來做，並把所有的婦女都帶到醫院去。在這十一位非法懷孕的婦女中，有十位懷孕超過六個月，除了一位姓馬的婦女，她只懷孕五個月，所以必須墮胎。在十六名裝置了子宮環的婦女中，有六名懷了孕，便立刻動了手術。另有五名自行取出了子宮環，醫院再幫她們裝上。到最後我們比今年的配額超過四名，所以我們得付五千元人民幣的罰金給鎮辦事處。但是我們保住了嬰兒，我覺得這算是很大的成就了。」

「這些女人都願意接受墮胎手術嗎？」我問道。

「多多少少，」葉書記答道：「我唯一碰到的麻煩是那個姓馬的女人。她懷有五個月的身孕，必須做墮胎手術，但是她不肯進手術室。她一直說我跟她有仇，才把她挑出來報復。不然為什麼原來有十一個人要做墮胎手術，最後只剩下她一人要做？一定是因為她是外地來的，大隊幹部老是找外地人下手，她一直這樣嚷個不停。

「她這樣講，我很不高興。我叫治保主任林其發傳話給這個姓馬的女人，說：『葉書記說要是妳不喜歡在醫院動手術，等到妳回村裡他會給妳特別治療。他會叫民兵營長把妳拖到大隊辦事處，要往妳肚子上的那一點踢下去，妳就會流產，他可清楚得很！』這番話果然奏效，我聽說這個姓馬的女人後來乖乖地進了手術房。她動了手術之後，我叫洪靈麗從公款裡拿六十元人民幣給她買點營養的來吃，再加上一兩的人參給她補補身子。結果呢？這妹子一點都不領情，她昨天晚上叫她丈夫去鎮辦事處控告我恐嚇，說我要把她踢到流產。公社的幹部知道我是在裝模作樣，所以沒有理會。」

我們一邊講著，此時虎仔的母親走進葉書記的庭院中。她的臉上笑得很開心，但是卻一副欲言又止的樣子。她對葉書記道歉道：「請你原諒我昨天下午跟你說的那些話，我不是那個意思。我知道你是為我家虎仔好，我會到廟裡燒香拜佛，保佑你平安順利！」

「不用放在心上！」葉書記不耐煩地揮手叫她回去：「只要你不要在人前人後說我的壞話，我就很滿意了。」

「我不敢再那樣了。」這位老婦人囁嚅地說完，像來時一般迅速地離去了。

扮演媒介的角色

我被這一幕逗笑了，半開玩笑地問葉書記：「你是不是常常碰到這種場面？我還以為你是村裡的統治者呢！虎仔的母親在公開場合數落你的時候，簡直是一點保留也沒有！」

「碰到這種情況，我能怎麼辦？」葉書記聳聳肩，無力地笑了一笑。「農民根本不知感恩。他們老是希望你什麼事情都幫他們安排得好好的，但他們從沒想過他們自己能夠為大眾的利益貢獻什麼心力。說起來虎仔的母親比起一般的村民來，還算是好的。至少她知道她的態度不對，還向我道歉。村民大多是先往你臉上吐口水，等到你幫他們把事情辦好之後，他們就忘得一乾二淨了。」

「如果這樣，那麼做地方幹部到底有什麼回饋？」我想問問他的意見。

「哦，我也常常在問我自己這個問題，」葉書記答道：「做村裡的黨支部書記，可不是件容易的工作，經常要面對各方壓力，調解各方利益，一不小心就會顧此失彼。一方面，我們還得按照上級的指示，做這個做那個；我們要是不照做，黨就認為我們在跟上級的幹部唱反調。這一來就嚴重了，黨有的是辦法整死那些蔑視黨紀的人。但在另一方面，在執行黨的指示時，難免招致村人不滿，尤其像是節育政策這些惹人厭的運動，更使人心生怨恨，而過後我們還得和他們生活在一起過下半輩子。村民的抗拒使我的工作倍加困難。

「我覺得我夾在政府和農民之間，哪一邊也不偏袒。在政府的眼裡，我們這些農村幹部是很可疑的。我們這些村級的幹部，對於政策的成敗要負無上的責任；同時，政府又認為我們太容易和親族地方勢力結合，所以一定是貪汙腐化的。村民對我們的看法也一樣的矛盾。一方面他們認為我們應該代表他們和政府溝通，特別是政府要強制實行惹人厭的政策時，我們應該是將人民的看法和感受傳達給上級的管道；要是他們不願接受政府的政策，我們便應該挺身而出，代表他們抗拒這個政策。但是農民也同時相信我們遲早會背叛他們，站在政府那一邊，因為我們的權力是政府給的，不管我們做什麼，都會被批評得體無完膚。基於過去的經驗，我做事的原則是盡量保障村民的利益，在推行政策的時候，盡量不要走上極端。我父親總是說，持中而行是最安全的。我們這些農村幹部每天不論做任何事情都得小心地保持中庸才行。

「就拿種田為例好了，一九八四年五月的時候，我們大隊解散了。那時村中人口略微超過一千人，農田有七百畝。解散之後，每人大概可以領到〇．七畝田。我家裡有我和寶珠，加上三個孩子，一共是五個人，所以領到了三畝半的田地作為承包地。雖然我一開始不太在乎收成如何，但是我非得耕作這塊土地不可，因為這是我的職責之一。但是我一開始耕作就發現我兩面都很難做人。要是我耕作得不好，收成比村裡的平均還少，那別的人就有理由指著我說：『瞧這狗雜種，他會種什麼田？他當然不會種田了！過去幾年，黨支部書記都是靠我們貧農的血汗在過日子，他當然不知道怎麼種田了！』要是我賣力地做，有好的收成，村民仍然有話說：『當然囉！做黨支部書記的收成怎麼會不好呢？他有的是關係，弄得到額外的化肥和殺蟲劑來撒在他的田裡。』你看，你要是去做，人家會把你講得一無是處。要是不做，情況還是一樣！這就是做農村幹部常會遇到的兩難問題。所以，我在耕作時小心地保持中庸，以便讓收成接近村中的平均值。」

「身為一個公眾人物，難免動輒得咎，每個政治體系和政治人物都會遇到這個問題。」我勸道：「但是你仍有很大的權力，可以影響村民的生活。他們會不會因而覺得有必要和你維持良好關係？」

「當然有的人會這樣做。但是有的人是在你推行政策的時候支持你，到後來卻要你用非法手段讓他們得到利益，這之間得小心拿捏清楚才行。作為本村最高的領導幹部，我一直謹慎地保持行事廉明。舉例而言，最近一九八五年二月的農曆過年時，田雞吳的兒子吳宏恩送了我一罐餅乾。我打開一看，發現裡面有個紅包，裝了一千元人民幣。我馬上請他過來，把錢還給他。不是我不愛錢。我的孩子一直想要一部彩色電視，要是有這筆錢，我們就可以買來看了。但是我拿了錢之後會怎麼樣？下次吳宏恩要是有錯失，我就不能糾正他了嘛。若不是要收買我，他幹嘛要給我錢？你收下不屬於自己的東西，以後就得用更有價值的東西還給人家。

「村裡有不少人送我禮物，特別是進口香菸，友誼牌的。他們要是送我，我就照目前的市價付給他們錢。我會告訴他們說，這些菸我很喜歡，謝謝他們花工夫幫我買，不過因為我不知道他們花了多少錢，所以就照市價來算。

「一個月前，大隊營建隊的工頭帶著一套手提音響來看我。他說這個可以先借給我聽，要是我中意再買下，他算我三百元人民幣。你知道這種音響在廈門的友誼商店賣多少錢嗎？至少要一千元人民幣！這傢伙很狡猾，他知道我不收賄賂，所以他這樣做不叫行賄，只是在賣我東西，算個特別優待罷了。我跟他說我不聽音樂，這個音響我用不著。接著他又提了：『那麼摩托車怎麼樣？騎過三年的二手山葉機車，一百C.C.的，算你一千元人民幣？』說真的，我實在心動，我本來就想買部山葉機車，已經想了好久。最近也流行一句順口溜，講的是黨幹部：『有權不用，逾期作廢。』但我又想起我父親的話，教我不該拿的就不要拿；再說，我最痛恨貪心的人，我自己又怎麼可以變成我痛恨的人呢？

「大隊的政權是大隊黨支部書記一把抓。如果要貪汙的話，不但機會很多，而且不容易被人發現。像我在一九八三年分家之後，打算搬出和三個弟弟合住的二層樓房，蓋棟自己的房子。石板、水泥磚頭和鋼筋都是向朋友買的，價錢很合理；大隊營建隊裡有幾個人自願幫我做工，不過我回絕了，另外僱了惠安縣來的外地工人來做，這樣才能盡量避免貪汙的嫌疑。我只從大隊的營建隊僱了木工來做屋頂和窗戶。這些人一開始都不肯收我的錢，但我堅持要給。之後他們報了個比一般還低的價格，於是我按這個數目給錢並且說，我領這個情是因為我們認識很久了，但是以後我站在黨支部書記的立場上，可不欠他們什麼人情。我要他們每個人給我一張收據作為紀錄之用，這樣才不會因為他們幫我做事，而在日後產生不必要的糾葛。一九八五年初，我的房子落成了，只花了一萬五千元人民幣，比一般村人的房子便宜多了。」

我反覆想著葉書記的話，問道：「你的意思是說，你不貪汙，並非因為有監督的機制，而是因為你的良心不准許？你的上級主管呢？鎮人民政府的官員難道不會監督你的工作嗎？」

「理論上來說是會的，」葉書記簡潔地說道：「不過事實上，大隊幹部只要好好執行上級交代的指令，在其他地方他是很有自主權的。村級幹部都是黨員，要是村民一狀告到鎮人民政府去，那裡的幹部會聽誰的？當然是聽農村幹部的。鎮人民政府的幹部和農村幹部都是黨員，對黨的忠誠度要高過公職的責任。所以地方幹部可以為所欲為。說老實話這個鎮的十八個大隊黨支部書記大部分都貪汙腐敗，利用公權，將公款盜為己用。在集體制解散時，許多大隊幹部都趁此大撈一筆，這類人物之中，最廣為人知的就是何厝大隊的黨支部書記——黃金城。我估計現在黃金城名下的錢起碼超過五十萬。這件事很有趣，同時也暴露出我們政治體制的基本問題。

「黃金城是在文革時期當上黨支部書記的。何厝村隔海與國民黨軍隊占據的小金門島相望。由於它位於前線，所以直接由軍隊管轄。黃金城和軍方的關係非常好，一九六八年，駐軍司令推薦他為大隊隊長。一九七〇年代末期，他被升為黨支部書記。因為他背後有軍方給他做靠山，所以鎮人民政府的人沒有人敢糾舉他的不當行為。要是你看見這個小混帳，大概難以相信他有這樣邪惡。他又矮又笨，而且不識字，十足是個鄉下白癡，但卻裝作一副大權在握，無所不知的樣子。他隨身帶著手槍，好像要藉此顯示自己的重要性。不管是在他隊上或是公社辦公室只要和人一言不合，他就拔出手槍，往對手面前一放，說：『你想對我怎麼樣？你以為你比我強嗎？亮出你的傢伙來！』這一招用來嚇人非常有效。

「我再跟你講幾個黃金城貪汙的故事。何厝大村有個漁撈隊，在沿岸捕魚。只要漁船一靠岸，黃金城就叫他的手下去檢查，把最好的，像是牡蠣或是螃蟹挑出來給黃金城的家人享用。不過這要是跟他吞沒的大隊基金一比，就微不足道了。幾年前，黃金城要隊上買了三部解放軍的卡車，用的是公款。但其中兩部卻以極低的代價租給黃金城的兒子。他那兩個兒子靠著這兩部卡車，一年賺的錢不下一萬元人民幣。這兩個兒子到了該娶親的年紀時，黃金城叫手下去把隊上最漂亮的女孩找出來。人選一經決定，他就叫人去女孩子的家中提親。這個來傳話的人就對女孩子的父母說道：『黃金城要你們的女兒嫁給他兒子。要是能結成這件婚事，你們的女兒就可以調成輕鬆的辦事員的工作，再也不必下田了。』黃金城說到做到，他的大媳婦被派到大隊的紡織廠做出納，二媳婦在大隊辦事處上班。

「黃金城最膽大妄為的舉動，大概要算是政府徵收何厝土地的那一次。當時政府付了二十萬元的土地徵收費，黃金城都悶聲不響地吞下去了。這件事跟我們隊上也有關係。那片土地在一九七〇年代初期被徵收時，本大隊派了一個工作隊去幫忙做建築工事，後來一毛錢也沒有拿到，政府給了賠償金之後，本來應該發給我們大隊一份才對。

「何厝大隊於一九八三年解散之後，黃金城便投資村中的紡織廠。你知道他怎麼找工人嗎？他命令村中的小學教師，讓學生輪流到他的廠裡『義務勞動』。老師雖然會抱怨，但是沒人敢不照他的話做。有一個前任的地區黨委副書記，姓潘，聽說黃金城在何厝濫用權力的種種情形之後非常生氣，發誓要革掉黃金城的職位。這個姓潘的黨委副書記還說，要是他不能把黃金城從何厝的大隊黨支部書記的位子上拉下來，他就辭去黨委副書記的職位。在地方上，這個行政單位比大隊高了兩級，所以你大概以為黃金城會因此丟掉官位。但是這次不是這樣，這個姓潘的人一把黃金城的案子提出來，就馬上被調到泉州的工廠去了。

「在某些程度上，我覺得黃金城的作為比解放前的軍閥更糟糕。黃金城的權勢為什麼能夠一直維持？當然，軍方的支持非常重要，連廈門市黨委書記都不敢和駐軍司令作對。除此之外，黃金城很懂得保護他自己。例如，一九八五年四月，福建省人民代表大會於福州召開的時候，黃金城把他們隊上捕獲的最上好的牡蠣，用專車送到福州給這些代表吃。當然黃金城不會說這是他送的，他會說他是代表何厝的居民獻上牡蠣，祝大會開會成功。有句俗話說：『吃人嘴軟，拿人手短。』吃了黃金城送的上好牡蠣之後，省代表和幹部怎麼能再糾正他的不是呢？不管哪個政府幹部或新聞記者到何厝來訪問，他都用最好的菜色和酒來招待。雖然花的是大隊的錢，但是大家都會記得這是他給的好處。所以像黃金城這種腐敗的地方幹部才能在位這麼久。」

「你的意思是說一般而言黨支部書記在他的管轄區內，權力不受節制。」我評道：「如果幹部沒有良心又不廉明，要濫用權力而不被人知道，像黃金城這樣，並不困難。但我覺得黃金城似乎是個特例。鎮上的黨委書記，並非個個像他這樣，你說是嗎？」

葉書記點點頭算是回答。我繼續說道：「如果黃金城是特例，那麼有什麼因素可以防止其他農村幹部變成另一個黃金城？」

葉書記想了一下之後答道：「有兩個因素多少可以防止農村幹部變得腐化。第一是中央政府的政治運動。以前有些政治運動是針對農村黨幹部而來的，下一個運動什麼時候會來，沒有人能預料；如果不想成為鬥爭大會的目標，最好的辦法就是不要壓迫村民。

「第二個因素是，並非所有的農村幹部都會受到提拔，移出農村。如果你的下半輩子都要在鄉下度過，在和村民打交道的時候就應該特別注意。即使村民現在不報復，他們以後也會對你的孩子下手。

「如果知道這兩個因素，你就會明白為什麼有時候農村幹部願意修正一下，甚至技巧地抗拒政府不受歡迎的政策，以順應地方民情。其中一個辦法是讓政策原地踏步。政府的指令下來之後，就成立小組加以『研究』，然後宣稱你已經選定幾個地區做試驗，以便評估這個政策的實際成效。同時，你看看其他的大隊反應如何，如果這個政策的確不受歡迎，就把它交給公社再『研究』一下。這樣子起碼可以拖上幾個月。要是上級交代非做不可，還可以鑽鑽漏洞摻水作假。

「我們隊上有個現成的例子，就是在水庫捕魚的事情。這個人造水庫屬公社所有，公社設了一個分處來管理水庫，監督水庫的漁獲和儲存的事宜。這個分處現任的處長就是黑皮林。附近有許多人偷捕水庫的魚，我估計每年水庫的魚，有三分之二被人偷捕走。所以公社下令沿湖各村必須在夜間派人巡邏，並逮捕偷魚的人。我接到指示之後，便設了一個小組研究用什麼方式來實行這個政策最有效，然後向黑皮林報告說，本村會派人在夜間加強巡邏。當然，這全都是紙上作業。事實上我什麼也沒做。我為什麼要做？我們自己隊上的人也偷捕魚啊。如果我認真執行這個政策，最後抓到的可能是我們大隊的人，這只會給其他大隊增加機會而已。我為什麼要剪斷本村居民補充營養的來源，讓別的大隊白得好處呢？」

葉書記的計畫

我知道葉書記一直對農村的情況感到憂心，他並不贊成中央農村政策的鐵腕作風。他認為黨和黨的許多信念都和農民的文化傳統相衝突。但他同時又表現得像個全心奉獻的共產主義者，秉持為大眾利益服務的理念。如果中國共產黨要開創新頁，葉書記是個傑出的榜樣，因為他堅持正義，照顧弱勢者，如年老、體衰的人。像葉書記這樣，同時扮演社會評論家和忠貞黨員兩種相互衝突的角色，他到底如何調和呢？在現行的反集體化的政策之下，黨支部書記的作用和權力已大不如前，他對將來有什麼寄望？面對這種新情勢，他個人要如何調適？我在離開林村前幾天問了他許多這方面的問題，他直截了當地把答案說出來。

「大隊在一九八四年五月解散之後，我開始研究一個投資計畫。我預估沙磚的利潤會下降。因為其他村子看我們做得很成功，就一窩蜂地跟進，現在全島的沙磚廠已經超過五十家。競爭這麼激烈，沙磚的價格不久就會探底了。另一個問題是沙磚的成分中含有煤屑，廈門市的摩天大樓以後會愈蓋愈多。沙磚中既含不完全燃燒的煤，便容易引起火災。我想高樓大廈禁用沙磚是遲早會發生的事。在這種狀況下，傳統燒窯的紅磚的需求會變得很大。

「於是我開始和廈門市陶瓷地磚廠的經理探討，有沒有可能在村裡蓋座新的、機械化的紅磚窯。這種窯比傳統的窯更有效率。傳統的磚窯至少需要四個星期才能燒好一窯的磚：花一個星期將磚泥的模子疊在窯中，第二個星期持續用小火燒烤，第三個星期讓紅磚冷卻，第四個星期才能將它取出。新的機械紅磚窯就不同了。磚泥先混合煤屑，放進模具之中，然後將模子用輸送帶送進窯中，以電力所產生的熱力來燒烤。溫度達到一定點時，會使模具中的煤屑開始燃燒。等到它從另一端出來，便是紅磚成品了。整個過程只需要二十四小時。

「機械製造紅磚的技術是哪裡來的，沒有人知道。有的人說，這是南斯拉夫發明的。一九八〇年代初期，有個中國留學生將它引入國內。有的人咬定這是馬來西亞的產品，是華僑引進的。不管怎麼樣，廈門市陶瓷地磚廠的經理知道得很清楚，認為在林村設廠的方案是可行的，所以我在一九八四年初期開始和村裡的人討論出資開工廠的事。

「大概在一九八四年六月的時候，我召集了所有可能的投資人，開了第一次會議。我計劃籌八股，每股一萬元人民幣。差不多每個大隊幹部都受邀參加。那時候政府對私營企業的規模大小應該如何，還舉棋不定。如果我把村裡大多數的領導幹部集合在一起投資，還可以將它稱為集體企業，以迴避政府令規。兩位前黨支部書記，鴉片洪和黑皮林都願意參加。還有大隊辦事員林承瑞和婦女隊隊長洪靈麗也表示同樣的意願。雷公林的同母異父弟弟丁勇，他在大隊解散時和我密切合作，也加入投資行列。另外有兩個人我應該邀請，但是我不想這樣做。一個是大隊隊長，綽號叫雙頭蛇的李德海，還有大隊治保主任林其發。他們曾謀劃要在大隊解散時拿下全部的大隊企業，這點我仍無法原諒。

「我先去找雙頭蛇，問他有沒有興趣在我的新企業中投資一萬元人民幣。雖然當時雙頭蛇至少存了兩萬元在銀行裡，但他還是不敢投資。就算他是全村最有錢的人，仍不改一般農民的短視和無知。他每晚把金條藏在枕頭下睡覺，對於投資一竅不通。當雙頭蛇說他已經投資沙磚廠，所以沒有餘錢參加我的新企業時，我心裡真是高興極了。

「接下來就是要問林其發要不要一起投資，但又要讓他知道我並不想找他。在開會的前一天，我得知他在外面，於是到他家去了一趟，家中只有林其發的太太，同時也是雷公林的養女江金花。我和她閒聊，提到我正計劃籌組新的企業，明天要開第一次會議；如果林其發有興趣的話，可以一起來開會。這個消息既由他太太來傳達，林其發便明白這是不要他參加的意思，所以第二天開會時沒有到場。

「這個機械紅磚窯可說是大大的成功，這八個股東之中，其中一個是廈門市陶瓷地磚廠的經理。另一個人姓黃，是福建北部福清縣來的老練技工，他還兼任磚窯廠的經理。這位黃經理從家鄉請了十五個工人，因為福建北部的人比較窮，工資不需要太高。

「一九八四年十一月，我們開始生產紅磚，訂單愈接愈多。我們幾乎來不及生產顧客所訂的數量。雖然一九八四年的生產時間只有一個多月，但卻賺到兩萬元人民幣的淨利。雙頭蛇一聽說利潤這麼高，便求我讓他買一股或半股的股份。我跟他說，我們要籌錢蓋廠房，找人辦事情的時候，他不肯參加。現在我們萬事齊備，開始賺錢了，他想分一杯羹。我告訴他說：『抱歉，但是免談。』

「一九八四年是我最好的一年。我在大隊企業中持有股份，年終分了二千三百元人民幣的紅利。除此之外，機械紅磚窯的股份又分了二千元人民幣作為紅利。我用這筆錢，把所有的債務都還清了。那年村裡賺錢的不只我一個，幾乎每家都很成功。村裡駕駛手扶拖拉機的人，一個月賺個四、五百元人民幣是常事，是大學教授收入的兩倍。連那個在大隊解散前，帶著女兒到我家來哭著求我保護的寡婦也過得很好。她在家中的承包地上種菜，拿到廈門的自由市場去賣，賺了不少錢。這位婦人每天傍晚拔菜之後接著清洗。次日一早，女兒用腳踏車載著兩籃蔬菜到廈門去賣。寡婦告訴我說，她一個月可以賺兩、三百元人民幣，比大隊解散前好得多了。

「你大概看得出來，大隊在一九八四年五月間解體之後，整體的經濟條件，有了很大的進步。我想不出有哪一家在集體制解體之後，日子過得比以前還差的。不過我卻擔心一件事。雖然整體而言，全村的生活條件改善了不少，但是貧富之間的差距卻加大了。我估計村中大約有十家每年收入超過一萬元人民幣。但在另一方面，村中收入最低的家庭只能賺約一千元人民幣。將來村中可能因為這個差異性而產生不少問題，這點我很擔心。」

「為什麼在這個新的政策之下，有的人愈來愈富有，有的人卻不然？」我問道：「你能不能講出幾個致富的原因？」

「可以。」葉書記簡潔明快地答道：「根據我的觀察，村中有幾種人成功得比別人還快。第一種人是黨的幹部，外部關係好，容易發展新企業。這些人瞭解現今政策的趨勢，懂得利用新的局勢，並且抓得住最佳商機。這類的人包括我、前任大隊隊長雙頭蛇、大隊治保主任林其發和現任的大隊隊長林承瑞。在這場改革中獲益最多的第二種人，是在軍隊中學會特別技藝的退伍軍人。村中開卡車的人，多半是在軍隊中學會駕駛，如果勤快一點，一個月大概可以賺一千元人民幣，這類人包括林其山和侯桐。第三種能在私有制的體系中賺大錢的人是那些教育程度高，而且有專業技術的人，像是醫生、會計師和商人。這三類以外的人，生活的改進就比較有限，不像有特殊技術的人那麼多。

「本大隊的成功開始遠近馳名之後，發生了一件荒謬的事。突然之間，廈門郊區每一處分支機構都發現我們欠他們錢。兩個星期前，郊區稅務局有個人到村裡來。那天我不在，這個收稅的找大隊長林承瑞談，說本大隊積欠八千元人民幣的稅金未繳，並叫林承瑞在下週之前將支票準備好，以便他下一趟來的時候收取。當天傍晚我回來之後，林承瑞向我報告此事。他正準備在支票上寫字，我大聲地把他叫住，說：『你這個笨小子！你怎麼這麼容易就把八千元人民幣給人家了？下星期這個人再來的時候，讓我來應付！』

「下一週這個收稅的人果然來了。他還沒開口之前，我就先用話堵他的嘴：『你要收我們大隊的稅，哈！我告訴你，在我們把這八千元人民幣付給政府之前，我們先來算算政府欠我們的舊帳。這邊有張單子：第一，過去三十六年來，對於本隊老年、傷病、烈士遺族和退伍軍人的家人的補助，政府一毛未付，加上利息，一共是五萬元整。過去十五年來，政府所聘的小學教師不足額，我們大隊只好另外請兩位教師來補足，所以政府應該給我們一萬五千元人民幣作為聘請教師的薪水。至於公共衛生系統……』我還沒把單子念完，那個狗雜種就逃走了，從此再也不敢來。

「這一帶的人都知道我是有話直說的人，我認為這是和政府官員交涉的最佳方式。讓我告訴你一件最近發生的事，我在一九八四年被選為代表參加廈門市人民代表大會。在第一場會議之中，談到我們廈門這邊的人收看國民黨的電視節目的問題。臺灣會發送電視波到金門，因為我們距離金門很近，所以很容易收看得到臺灣的節目。一九八三年以前，政府以強硬的手法禁止人民收看臺灣節目，誰要是被抓到了，電視的主人要罰一百元人民幣，觀眾每人另罰四十元人民幣。但是本地居民大都愛看臺灣節目，因為他們有時會播閩南語的節目，而且內容生動有趣。一九八四年以後，規定得沒有這麼嚴，差不多每個人都在看臺灣節目。

「這場會議的主席，廈門市副市長張可同，在會中他說這種情形是病態的。他宣稱國民黨在本地播送這些電視節目，目的是要灌輸我們腐化的毒素，所以大家要採取嚴厲的措施，防止這種病態的蔓延。他甚至指出，他考慮在廈門裝設價值六十萬元人民幣的干擾波發射器，以干擾金門來的電視訊號。他講完之後我就發言了，我說我不敢相信他笨到不知道問題的關鍵在哪裡，大家不看我們自己的節目，而看臺灣的節目，是因為我們的電視節目品質太差。為什麼要浪費六十萬元人民幣去蓋個電波發射站？為什麼不乾脆用這筆錢來改善我們的節目品質呢？張副市長聽到我不客氣地說出這些話，人都愣住了，不知道該怎麼回答。之後他就再也沒有提起這個案子。

「一九八四年底的時候，廈門市政府透過鎮上的黨委書記，問我願不願意出任市人代會的副主席。這個工作是全天的，所以我的戶籍可以移到城市裡。要是他早五年或十年提出這個建議，我大概會毫不猶豫地跳過去。我一生之中追求的目標，不就是從農村幹部晉升到國家幹部，並舉家遷到城市裡去嗎？

「不過鎮上的黨委書記問我意下如何時，我卻回絕了。我告訴他說：『我不想做官。我在村裡代表的是人民，只要和人民站在同一線上，我就是安全的。你告訴我，你幹鎮人民政府的黨委書記一個月賺多少錢？九十塊錢人民幣！你知道我抽的這種進口的友誼牌香菸，一個月要花多少錢？至少一百五十元人民幣！要是做國家幹部，你就受政府規定約束，不得投資私人企業。要是我接下廈門市人代會的工作，會變得像你一樣窮。算了吧，同志，我沒興趣。』

「我做了這個決定，也許有一天會後悔。但是我一生起落這麼大，我真不知道哪一條路對我最好，還有我的人生目標到底在哪裡。有時候，我真懷疑這幾年到底是由於什麼因素，使得農村的情況突然扭轉。以前，所有的農村幹部都希望成為國家幹部。而且，一般村民被選為黨員，覺得是很光榮的事。但是現在村裡沒有人要入黨了。一九七八年我做黨支部書記的時候，村裡有三十一個黨員。到了今天，還是只有三十一個人。中央政府不斷催促我們招募能力好的年輕人入黨，再晉升為幹部。但是我用盡各種方法，連一個也拉不進來。第三生產隊的隊長侯桐，這人能力很強，我的好朋友丁勇，他們都不肯入黨。侯桐在拒絕時，像發表演講般地說道：『我為什麼應該入黨？為了要交黨費嗎？為了要在政府推行節育政策的時候，自己主動做輸精管結紮手術，還是把太太送去做輸卵管結紮手術嗎？門兒都沒有，我才不入黨呢。』

「農民對於黨的印象這麼壞，背後的原因並不難想見。他們覺得共產主義的理想很諷刺，並用雙關語來嘲笑政府。例如說，他們把『廈門市人民市政府』用閩南語說成是『廈門市人民飼（飼養）政府』，又把『無產階級專政』的音一轉，變成『無產階級全證（整天都得帶著配給證券）』。村民要是不喜歡政府的哪一條政策，就會來找我，在我面前數落黨的不是，我只好說：『別連我也說進去！我不會比你更喜歡這些新規定，但是政府有權，而我們沒有，所以還是照做吧！』

「農民會百般嘲弄共產主義，這個心情我瞭解。共產主義的基本理論上有個非常嚴重的缺失，在實際情形中便可明顯地看出來。共產主義說，每個人的能力都一樣，需求也類似，因此我們應該放棄一切個人野心及私欲，努力追求大眾的福祉。但是每個農民都知道這段假設是錯的。有的人學得快，有的人學得慢；有的農人割稻子的速度比人家快，但是也有人老是利用機會，做不到多少工作就開溜了。還有的人只會享受別人的辛勞換來的成果。那麼，到底為什麼能力高強工作勤奮的人要拚死拚活地做，而能力差的人卻懶惰地在一旁休息？試驗幾年之後，農民便覺得這個設計不合實際，根本不屑一顧，難怪要在鄉下招募黨員會遇到這麼大的困難。

「也許就長期而言，政府在鄉間的影響變小，對農民反而有利。農民在比較寬鬆的鄧小平式的政策之下，似乎過得還不錯。如果你比較農村和都市，馬上就會發現兩地的改革速度不一。城市改革始於一九八四年十月。但是你可曾發現廈門有什麼可見的改變？大概很少。相反的，一九七八年政府召開黨的十一屆三中全會之前，鄉間便熱切期望改革的來臨了。新的農業政策一經宣布，農民便催促地方幹部跟著變。我們可以說農民早就準備好了，就等新政策公布而已。

「我從兩個不同的角度來看城鄉改革的差異。一方面，今天的中國農民仍是在社會階級的最底層，農民的地位只比勞改營的罪犯高一點點而已。怎麼說呢？只要看看實際情形就知道了。城市裡的居民或是政府官員若是犯下實際罪行，會被送入勞改營作為處罰。但是城市居民或是政府官員犯下輕微罪行，就會被下放到鄉下來，和我們同住。在政府的眼裡，和農民同住竟然算是一種處罰！所以我們這些農民該死。我們什麼都沒有，不會有任何損失，所以我們準備接受改革。

「現在，要是我們從另一個角度來看的話，會發現城市人擁有太多東西，因此不敢冒險嘗試新的觀念或是改變一下。政府給他們食物補助、房屋補助，還有退休金，他們的工作也有保障。一九八五年初，通貨膨脹率突然升高，政府便馬上發給廈門市居民每人每月兩元人民幣作為補助，以抵銷豬肉價格的高漲。但是我們農民有沒有收過任何一種類似的補助？從來就沒有。由此不難理解為何城市居民不願接受改變。

「我現在真的希望，現行政策能多延續幾年。到了一九八六年時，村裡大多數的人應能付清在一九八四年大隊解散時所借貸的款項。到時候我們既然不受貸款的條件約束，一定可以做更大膽的投資。我正在考慮組織觀光團，到深圳的經濟特區去參觀，可以增廣見聞，而且可以尋找投資機會，讓村民看一看現代化的城市是什麼樣子，帶他們到商店去看一看現代化的家庭使用什麼家用品。我們可以轉投資日用品生產以滿足未來的需求。也許再過幾年，旅遊限制會鬆一點，到時候我可能會有機會到香港一遊，甚至到美國去看你呢。誰知道會怎麼樣？」

1　針對中國計劃生育政策所採取的方法與施行的強度，可參閱毛思迪（Stephen Mosher 1983）。

後來，我問葉文德我的結論對不對，他打趣地回答：「你的觀察永遠是一部分對。村民們覺得這些外來打工的不大好分。他們既不完全是外來的陌生人，也不是我們處處打交道的村民。從這上說，林其發不把這兩個嫌疑人抓起來是對的。你不會把一個村民抓起來，就因爲另一個村民告他偷東西。」

第十一章 一九九〇年代的變化

一九九六年十二月，我回到林村，要待上一個月，看看這裡發生著什麼樣的變化。我很清楚中國農村的一些地方發生了戲劇性的變化，但是，位於福建省東南部沿海的廈門，其周圍經濟劇增的幅度，卻遠超出我的想像。儘管林村在實體上仍然和其他村子分離（它仍然借助其周圍開闊的田地保持自己在地理上的完整），但正在擴張的廈門市已經吞掉了它南面、東面和西面的三座村莊。一九八五年我在林村時，這是個以農業經營為主的社區。但十一年後，林村已經從一個相對平靜、但求維持生計的農業村落，逐漸變成一個熱鬧的商鎮和工業區，為滿足城市的需要而生產和加工商品。最引人注目的變化是這個村子的實際規模。連接林村和廈門的主要道路上建了一座新拱門，以「林村工業區」的大字標語迎接進入村界的訪客。過去綠油油的梯形稻田和菜地眼下滿綴著新廠房。有兩條柏油路把村子和廈門連起來，在路上，卡車、汽車、摩托車、出租車、巴士、帶拖斗的拖拉機、行人和騎自行車的人來來往往。穿過村子中心的那條主道已經被加寬、弄直鋪平，兩側排列著店鋪。

環繞老村的中心，雨後春筍般地新建起了一圈仿歐式的多層別墅，白牆紅瓦，庭院柵欄，人工草坪，還有車庫。而且，這些新房子大多配有大理石地板、大螢幕電視和卡拉OK音響，有的還裝了空調，引人注目。冰箱是家裡必不可少的，電話也是如此。村民們搬進新房之後，把舊房改造成宿舍，租給那些打工仔，這些人受僱於村裡的工廠，每月繳納戶籍費和衛生費，得以合法暫居此地。正是因為新蓋了這些建築，林村的耕地從七百畝減少到三百畝。

時髦的西服，有時是三件一套，還有發亮的皮鞋，代替了二十世紀八〇年代村裡年輕人穿的破衣爛衫。甚至老頭兒和老太太也脫下深色的衣服和中山裝，換上從村裡一個百貨店買的時髦服裝。行動電話在林村成為地位的象徵：擁有手機使老闆不同於打工仔。作為主要交通工具，摩托車取代了自行車。奢華、豔麗的摩托車，現在是村裡青少年的地位象徵。在一九九六年，村裡大約有十個家庭擁有汽車，另有十來個人開著公司的轎車或者卡車。外國轎車最負盛名：凱迪拉克（Cadillac）、富豪汽車（VOLVO）和馬自達（MAZDA），然後是那些外國公司在中國生產的轎車，例如上海大眾公司生產的桑塔納（Santana）和捷達（Jetta）。村子南邊甚至還有一個加油站。

村裡的人口

林村的人口從一九八五年的一〇四七人，增加到一九九六年的一二八〇人。不過，現在有四千多名外來流動人口暫居林村。多數外來人口，我估計大約有九〇%，即約三千六百人，是從中國貧窮的內地省分來打工的男女青年，尤其是從江西、四川和貴州來的。他們在村裡新建的工廠打工，這些廠子的特點是技術水準低、汙染程度高（空氣汙染或水汙染，或二者兼有），以及高度的勞動投入。這些打工仔主要拿計件工資，月收入從五百元到二千元人民幣不等（按照一九九七年的兌換率大約是六十到二百五十美元）。

第二群外來人口，大約有九十到一百人，主要來自與福建毗鄰外省的山區縣。他們租借商店的門前攤位或者村民的小店，建立貨攤、蔬菜店、百貨店、理髮店、銀匠店、裁縫店等等。這些店鋪沿著村裡的大道排列。月租根據店鋪的大小和位置而有所變化，從簡陋的街頭小攤的兩、三百元，到最大的百貨店的五千元不等。這些店鋪的業主通常會都投入一些資本以開展自己的生意。其中有些人和一些村民有親戚關係，才會來到貿易興盛的林村做生意。

第三群外來人口約有二十戶，也來自像江西和四川這樣的內地窮困省分，他們從村民那裡租地種菜。村民向這些租戶每年每畝收四百到七百元人民幣。這些外來農民在村裡的市場上出售一些蔬菜，剩下的用扁擔或手推車運去批發給南面大約三公里外的洪山村市場，或過了洪山五公里的蓮花鎮市場。

最後，有四十到五十個外來人口來自中國的不同地區，在林村做各式各樣的工作。大約有十位二十多歲的轉業軍人在村裡一個由二十多人組成的保安隊工作。他們夜間巡邏，防查宵小竊賊。另有十幾個人開計程車，他們在林村租房或租間，暫居在那裡。三、四個辦公室勤雜人員和看門人，包括村裡那位用拖車（一天八次）沿海岸往東把村裡的垃圾拉到埋填地的收垃圾者，也是外來人口。村裡有三家僱了保姆或傭人，料理家務雜事或體弱的家人。這些是村民不願意做的工作，就由外來者做。但並非所有由外來者做的工作都不令人愉快。村政府僱了一個來自福建北部、持有高中文憑的年輕人，當村裡共青團的顧問。村小學還僱了一位有天資的音樂老師，教授孩子們音樂技巧，好讓他們有可能在鎮一級的比賽中獲獎。

一千二百八十位本地村民，即便不能明確地劃分出社會等級，卻顯然可以劃分出七個社會類別。決定一個村民居於哪個類別或階級的因素主要是經濟上的，例如工資水準和工作類型。多數村民透過出租房屋、出租店鋪門前的設施、向外來農工出租農田收取租金，獲得穩定收入。在某種意義上，所有本地村民都成了有閒階級的成員，生來就享有固定收入。

除了收入水準，還可以根據工作類型對村民做進一步區分。有六、七個村民屬於社會階級的最上層，他們在村內或村外的各種企業進行投資。吳氏堂兄弟實際上是風險資本家，他們投資於土地開發、工廠和房產項目。我房東的哥哥林其發，那位村保安的頭兒，也大量投資於土地開發、生產設備、運輸和建築業。他們擁有進口汽車，受到其他村民的尊敬乃至畏懼。

有二十幾個村民屬於第二個層級，他們投資或開辦企業。過去十年建了許多低技術、高汙染、勞動密集型的生產和加工廠。由於距離廈門近，林村為滿足廈門建設需要提供廉價的場地加工貨物，如街道護欄、路燈柱、新樓房的電捲門、摩天大樓的鋁製門窗、金屬鍍鋅和壓鑄模具。受過較好教育或掌握必要技術的村民現在擁有這些設備。他們去廈門，有時甚至到更遠的城市去做生意或買原料。他們攜帶著手機，是廈門餐館的常客（帶著陪同小姐）。

一位二十來歲的年輕人周清濟就在村裡辦了這樣一家工廠。他畢業於廈門的一所職業學校（相當於高中），有參加高考。父親送他到廈門一家工廠當學徒，這家工廠幫店家和車庫把鋁板門加工成電捲門。做了兩年學徒之後周回到林村，建了自己的工廠。他得到父母的資助，從村政府那裡以每年六百元的價格，租了一畝道路旁的園地，另花了四、五萬元建了一個簡陋的鐵皮廠房，並購買機器。他透過報紙廣告和街頭招貼，招到了十幾個工人。他們中的大多數人來自四川、貴州和廣西。周直截了當地對我說：「你永遠不要從本省僱打工仔，他們會結幫來反對你！」

生產所需的原材料、薄鋁板購自廣州。在中國，由於主顧之間普遍缺乏信任，買賣必須用現金。也就是說，周只要需要材料，就必須帶著銀行保付簽署、上面標明一定數額的支票飛往廣州。然後，他仍從廣州租卡車，把薄鋁板拉回來。除了現場幹活兒的打工仔，周還必須從本村僱兩個男青年當監工，開卡車，運送成品到新房宅。該廠的會計兼出納是周在高中時代的女朋友，現在是他的未婚妻。他們計劃在一九九七年晚些時候結婚。

在這些工廠裡作為中層管理人員的村民屬於第三層級。他們是經理、會計、出納和成天待在廠裡的現場監工。他們的工資和租金收入不少，蓋一些比第一和第二層級村民遜色的房子，來替換那些最終要出租給外來工的老房子。

最底層的村民是那些有殘疾的，或那些沒有受過任何教育、缺乏才智、一事無成的人。他們做看門人、巡夜人或辦公室勤雜人員。但他們仍被認為比多數外來工要過得好。外來打工仔不僅在工廠裡幹活兒，還要承接村裡的家務粗活兒，諸如收垃圾、看門、保姆和其他日工。儘管在收入、地位和生活經歷上有著差異，但村民和外來工之間的關係在整體上是友好的，有時甚至是熱情的。因為多數外來工不會說村民們作為主要語言的閩南話，他們依靠官方的普通話來交流。看著沒有受過什麼教育，所以說不了幾句普通話的老村民，結結巴巴、吃力地與那些外來工交流，常常很有趣。儘管語言上有問題，村民們還是努力把這些外來者

圖11-1　周清濟和他的未婚妻

圖11-2　工人們年終聚餐

包容到他們的社會天地中來。外來者也積極回應。由於多數外來者來自中國其他地區的鄉村，他們在農村環境裡感到自在。許多外來者使用親屬稱謂如阿姨或大伯來稱呼村裡的店主、房東或雇主。村裡的一些老年婦女認年輕的打工妹做自己的女兒，料理她們平時的生活需要。我的房東林其山和他的妻子，與那位租他們的地種菜的四川農民關係極好。這位農民有兩個孩子，一個四歲，一個兩歲，每次來他們的小店，他們都送小吃給孩子。

與人口增長有關的社會問題

村民和打工仔之間的關係在總體上是好的，但這種關係似乎比較正式，不像村民自己內部那種無所不涉的關係。打工仔們的工作安排常常是固定的，極少有休閒時間。這樣一來，他們就不能參加全村性的活動。此外，他們被僱來工作是臨時性的，再加上裝配線（即生產線）上雇工的高度流動性，都不利於發展長期關係。所以，儘管林村有大量外來打工者，村民和外來人口之間很少保持長期關係。

不過，外來人口的流入和經濟活動的擴大，也給林村帶來社會秩序和公共安全方面的問題。問題的根源有內部的，也有外部的。內部問題包括人際衝突，尤其是外來打工者內部的衝突、偷盜和其他嚴重犯罪，例如違反政府的計劃生育政策或吸毒。另外，由於村裡沒有銀行，村民們被迫在多數經濟交易中使用現金，多數打工者也把錢存放在自己的枕頭下面，這就增加了偷竊和爭吵的機會。對一些青年村民來說，這幾年突然致富，使他們有閒暇的生活，有錢吸毒，尤其是安非他命（amphetamires）和甲基安非他命（methamphetamines），本地話叫作「冰毒」。有人告訴我，這幾年村裡有四個青年涉嫌吸毒，被捕入獄。

不過，對於多數村民來說，來自村外的破壞力量，才對他們的生計構成真正威脅。隨著林村作為富裕社區名聲在外，許多居心叵測的外來人被吸引到這裡來，尋求發跡。江湖騙子、賭徒、小偷和強盜，很容易混入那些面孔陌生的打工者中。林阿財就出過事，他是一個有名的頭腦不靈光但又肖想要當暴發戶的村民。他告訴我，去年底有一天他待在村西頭的家裡，有一位面露哀傷、兩眼流淚的中年婦女敲他家的門。她聲稱是從江西省來找她丈夫的，過去幾年他在廈門打工，但在幾個月前不再寄錢或寫信給家裡。她擔心丈夫的安全，從江西坐火車來廈門找他。當她來到丈夫的工廠時，她得知他已經在郊區找了另一份工作。她已經徒勞地找遍了廈門周圍的所有村莊。她用完了所有隨身帶的錢，除了一枚傳家的金戒指，已經一文不名。她含著眼淚告訴林阿財，這枚金戒指重約一錢（少於〇．一盎司），所以大約值三百元人民幣（或三十五美元）。她願意賣一百元人民幣，這樣她就有錢買一張火車票回家了。阿財看了那只金戒指，似乎是真貨。他以為從這個三百元的金戒指撿了一百元的便宜，就給了那位婦女二百元，還加了二十元，作為她回家路上的餐費。那位婦女離開五分鐘之後，一位鄰居路過，問他是否見過一個女騙子，聽說在找她離家的丈夫，還有賣一枚假的金戒指。「什麼假金戒指？」阿財低聲問。他拿出那枚金戒指在水泥地上磨，果然，在鍍金的表面之下是鋁。阿財成了村民們的笑柄，但這件事讓他們加深了對外來人的猜疑。

像這樣正在萌芽的社會問題，給原本成功的經濟改革蒙上了陰影，在這個意義上，林村有如中國的縮影。儘管國家和政府在前十年一直在努力建立一支正規的警察部隊和法律程序，與犯罪做鬥爭，但其影響尚未達到村的這一級。例如，禾山鄉派出所的正規警力有二十四人左右，負責林村的治安，但因為該所管轄的範圍一共有十七個村莊，以及江頭鄉的城市化區域，它只能定期派一個警官來林村巡視。

村保安力量

為了維護內部治安，林村在一九九〇年初自己建立了由二十人組成的保安隊。從一九七八年開始在村政府負責治安的林其發被要求來當保安的領頭隊長。保安部門從村內外招收人員。婦聯主任洪靈麗的小舅子林洪木是一位三十幾歲的村民，他沒有什麼特別的本事養活自己，是這種工作的當然人選。約有十位來自中國貧窮省分的復員軍人，大多二十出頭，受僱於這支村保安隊。他們每天二十四小時分三班在村裡巡邏，防止盜竊。他們穿綠軍裝和軍大衣，戴警察的大蓋帽，整天騎著摩托車繞村轉。一旦有爭吵或偷盜發生，就派他們去調查。他們向林其發負責，而林其發向村長或葉文德負責。

在一九九七年初的一個早晨，我正坐在葉文德的辦公室和他聊天，這時一位圓胖的中年男人走進了辦公室。他的面孔看上去熟悉，但我就是想不起他的名字。葉開著玩笑對我說：「你可曾和囚犯說過話？這裡有一個，他昨天剛從監獄裡放出來。記得林洪木——洪靈麗的小舅子嗎？」這名字很快讓我想起了這個人，他是幹村保安的。

「可他怎麼會進監獄？」我問。

葉文德告訴我，悲劇發生在一九九六年二月中國新年前的幾天。（在中國新年期間，大多數家庭要買很多東西來慶祝，盜竊案件也大多發生在這個時候。）為了防盜，村保安在春節前夕保持高度戒備。

一天晚上，巡邏的保安抓到一個正在一個村養鴨場偷鴨的男人。這個小偷被帶回治安辦公室詢問，但他拒絕說出自己的姓名或出生地。搜他的衣服，也沒找到個人身分證。這小偷肯定不是本地人，因為他說話帶四川口音。保安懷疑他一定有同謀，也許是個本地居民，便帶他到村裡，要他說出同謀在哪裡。由於這個人拒絕回答，他被暴打了一頓，從半夜持續到天快亮。林洪木是參與毆打的兩個保安之一。不幸，小偷斷了肋骨，扎穿了肺，很快就死了。

小偷之死立即把事情變成了嚴重犯罪。鄉派出所接到報警，來了一隊警察，用警車拉走死屍和這兩個保安，回去訊問。保安當下被關進監獄。他們要在一家廈門市法庭上面對故意殺人的指控。在村民們看來，這兩個進監獄的保安是在盡例行職責，不應該為此小事受懲。在他們服刑期間，應當向他們的家屬正常發放工資。村政府也應當盡其所能讓他們出獄。儘管葉文德對這兩個保安的做法感到不快，但還是不情願地接受了村民們的想法。

於是，葉文德開始下功夫，透過廈門市的許多關係讓這兩個保安獲釋。他先託以前同在四清工作隊工作、後來曾任鄉建設銀行的鄉人大代表去見審判庭的法官，把故意殺人的指控降為過失殺人。然後，他在四川省的報紙上刊登附有死者照片的廣告，尋找他的家人。最後，他在廈門市正式宴請了派出所的所長，這樣，所長就不會對改變這兩個保安的指控表示異議。葉文德的左膀右臂——丁勇，奉命花一千七百五十元（約二百美元）買了一隻犰狳（一道地方佳餚），作為村裡的禮物送給法院。一九九六年十二月開庭審理時，指控真的就變成了過失殺人。因為沒有人出來代理小偷一方，指控得到接受，這兩個保安就被釋放了。他們在監獄裡待了不到一年。

葉文德對這兩個保安很生氣。首先，他說他們在打那個小偷的時候不能下如此毒手。他說他絕不許他們再如此打人。其次，他告訴我，當時在他們發現他們已經把小偷打成重傷以後，本應當悄悄把他運到村外頭，扔到公路邊，這樣村裡就不會為他們的錯誤受連累。我問他，保安為什麼不把小偷直接送到鄉派出所，讓警察處理此事。葉說，這沒用，因為警察只會算他小偷小摸，拘留他一、兩個星期。有必要用暴打來震懾偷盜行為。他進一步指出，所有鄰村都有自己的保安，用毆打來震懾小偷，不讓他們來村裡。

村裡的小偷

儘管村保安——擴大來說，還有村政府——對於處理進村的小偷態度非常嚴厲，但他們對於犯同樣罪的外來打工者，卻抱持相當曖昧的態度。這是因為，這些外來打工者住在村裡，被當作社區成員看待。但是，由於他們來自不同的出生地，也由於他們暫住的性質，他們又不被看作村社裡不可分離的一部分。這種模稜兩可的立場造成了強化治安措施上的不確定性，下面的事例就能說明這個問題。

我一邊坐在林其發的院子裡享受一月分溫暖的午後陽光，一邊和他談論馬上要開始的村選舉。這時，一位穿軍衣的黃姓青年來找他。因為林其發是村治保主任，所以我知道這年輕人是村裡的一個保安。他和林其發用普通話說話，即中國的官方語言。顯然，這人不是本地的，否則他們會用地方方言閩南話來交談。確實，林其發把他介紹給我，說他從華中的安徽省來，在東北當了四年兵，復員後來了福建。林其發見到這位年輕人時，他正在廈門找工作，一得知他受過軍事訓練，就招他做林村的保安。

黃告訴林其發，葉文德的表兄弟虎仔家的老婆，早上到治安辦公室大吵大鬧。她舉報她的房客阿梅偷了另一位房客阿華的錢和兩件新衣服（阿梅和阿華兩個都是外來打工妹，在村裡同一個廠工作）。為了行竊，阿梅在一週前告訴阿華，說她的哥哥（也是廈門市的一個外來打工仔），在廠裡出事故受傷了。阿華一聽說就急忙往廈門市跑。阿華一走，阿梅就把阿華在床下箱子裡藏的現金和兩件衣服偷了，放在她男朋友那裡，他也是林村的外來打工仔。不過，這場偷竊被虎仔家的看見了。阿華回來後發現她所有的存款和那兩件好衣服不見了，就向虎仔家的報告。她們肯定阿梅是整個事件的策畫者，騙阿華去廈門，好偷錢和新衣服。虎仔家的帶阿華去治安辦公室，報告這個事件，正式的調查開始了。可就在這個時候，阿梅和她的男朋友雙雙離去。兩天之後，阿梅和她的男朋友回到村裡來，聲稱他們回家度了一個短假。他們聲明對阿華丟東西的事情一無所知。當虎仔家的和他們當面對質時，這兩人改變了說法。他們說，他們是跟阿華借這些錢和衣服，等商量好還的日子，到時就會還她。照此一說，這成了當事雙方私下解決的事情。保安就放過了他們。可是，第二天他們（阿梅和她的男朋友）推翻了先前所說的話，再次聲稱他們是無辜的。虎仔家的義憤填膺，跑到治安辦公室，罵他們是低能兒，還有其他難聽的話。保安是否應當把他們倆再拘留起來進一步質詢？這是黃問林其發的問題。

林其發看上去對此案完全不感興趣。他轉過身來和我討論即將來臨的村選，不理睬保安向他提出的問題。黃再次提起這個問題，這時林其發變得不耐煩，答覆時明顯地表現出不快：「既然雙方試過協商解決，為什麼不讓他們自己解決？女孩子總是你借我，我借你的。虎仔家的把兩個工友（即同事）之間的事情小題大作了。把事情再擱幾天，降降溫，然後說下一步。要是虎仔家的再來鬧，叫她來找我。」

黃見林其發不同意重新調查，一聲不吭地離開了。林其發對此案不感興趣，這使我疑惑不解，因為許多村民告訴我，隨著春節即將來臨，村裡偷東西的事情會多起來，保安已經保持高度戒備。於是，我放下村選的話題，直截了當地問林其發：「你有什麼理由認為這兩個女孩子會把事情擺平？春節就要到了，有更多偷東西的事情需要對付，難道不是這樣嗎？如果你把案子就這麼輕易放過去，是否將來會造成更多問題？」

林其發不情願地改變話題，回答我的問題：「你知道，許多村民，尤其是村裡那些婦女，和外來打工的交了好關係。虎仔家的一直對那些女孩子好，租給她們房子住。可這些女孩子總是互相鬧！這案子叫我猜，準是這兩個女孩子為什麼小事情爭起來，矛盾鬧大，就誣告偷東西。虎仔家的把自己捲進這種小事，是不明智的。再說了，這些女孩子在我們村子工作，她們不全是外人。所以我們不要把她們當成從外頭來村裡偷或搶的生人對待。」

這個事件似乎表明，村民們某部分已經把外來打工者接受為社區成員，儘管他們仍然是暫住人口，但不會像對付純外來戶那樣，例如那大夜裡來偷鴨子被打死的那個小偷，用治安條例嚴懲他們。後來，我問葉文德我的結論對不對，他打趣地回答：「你的觀察永遠是一部分對。村民們覺得這些外來打工的不大好分。他們既不完全是外來的陌生人，也不是我們處處打交道的村民。從這上說，林其發不把這兩個嫌疑人抓起來是對的。你不會把一個村民抓起來，就因為另一個村民告他偷東西。不過，你可知道，除了這個考慮，林其發還有另一個理由對村裡的偷盜手下留情。他的兒子建峰過去吸毒成癮，不但偷林其發的，還偷家裡其他人的。在建峰被抓起來戒毒前的幾年，他偷了將近六十萬元（七萬五千美元），來滿足他的毒癮。如果其發要嚴辦村裡的小偷，那麼，第一個輪到的就是他的獨生子。對內部小偷他當然下不了手！」

第十二章　林村何去何從？

卡拉ＯＫ音響開始放葉書記點的一首革命歌曲。他跳起來，一把抓住面前的話筒，用他的高嗓門唱了起來。

一九九六年十二月二十二日的下午，我從廈門市叫了一輛出租車去林村。村民們領我去葉文德的新房子，它就在村西北角上的舊房子前面。這是一座壯觀的三層樓，每層至少有二百平方米（約六〇．五坪）。葉不在家，他的妻子寶珠引我進客廳。客廳華麗，裝了吊頂燈，暗色的遮陽窗，二十七吋彩色電視和一臺遙控的窗型空調。一扇玻璃門通向庭院，院子裡有花壇、車庫和水泥籃球場。顯然，葉文德屬於村裡收入最高的等級。

寶珠對我解釋說，這座樓只裝修了一半，一樓有一間客廳、一間廚房和一間飯廳。另外兩層樓各有三間臥室和一個洗手間。她進一步解釋說，他們的大兒子阿西小時候得過病，智力有點低下，他在一個工廠當保安。他已經結婚，和妻子、新生兒住在廠裡的集體宿舍。現在，二兒子阿峰和他的妻子住三樓。葉文德、寶珠和三兒子阿義住二樓。等到阿義要結婚的時候，他們就會裝修另一半，讓兩個兒子和她媳婦住在那兒。她抱歉地說，由於這座樓沒有完全裝修，他們不能留我住在他們這裡。我回答說，我十分樂意住在我的老房東林其山家，他和我在睡覺前都好喝點白酒。

我們正聊著，葉文德坐一輛屬於村政府的奧迪轎車回來了。他對我說，我們先把我的行李放到林其山家，然後到廈門市吃飯。於是，我們把行李放到我房東家之後，就又動身去廈門市，一個年輕的村幹部為我們開那輛奧迪車。我們在廈門北郊新開發居住區的一座漂亮的三層樓前停下，這裡有寬闊的林蔭大道和設計頗有趣味的住宅樓。樓前的招牌表明這是個卡拉ＯＫ飯店[1]。

一位穿制服的門僮將我們引進一間大屋子，中間用屏風隔開。一頭是餐桌和幾把椅子，另一頭是一圈馬蹄形沙發，圍著一張大咖啡桌，前面是一臺大螢幕電視。一切都顯得乾淨，裝飾得也有品味。飯店經理年近五十，齙牙從上唇齜出，他看來和葉文德很熟，熱情地招呼他。他為我們上了熱茶，在卡拉ＯＫ音響裡推上一張光碟，放起了臺灣流行歌曲，然後請葉文德點菜。葉文德除了點菜，還讓這位經理叫小張和她的一個朋友陪我們。他直截了當地告訴這位經理：「黃教授是從美國來的，給他找個漂亮小姐陪陪。別讓他覺得你這裡只有二等小姐！」

林村最近的變化

還沒上菜，我們的陪客小姐還沒來，我有了機會向葉文德打聽關於林村的總情況。

「比起十二年前你在這裡的時候，情況當然有變化。」葉回答說：「首先，許多人死了。例如，吳明和吳良前幾年死了。儘管吳家兄弟的出身如此卑賤，但他們還是活到七十多歲，看到了自己的兒子們賺大錢。他們過得不錯！洪靈麗的丈夫就不那麼走運，他得了肝癌，不到五十就死了。好在洪靈麗作為村政府的婦聯主任和出納，有穩定的工資收入。她靠自己的力量把她的兩個兒子和一個女兒帶大。有一段時間，小兒子曾是個癮君子，但現在給戒掉了。侯桐死得最慘。你還記得侯桐嗎？」

「當然記得！」我答道。我的腦海中浮現出一個人的形象，高個、英俊、充滿活力，他曾經是三隊的隊長，是他第一個把沙土製磚設備引進村裡。「可他怎麼會死呢？」我問道。

「還有什麼，肝癌！」葉似乎還沒有從這件事緩過勁來。「一九九三年，在前村長林承瑞五十九歲退休以後，我任命侯桐接替他。那個時候我忙著幫村裡跑買賣，必須經常到全國各地出差。我不在的時候，需要有個能管理村務的人。侯桐幹這個幹得不錯。還有，他和你的房東林其山合夥做過買賣，所以，林家不會反對他當村長。一九九三年他被選為村長，第二年幹得不錯。外面的菜販子來村裡露天市場上賣菜的時候，他們常把爛菜葉丟在地上。我叫村治保主任林其發警告他們，這樣做要受罰的，可沒起作用。侯桐下定決心要解決這個問題。他到了露天市場那裡，嚴令每一個菜販子把菜攤周圍的垃圾撿起來。從此以後，沒人敢往市場的地上亂扔東西。我心想，我退了以後，他可以接我的班。可誰又會想到他第二年就死了？」

「怎麼回事？」我問。

「他一直容易有疲勞感，瞳孔變得發黃。林其山帶他去廈門一家醫院看病，得知侯桐活不了六個月。一位醫生建議他可以試一種實驗藥品，叫干擾素，但每針要花一萬元人民幣（一千一百美元）。侯桐的太太馬上要求這樣治。吳明的兒子吳永明一聽說侯桐治療要花大錢，就用手提箱給侯桐的太太帶來十萬元人民幣。他讓她想盡一切辦法治病，不要擔心錢。合夥和侯桐用卡車跑運輸的林其山也把他的工作接過來，這樣侯就可以繼續拿工資。侯桐一共治了四個月的病，花錢總數超過十八萬元人民幣。第四個月過後，醫生把我拉到一邊，對我說：『你看不出來病人沒什麼好轉嗎？為什麼不和他太太說說，讓她想想自己和孩子們的前途，不要再用這麼貴的藥。』就這樣，我說服侯桐的老婆不要再治了。侯桐過了一個月就去世了。

「自從出了這件悲慘的事情，我開始問生活的意義是什麼？如果像侯桐這樣年輕、善良、健康、精力充沛、受歡迎的人，都這麼不走運，那麼，難道我就比他強、就配有好命嗎？如果到頭來不過是生病受罪、一命嗚呼，我為什麼還要玩命工作？有兩個月的時間，我盡量不待在林村。一在村裡，我就想起侯桐去世前的幾個月受的那份罪。就在這個時候，我發現廈門市的卡拉OK飯店能讓人舒坦一下。你可以長時間待在這裡吃飯，還有高級音響，可以找到年輕時唱的革命老歌。唱這些革命歌曲，我的生活就有目標，就有希望。我現在是一個好歌手，你信不信？」

我很難想像葉文德，這位死板、缺乏幽默感的共產黨幹部，在一座豪華腐敗、可能主要是用來接待資本主義腐敗商人的商業設施裡唱歌。可是，還沒等葉開唱，菜已經上來了，我們的陪客小姐也到了。我們入座準備吃飯。

葉把我介紹給陪他的小姐小張和她的朋友，也就是要陪我的小李。我們都圍著桌子坐下，葉又有更令我吃驚的舉動。他讓女招待給我們每人斟一杯白酒。我記得他不喝酒。十二年前他只喝過一小杯啤酒。可他現在喝起了「真貨」，至少有四十度。

「讓我們為這次相聚乾杯！」他邊說邊舉杯轉向小姐們：「這就是我向你們多次提到的著名的黃教授。林村和我都很感謝他！」他一飲而盡，我們也跟著乾杯。

我們的杯子很快又被斟滿，但我不明白葉說這些話的用意何在。葉看到我茫然的表情，繼續說：「一九八五年年中你離開以後，村裡的發展不大，進步緩慢。一九八四和一九八五年賺大錢的耐火磚窯，很快就遇上內地同安縣耐火磚窯的激烈競爭，他們那裡的土地和勞動力都便宜。我們知道磚窯的利潤下降，就在一九八八年決定關掉它，轉產紙板箱，可這也沒成功，一九九〇年關掉了。同時，一些村民建立了小型生產廠，但它們規模小，最多僱二、三十個工人。

「一九九一年，我啟動了一個賺錢的大項目。我在前一年去浙江省杭州市的時候，見到了一家電鍍鋅廠的經理。他告訴我，福建唯一一家電鍍鋅廠在本省北部的福州。如果在廈門地區再建一家廠子，產品就可以滿足福建南部的需求。他的廠子對這樣的工廠在設備和技術方面有投資興趣，問我有興趣做這樣的合股投資嗎？我回到廈門後，拜訪了市政府電力局的局長。電力局需要大量的鍍鋅燈柱，所以，投資這樣的工廠是有道理的。這樣，三方合股，建立了夥伴關係。我們村出土地和用於建築施工的二十萬元人民幣（二萬四千美元），也就是所有投資的四〇%。杭州廠提供機器和技術管理人員，我們算他們擁有二〇%的股份。其餘四〇%由廈門電力局投資，作為原材料的生產費用和運營成本。我們的產品主要賣給電力局，幾乎百分之百地贏利。那十位按每股兩萬元投資的幹部，只用兩年就把本撈回來了！一九九二年這個廠成為最大的村有廠，有六十多個工人。這看起來不錯，可沒法和從外頭來大規模投資的人相比，不管是從臺灣、香港來的，還是從美國來的。」

「那和我有什麼關係？」我慢慢品嘗著菜餚，仔細聽他說。

「一九八九年末，天安門事件以後，我的機會來了。一位臺灣投資商來郊區找地建廠，為美國的禮品店生產紀念品。鄉政府先是帶他到侯坑村，和我們村隔一個水庫。他在那裡找到一塊好地，但村支書老何不願意給他提供詳細開列的預算。老何是個沒文化的老派農民幹部。

他告訴那位臺灣商人：『不要擔心成本，我會對你手下留情的。我是村裡的頭，只有我說話算數！』這種傲慢態度，尤其是在天安門事件之後，一定把這位臺灣人嚇得半死。於是他回到鄉政府，要求換一個村子看看。他來林村後，我告訴他，幾年前我家住過一位美國教授。我還給他看你寫我們村的那本書。這給他留下的印象一定太深刻了。他馬上選定了一塊公路邊的地做廠址。一九九〇年這個廠開始投產的時候，有八百個工人。後來不斷擴大，現在有三千多個工人。你難道不認為我應該為我的成功感謝你嗎？」他喝下另一杯酒。

「這家臺灣廠僱了多少村民？」我問道。

「不多，」葉回答說：「你知道，我們村裡的多數人在經濟上都搞得不錯，不願意在流水線（即生產線）上當裝配工。臺灣廠僱的那些人，多數在管理崗位上工作。例如，林其發的弟弟林其泉是廠保安的頭，下面管二十多個保安。我兒子阿西智力有障礙，給廠裡看大門。他有了這份穩定的工作，就找到了老婆，過上了安心的日子。

「儘管在這些廠裡工作的本村人不多，但我們在其他方面得到好處。假設我們村裡現在有四千名外來人口，如果他們在村裡每人每月花一百元人民幣（十二美元），那就等於我們在經濟上有四十多萬人民幣流進來。這可不是小數目！今天，大多數村民都從中得益。村政府的財政也穩步增加。這些投資商來建廠，我們按平方米向他們徵收土地稅。每畝大約六百平方米，每平方米按每年五元人民幣出租，或者說每畝每年三千元人民幣。

「假設那第一家臺灣廠需要十畝地辦廠，它每年的租金是三萬元人民幣。那只是一九九〇年代初的價。現在每平方米的租金是八元或十元人民幣，比過去漲了一倍。有了這些收入，村政府就能向許多公共設施投資，改善我們的生活條件。我們在一九九一年開始安裝自來水。不到兩年，就普及到村裡所有的人家。後來，一九九三年，我們在村外的一個新址蓋了一所新小學，兩層樓，有水泥籃球場。那所位於村中央、照明不好的舊小學，下層改成了老村民活動室，可以在那裡打麻將，上層改成了工人公寓，每間住四個工人。每個工人每月交四十元房租。為了改善村裡的衛生條件，我們也修了新的公共廁所，建了垃圾處理系統，把人造垃圾拉走。還有，去年我和城裡電話局交涉，減價給我們村安裝電話。現在九〇%以上的村民家庭有了電話。」我們在說村裡的發展成就時，葉文德的眼睛裡閃耀著驕傲和喜悅。

葉的女伴

那天夜裡，當葉的女伴小張，一位二十五、六歲的女青年，走進房間的時候，我就覺得她有些面熟，可是記不起她的名字，也記不起在什麼場合見過她。後來，我不斷蒐尋自己的記憶，想弄清楚何時何地見過小張。我轉眼看她，突然意識到為什麼小張看上去眼熟，原來她看上去像年輕時的寶珠，就是葉文德的妻子。這個發現讓我呆若木雞。怎麼回事？葉文德是否進入中年危機，要找一個年輕的換寶珠，來重溫舊情？寶珠知道有個小張嗎？我於是問接地問葉文德。

「我這是想像還是真的，小張長得像你妻子寶珠，對嗎？」

「你不是在想像，你也不是第一個發現她長得像。」葉用爽快的語氣回答。

「你們倆是怎麼認識的？」我想要更直截了當些。

「第一次見面大約是在兩年前，當時我和幾個朋友，都是郊區的黨支部書記，一起來這個飯店。幾個人中我年紀最大。侯桐死後，我還沒緩過勁來。我坐在角落裡不吭聲，看我的朋友們唱歌喝酒。當時，我注意到，年紀大一點的小姐中的一個，就是小張，也一聲不吭地坐在角落裡，因為多數人都喜歡年輕些的小姐。挨近一看，我吃驚地發現她長得很像寶珠。她從四川省來的，這裡的多數小姐都是從中國內地窮省來的，她和寶珠肯定不會有關係。第一次見面後，我總是叫她來陪我。這樣，我覺得我是在幫寶珠的一個遠房表妹。我還把這事告訴了寶珠！」

「你的意思是說寶珠知道小張的事？」我小心地問。

「你以為我找了個情婦？就我這把年紀？我把一切都告訴了寶珠。既然我們倆一起度過了這麼多風風雨雨、這麼長的時間，而寶珠又這麼賢慧，我永遠不會做傷害她的事。」

聽了葉的解釋，我鬆了一口氣。後來我和葉的高中同學和知己丁勇說起這件事，他也證實了葉的說法。

村黨支部選舉

一九九七年一月十五日，村黨支部準備進行選舉，由三十一個黨員選舉新的支部。黨支部由五人組成，每四年選舉一次。五人黨支部很重要，因為他們會在村民委員會的六個席位裡占五個，而村民委員會的委員負責監督村政府的六個部門，二十四個官員。我在一九九六年十二月末來到林村的時候，大家已經在對馬上要開始的選舉議論紛紛，現任黨支部委員之間和各派之間關係緊張。

一九九三年選出的黨支部中，五個委員分別是：負責全部村辦企業的黨支部書記葉文德；雄心勃勃、極有人緣的前三隊隊長侯桐，一九九三年他在原村長林承瑞退休後，被任命為村長；從一九八四年開始就當婦聯主任和村出納的洪靈麗；一九七八年以來擔任治保主任的林其發；葉文德的高中同學丁勇，他負責村裡的土地事務。除了這五個人，林承瑞在村民委員會裡任職，是負責文教衛生的第六位村民委員會委員。一九九四年，村長侯桐死於肝癌，在黨支部和村民委員會都留下空缺，這把整個事情弄複雜了。為了解決這個問題，葉文德任命林其發任代村長，指定一隊隊長王正順和四隊隊長許運功做黨支部替補委員，他們都是四

圖12-1 葉文德帶著孫女在村裡的娛樂中心唱卡拉OK

圖12-2 站在自己新房前的丁勇

十歲出頭。這樣一來，現任黨支部委員就有六個人了，而選舉的名額是五個，就是說，這六個人中的一個要被踢出去。

選舉本可以簡單些，因為現任這六個委員中的洪靈麗，已經五十三歲，超過婦女五十歲退休的規定年齡。對於男性來說，退休年齡為五十五歲，所以葉文德、林其發和丁勇，都是五十四歲，都可以在入選之後再擔任一屆。現在的問題是，洪靈麗在村政府裡一直負責婦聯和計劃生育工作。她一退，鄉黨辦會堅持要求林村選一個女性進黨支部，接替洪靈麗。如果是這樣，五個現任男性委員中的一個就得被踢出去。把誰從黨支部踢出去成為村裡各派最關心的問題。顯然，在現任黨支部委員中，林其發是最弱的。他作為代理村長政績不佳，村民們拿他的冷淡不群的態度和侯桐比較，侯桐充滿活力，意志堅強，滿腦子新觀念。除此之外，林其發的兒子有毒癮，曾被警察逮捕過，這更加損害了他這個父親作為村治保主任的形象。

林氏宗族的復興

但是，在林氏宗族的眼中，林其發在黨支部任職並且作為村政府的監督員，證明了林家的支配地位。如果林其發選舉失敗，村裡最大的親族就將在黨內和政府中失去代表。正如林其發的弟弟林其山不加掩飾地對我指出的那樣，在現有的一千二百八十個村民中，有三分之一屬於林家人。所以，林其發必須要選上，以確保在黨支部和村政府中的代表性。林其山為了給哥哥拉票，開始在他的店裡請顧客抽高級進口菸。此外，為了保證他哥哥不受到其他潛在候選人的強大挑戰，尤其是那兩個年輕的替補支部委員，林其山總是向所有聽眾講，他發現村裡有一個陰謀，暗指葉文德捲入其中，要把他哥哥從黨支部趕出去。如果真的出了這樣的事，那他林其山就要立即參加競選村長，以保證林家在村政府裡有聲音。

最近一些年，林氏宗族的政治力量確實變得舉足輕重。林家出生的男性村民的人數在一九八〇年代和一九九〇年代逐步增加。近些年，他們中的許多人在私營企業裡發了小財。一九九五年初，林家募集到三十五萬元人民幣（約四萬三千美元），來重建大約三十五年前建水庫時拆掉的祖廟。起初，村政府拒絕了重建祖廟的請求，理由是，這樣的行為會鼓勵恢復建立在父系宗親凝聚力之上的封建關係。作為對這種官方拒絕的反擊，林家聲稱，重建祖廟的資金是一位新加坡華僑出的，重建祖廟會吸引許多林姓華僑回祖國投資。於是，鄉政府宣布同意重建。

這座紅磚水泥建築在一九九五年十月完工，十二月七日的揭幕式上，從泉州、廈門和鄰近村子吸引了許多林姓的人和正統的親族。這座壯觀建築的完工，林姓村民似乎在宣布：自從上個世紀經歷了冷酷的凋零之後，林家正在復興，不可忽視。

如果林其發再次當選，那麼，那兩位替補支部委員王正順或許運功會丟了工作。他們倆都比較年輕力壯，這場競爭的關鍵在於他們中的哪一個能動員更多的黨員投他一票。在他們兩個人當中，王在村裡的親戚關係不多，可能有危險。我估計葉文德會幫王拉票，因為在最近的商業投資中，他曾經是葉文德極得力的助手。但讓我吃驚的是，葉文德基本上保持距離，不參加任何競選前的活動。我猜測，林其山對他搞陰謀詭計的指責和正式宣告參加村長競選，可能在某種程度上產生了預期效果。葉文德可能不願意因為把林其發趕出黨支部而得罪林家人。

投票

一月十五日早晨，鄉黨委副書記帶著兩個助手坐車來到林村。所有三十一個黨員聚集在村會議廳。葉文德向鄉黨委副書記簡單匯報了現任六個黨支部委員的構成和分工。當然，葉花了一些時間解釋目前的人員結構，為什麼不是通常村級的五個人，而是六個人，尤其為什麼需要任命兩個替補支部委員，來代替死去的侯桐。葉向黨委副書記請求允許他讓所有現任支部委員，除了要退休的洪靈麗，作為下次選舉的候選人，使村政府有個延續性。

鄉黨委副書記爆炸性地宣布，每個村黨支部都要為符合以下兩個條件之一的青年村幹部（三十五歲以下）保留兩個位置：或者是高中畢業生，或者是當過兵的初中畢業生。他宣布，鄉黨委規定這些條件是為了提拔受過良好教育的年輕幹部，面向二十一世紀。因此，他指出，林村黨支部只能在這次選舉中產生三個委員，剩下的兩個名額要留給將來符合兩個條件之一的年輕幹部當支委。葉文德指出，這兩項規定不合理。現在這三十一個黨員，沒有人達到這兩條標準的任何一條。難道黨支部在以後四年就必須只有三個支委工作嗎？那麼，誰來填補村民委員會的空缺？他問道。鄉黨委副書記反駁說，村黨支部沒有合格成員補這兩個空缺，這是因為它沒有吸收那些受過教育、符合條件的年輕新黨員。因此，若是林村這個黨支部不符合上級要求，就只能有三個支委了。

葉文德再次請求鄉黨委副書記給點彈性，說他將來盡力吸收符合條件的新黨員。可現在的主要問題是，要有足夠的人手完成村政府的工作安排。

最後，鄉黨委副書記讓步了，宣布村黨支部可以選四個新支委，把最後一個名額留給將來符合條件的黨員。選舉立即以不記名投票的方式開始了。每個黨員都得到一張選票，他或她可以在上面寫四個名字。鄉黨委副書記和他的兩個助手把選票收了上來，然後清點所有的選票。

在三十一張選票中，有兩張寫了四個以上的名字，被鄉黨委副書記宣布為廢票。另一張票上只有一個名字：王正順。顯然，這是王正順自己投的，但仍然算有效。在現任的支委中葉文德得票最多，他的名字出現在所有剩下的選票上。「為了達到目的，」林其山冷嘲道：「葉文德和他老婆寶珠不能不投他自己的票！」葉後面是丁勇，二十三票；許運功，二十票；林其發，十六票；王正順，十五票。王作為最後一位，以一票之差落選。

葉對選舉的分析和對王的安排

當天晚上，我和葉文德出去到廈門市的那家卡拉OK飯店吃飯。他看上去沒有對選舉結果表現出失望或不高興的樣子，只是疲憊。和先前一樣，他在點菜之後，又點了那兩個我第一天來的時候陪客的小姐——小張和小李。我趁菜還沒上，小姐還沒來，問葉關於這次選舉和它的潛在意義。

「王正順落選，你是否不高興？」我問道。

「我當然不高興，可我有什麼辦法？」他冷冰冰地回：「我倒希望看到林其發被換下來，因為每個人都知道他坐著村長的位子，一事無成。但是，如果我賣勁幫王拉票，並且林其發因此落選，那麼，許多林家人會覺得我在反對他們的親族。感情上我沒道理反對他們。不管怎麼說，我的祖母是林家的人，我弟弟阿榮娶了林其發的妹妹。反過來說，我不喜歡利用氏族組織這樣的封建關係，為權力集團服務。選人要看他們的能力，不是看他們有多少親戚。就是為這個，我反對重建林家祖廟，也從不去那裡。和你說句老實話，我不像有些人那樣，認為今天的林家人會一致對外地結幫投票。這個村子裡的利益太不一致了，人們不會因為同姓就結幫投票。

「至於王正順，我知道他失望，可我不擔心他的未來。他一直和我做生意，已經顯出他的本事。他靠做生意建立了廣泛關係，不限於廈門市，甚至超出福建省。我退了休，他可以接我的工作，管理村貿易公司。他會有穩定的收入，過幾年，等我們這些老幹部都退了休，王會有機會當選支委。」

「村貿易公司做什麼生意？它是什麼時候辦的？」我問道。

「它實際上是在一九九四年侯桐死以前開辦的。」葉點燃了一支菸，盯著天花板：「我自己認為我們村在促進新產業方面，是相當成功的。工業汙染造成的環境破壞，會徹底毀掉我們的經濟利潤。可是，不破壞我們幹什麼來賺錢？過去幾年，我看到廈門市迅速發展，用電量猛增。這個地區將要新建許多發電廠。福建省不產煤，必須從華北或國外進煤。我可以辦一個貿易公司，賣煤給地方電力公司，中間得回扣。

「有了這個主意，我先找前同安縣長老黃，他和你同姓，他在華北工作多年，認識那裡的許多幹部。黃證實了我的觀察，電力需求劇增，僅海倉新建的發電廠每天就要燒掉七千到一萬噸煤——每年大約三百萬噸！他給我提了很多好建議，告訴我如何經營，又把我介紹給天津一家煤炭公司的副經理辛先生，他常來廈門談生意。

「你知道，廈門電廠用的煤多數是華北山西的露天煤礦出的，一噸煤在那裡賣二十一元人民幣。煤賣給各級政府辦的貿易公司，這些政府有權使用鐵路和港口設施。必須從鐵路上把煤運到天津港，然後用遠洋輪船運到廈門。等到了廈門港，一噸煤價漲到三百五十元人民幣以上。那些天津煤炭公司沒有什麼地方關係，他們在把煤賣給電廠的時候，遇到許多問題。他們找到一家地方貿易公司作為他們的最終交易代理，還讓這家地方公司做些後勤，例如轉帳或開立銀行帳戶。

「老黃警告我，廈門各貿易公司之間的競爭已經非常激烈。有三十七個貿易公司賣煤給廈門電廠。據估計，兩年之後，公司數量會降到七個或八個，弱勢公司會被擠出去。但我認為我比其他人有某些優勢，因為我認識海倉電廠的廠長和副廠長，在廈門地方政府的電力局也有好關係。就這樣，我在一九九六年十一月見了副經理辛先生以後，就去天津和那個煤炭公司簽合同，海運三萬八千噸煤。我可以從那船煤賺十一萬四千元人民幣（約一萬四千美元）。這是多麼好的一筆收入！

「在一九九六年十二月末天津裝貨之前，我為這筆生意已經事先找過海倉電廠的廠長和副廠長。他們兩個都支持，但提出煤一到必須驗貨，以保證符合品質要求。品質要求規定，每噸優質煤應當產生五千五百大卡熱量。如果檢驗超過品質要求，電廠願意為每一百大卡熱量付四元人民幣，由貿易公司和供貨方平分。我找了電廠檢驗科科長，他對我保證在取樣的時侯，揀最好的煤塊燒。為此我給他送了二千元人民幣的禮。

「在貨船元旦到達之前，天津公司的副經理辛先生來向我借五百萬元人民幣。他說他在天津的公司由於新年要給職工發紅包，暫時遇到資金困難，公司的資金大多壓在這船煤上，他們為此必須預付山西生產公司的款。他保證，過不了五、六天，一拿到海倉電廠為三萬八千噸煤支付的運費就還我。」

「你肯定這不是個圈套嗎？」我表示懷疑。

「這不是，」葉回答說：「因為這家公司屬於天津市政府。我同情他的困難，但我從哪裡找錢？我想到了禾山鄉政府。我找到鄉黨委書記，要求從鄉財政借這筆錢，期限一週。這個鄉政府帳上總有閒錢。鄉黨委書記同意了，讓出納開一張五百萬元人民幣的銀行支票。他開玩笑說，如果我一週內還錢，他就不要利息。但是，如果超過一週，我就得像私人銀行要求的那樣每月還三%的利息。幸運的是，天津煤炭公司確實在電廠拿到煤並全額付款之後，還了這筆錢。此外，因為運來的煤有高於五千五百大卡要求的熱能——平均五千八百大卡——我們每噸多得十二元人民幣，在天津公司和我們貿易公司之間分。所以，換句話說，我們從每噸煤得了三元回扣和六元獎金。從這船三萬八千噸的煤，我的貿易公司賺了三十四萬二千元人民幣。我們扣除了所有支出，大約是四萬二千元人民幣，還有三十萬元人民幣的利潤，發給全體村民過春節。每個村民會得到近三百元過春節，他們一定高興的！也就是在這場買賣中，王正順參加了所有談判，見了雙方所有的重要人物。我退了他能接班。所以，我不為他擔心！」這時，卡拉OK音響開始放葉文德點的一首革命歌曲。他跳起來，一把抓住面前的麥克風，用他的高嗓門唱了起來。儘管他常常走音，我驚訝地發現他是那麼認真地唱出電視螢幕上打出的歌詞，歌詞講的是一九四九年革命前窮人受的苦，革命烈士以無私犧牲開創了通向勝利的曲折道路，以及在新國家建設中不斷進行的階級鬥爭。雖然這是一月分亞熱帶華南的一個相當寒冷的夜晚，我卻能看到葉文德已經出汗了，他的臉微微發紅，脖子青筋冒出，向麥克風喊著，聲音迴響在這座空蕩蕩的房間裡。

我突然想到，通常情況下，革命完全取決於創造的神話和忠誠的追隨者。在改革後的中國，一些人的玩世不恭和另一些人的機會主義，已經悄悄取代了馬克思主義教導下的理想主義，葉可能是最後一批真正信仰者中的一員，在市場經濟和個人競爭的無情車輪前，那種把集體利益置於私利和私欲之上的思想正在消逝。下意識的，我開始和葉一道唱起來。

1 即臺灣的餐館、餐廳。

第十三章 進入二十一世紀的林村

二〇一五年我重返林村時，印象最深刻的不只是巨大的林村廣場、村民的豪宅、排成一列的大潤發接駁車，還有看見三十多年前那些堅毅勤勞的村民，變成在富裕生活面前不知所措的有閒階級中人。

三十年前，我不可能想像得到經歷近兩個世代的時光後，重返林村時會是怎樣的景況，我相信當地的人應該是做夢也想不到。

二〇一五年二月二十二日，我從臺北搭機抵達廈門，準備在林村住上三個星期。在這段田野調查時間，除了拜訪我的主要報導人葉書記外，也打算拜訪其他的村中老友，瞭解他們的近況。畢竟離上一次回到林村後又過了二十年，即使之前大約每隔一、兩年我就會找機會輾轉到林村看看，不過每次停留的時間只有短短幾個小時，最多吃頓飯，難得有機會和他們從容敘舊。

我對這次較為長期的拜訪充滿期待。未料，不巧的是啟程前兩天，葉書記傳話給我說他的背疾復發，無法下床，但他會請現任的村委會書記林阿里接待我。雖然我對葉書記無法全程陪伴一事感到失望，但也安慰自己，這或許也是個機會，得以認識新一代的村幹部，瞭解他們對林村未來發展的看法。

令人開心的是，在機場迎接我的阿里確是位能幹熱心的年輕幹部。閒談中，阿里得知一九八五年我常拜訪他的父親，也就是村裡的中醫師。阿里隨即安排我入住村內新落成、有著三百六十間客房的豪華大飯店。當我站在二十多層樓高的飯店房間窗前，望著近處村中密密麻麻的一般公寓、馬路上穿梭的大小車輛、環村水庫的清澈湖水，以及更遠處的高聳樓房時，不由得感嘆何謂滄海桑田。林村的地景變幻莫測，就是個活靈活現的例子。

人類學者從事民族誌田野調查時，大多會選擇地理位置偏遠、位於主流社會邊緣或社經地位較為底層的群體，作為研究主體。這樣的切入點，一方面是較容易透視造成該群體弱勢的原因，另一方面則是希望能為弱勢社群發聲，以利其改善生存條件。一九八四年，我來到廈門島的林村從事田野調查，試圖探索中國大陸農村如何從集體的公社制轉型到私有市場經濟時，也是基於這樣的出發點，所以選擇這個當時看來較為落後、孤立、貧窮的村落，作為研究對象。

誰能料到，彼時源自於這種特殊考量的出發點，經歷了三十多年的發展後，卻出現難以想像的巨變。當年貧窮、落後的林村，如今早已蛻變為富足傲人的豪華社區。多數村民不但住居在第三代新型樓房住宅，還集體投資封閉式的豪華商場，擁有高達二十七層的觀光旅館和大賣場股份，成為廈門島上其他住民羨慕的對象。

隨著林村的巨變，我作為一個人類學者，也必須面臨觀念上的挑戰和位移。我得從一般情形中人類學者社經地位相對優勢的「向下研究」（study down）視角，調整為「向上研究」（study up）的心態。[1]對於歷時三十多年的田野工作者而言，這樣的轉變是一段很有趣的智性與感性之旅。

林村有如「烏鴉變鳳凰」的轉型，其成功的原因是什麼？在廈門島上眾多的村落中，為什麼只有林村能在改革開放後的浪潮中脫穎而出？關心社會發展的學者，能從林村案例中歸納出什麼結論？

烏鴉變鳳凰的轉型主因

從我在林村橫跨三十多年、三次較為長時期的田野調查（一九八四至一九八五年，一九九六至一九九七年，二〇一五年）所收集到的資料，歸納分析後大致可以指向四個主要原因。

第一，村內農地使用型態的轉變。林村原屬人口稀少且偏遠貧瘠的農業區，改革開放後轉變為吸納廈門市快速增長人口的腹地，包括村民自建的違章出租房舍，以及地方政府與建商合作開發的大型住居社區。**第二，村民持續向外尋求致富的機會**。早年面臨貧窮壓力的林村村民，不斷向外尋找擴張財富或增加收入的機會，投資各種新興企業，得以迅速且成功轉型為「後農民」(post-peasants)。**第三，迎合外在政治改革的大環境**。一九八四年改革開放後，村內幾代菁英接棒，敏銳觀察外在政治風向的改變，並積極配合改變村內政策，追求多數村民的最大利益。第四，村內宗族團結達成內部穩定。作為一個有大姓主導的村落，宗族團結提供了內部安定的力量，容易達成協議一致對外，實現目標。以下就此四點進一步分析：

1 農地使用型態改變：從貧瘠農地轉變為新移民居家社區

一九四九年前，林村所在的山坡地，因土壤貧瘠、水源不足，是廈門島上的貧困區，人口稀薄。但這個不利於農業發展的負面條件，在改革開放後幾乎完全改觀。一九八〇年代後，進入中國的外資投資企業如港、臺等資本，需要足夠的空間建廠。同時，改革開放後大量擁入廈門島尋找工作機會的流動農民工，也亟需尋找短期或長期的住居空間。在此情形下，相對於人口擁擠的廈門市區，偏遠的林村及其鄰近偏鄉，就能提供充分發展的空間。這種租賃房舍的需求，當一九九五年一家臺灣企業到林村設廠後，更為加速人口增長和農地消失的轉型(見表13-1)。

村民們大多同意，林村真正的發展是在一九九五年一位臺商來村建廠時才突飛猛進。這間臺資工廠僱用的工人數，從第一年的數百名，到一九九六年已擴增超過三千多名。大批工人進入林村，住房要求突增，於是村民紛紛將改革開放後承租的農地拿來蓋樓出租。這時，村民為求快速建屋收租，放棄了第一代傳統的建築格式，即以寬厚石板為基礎的雙層天井式樓房，而改用鋼筋水泥興建三至五層樓高的公寓，以便擴大收租空間，堪稱第二代的建築風格。這一波的建築熱，讓村內冒出許多外表單調、工法簡單的鋼筋水泥樓房，如雨後春筍般地迅速蔓延覆蓋了整個村子，逐漸吸引廈門市區的打工農民工到此居住。

二〇〇〇年代初期，全村農地幾乎已全部轉換為樓房，僅剩村子北部湖邊那塊以往用來放牧牛羊的湖心半島(村民們稱之為「湖心島」)還保有些綠地。但到二〇〇七年，這片綠地也迅速地被市政府和外來大建商買下，開發成公園和豪宅社區。

雖然林村村民利用承包的農地蓋建房子出租的行徑，介於合法和不合法的灰色地帶。但一九九〇年代廈門市面臨爆炸式的工業發展速度(詳見後文)，外資企業需要土地蓋廠、大批內地農民工湧入，及時解決勞動力不足的問題成為吸引港、臺、外資企業投資時的首要關切問題。因此，地方官員為追求耀眼的GDP，以及同時增加市政府的稅務收入，在此情形下，市政當局只能默許村民的違章建築存在，不予取締。

林村村民委員會向村內出租房舍徵收的費用名目，其中一項是清潔費，二〇一〇年開始徵收，每一平方米每月兩毛錢。二〇一五年，全村全年徵收了一百萬元的清潔費。換言之，林村一年出租的商品房約有五百萬平方米，或每月四十一萬平方米。若以該年五萬九千名外來人口到此租房來算，每人平均擁有近七平方米的空間。村委會每一平方米徵收兩毛錢的所謂清潔費，其實主要用作村內的敬老、扶貧、救災等社區服務工作。實際上，全村真正的清潔費用一年需要兩百多萬元，和廈門島上其他的村子一樣，都是從湖里區政府和江頭街道辦事處撥下來的錢，用此來僱用清潔工和購買清潔用具。

我的老房東林其山的媳婦說，林村的出租房並不便宜。我回到林村的前一天，她帶一個內地來的朋友在村內找房子。一間二十平方米[2]大小的單間，有一張床、一套桌椅、冷氣、小衛浴，月租八百元。一房一廳約三十平方米的房子，可要價一千二百元。平均算來，大概每平方米四十元。換言之，以全村每月四十一萬平方米的出租房來算，一平方米四十元，就有一千六百四十萬元。全村四百戶來說，每戶每月的平均收入就有四萬一千元，平均每戶一年有四十九萬二千元（或七萬二三五三美元）的租金收入，遠高於全中國的平均值。而這只是一般住宿房舍的租金。

若以店面租金而言，靠近大馬路的商店，一平米方可能要價二百至二百五十元。較後面的店面也可要價一平方米一百五十元。換言之，出租房舍給流動人口和店主，二〇一五年時已可說是全村村民的主要收入來源，讓他們得以完全棄農靠租維生。

一般的出租屋，若為單間，就是在走廊一端附設廚房、衛浴間、廁所，另外則分成一個個小房間，每間大約十五平方米，可以住一到兩人。若是光線良好的房間，可租到一個月六百元。房間一般都會裝設一臺冷氣機。好一點的還帶有一個衣櫃、一張桌子和一張床。電費自付，若要接上光纖網路的話，每月四十元，也是自付。

一九九〇年代便預見廈門市區工業發展迅速，將有各種房舍租賃需求者，不只有林村等郊區農民。各級地方政府如廈門市政府、區政府等，也同樣藉由規劃市區發展之便，徵收農地以興建公共設施（如修建馬路、公車站、自來水廠、抽水站、電纜、地下排水道等）。公共設施規劃完成後，政府就會將多餘的土地拍賣給建商，獲取暴利。

二〇〇七年，廈門市政府規劃整頓湖邊水庫，除用作廈門市區的自來水備用水源外，也規劃在湖邊興建公園，在周圍建立新社區。政府在徵收農地時，一般都會說明特定的公共建設用途。完成整治規劃後，將剩餘的公地拍賣給建商，也有一定的手續和規定。比如說，「萬科企業股份有限公司」[3]所建造的湖心半島社區，面積為五萬平方米。政府在整頓湖邊水庫時，已將整個半島徵購。水庫整頓完後，就將這塊地拍賣給萬科。萬科得標後，就在此興建面積高達十五萬平方米的商品房。村民告訴我，當年，萬科大概花費了一億元整地，再花幾億元建樓。平均算來，新建的商品樓每平方米的成本約九千元。但萬科現在賣出去的價格是一平

年分	常住人口	平均年增	外來人口	平均年增	農地面積（畝）
1985	1,047	-	10(?)	-	700
1996	1,280	1.84%	3,600	70.76%	300
2015	2,278	3.08%	59,400	15.90%	0

表13-1　林村常住人口與外來人口的增減（黃樹民製表）

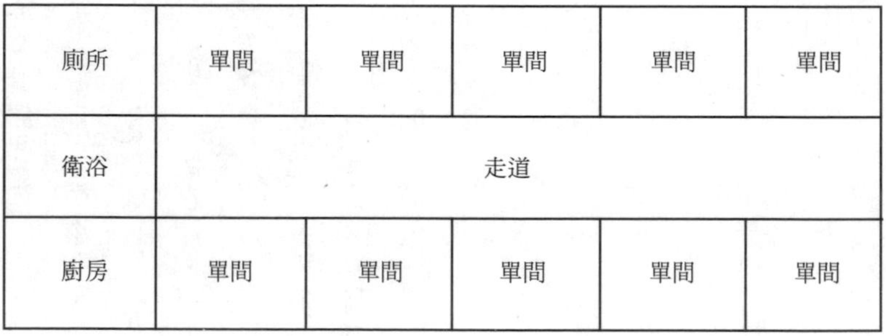

圖13-1　出租房間樓層分布示意圖

方米約三萬元，堪稱暴利。

最早於一九九〇年初，萬科就在村子東邊興建了七棟每棟二十層以上的豪華型大樓。那時，林村通往廈門的公路尚未修好，交通不便。新蓋的大樓每平方米賣一萬元都沒人買，打八折或九折，一平方米只有八千到九千元。路修好後，價格已跳到兩萬多元。而萬科湖心半島的三棟大樓，每平方米至少要價三萬多元。更貴的是大樓底下的小別墅，沒有五萬多元一平方米是買不到的。

這些外來建商投資的豪華型大樓，給村民帶來了新穎的住居觀念，形成第三波的建築熱。丁勇說，村內住在湖心半島的村民有十幾戶，但來此買房的，多半是從福建北部的福清、長樂等地來的暴發戶，甚至有北方的「土豪」，「反正他們有錢」，都想來此享受較溫暖的冬季生活環境。

政府為規劃舊社區重建，向農民徵購舊社區房舍以便拆除時，一般都以建地面積來算。但林村村內土地都是集體所有，個人並無財產權。因此，賠償屋價的算法是，現在的住房若有一百五十平方米，政府就分配一間一百五十平方米的新建公寓以為交換。不足之數，則用金錢補足，如一平方米補償二百元。

房產徵購是很複雜的過程。首先，政府會先公告徵地費用，如每平方米二百元。然後，派官員到各戶談判。按村民的用語，「有些人心軟一點」，看到官方提高出價到三百五十元一平方米時，就同意簽約。一旦簽了約，就無法更改。「有些心腸硬一點的」，官方抬價到四百至四百五十元一平方米都還堅持不簽約。過於強硬的住戶，就被官方列為「釘子戶」。但是，這種人也不一定都能「得逞」。有些釘子戶硬不妥協，政府就不管他，將周圍房子拆掉，建成大樓，這時，釘子戶的日子就不好過了。周圍全給大樓包圍，進出不方便。有時樓上還會丟下垃圾，或是面臨斷水、斷電的困擾。此時，若屋主終於同意被徵收時，政府就會依照原有的公定價格徵收，讓他「得不償失」。

村民還說，二〇〇七年時廈門市政府也打算徵收林村在改革開放後興建的那批老舊房舍，以進行社區改造。但是，市政府只承認當初發給建造許可證時的房屋面積，也就是農民住宅不可超過三層樓。若以此來看，村內既有的六、七樓層高的房子，三樓以上的都算違建。在分配安置房時，只按合法建造的面積提供一次性賠款，違建部分不予計算。一開始，每平方米賠償四百元，後來愈炒愈高，我這次重返林村時（二〇一五年）已漲到兩、三千元。據聞，二〇一三年市規劃局曾派一位副市長來林村座談，瞭解舊區重建的困難。副市長發現，真正的問題在於很多村民都依賴收取房租為生。若拆除舊屋，村民便失去收入，生活頓成問題。同時，住在村裡近六萬名的流動移工，要他們立刻搬到廈門其他地方租房，也是個大問題。因此，林村舊區改造的構想，就這樣不了了之。

一九九〇年代初，丁勇知道政府要在林村推動社區改建時，就在自家後院一百四十平方米的空地上蓋建一棟六層樓的公寓出租。雖然丁勇對這塊土地並不持有產權，但這塊地空在那裡沒人管，以前就是丁家使用這塊地曬衣服、堆東西。蓋完樓後，丁勇就將之出租給流動農民工。我這次重返林村時，他收租也十多年了。丁勇自嘲：「我現在最擅長做的事，就是種房子。」一旦知道政府要徵收舊樓，他就會將房子變大、變高。

不過，拆屋時是件大事，可能會有各種做法。一般來說，廈門市政府徵收土地後，就會發包給拆建公司處理。比如說，要拆除一萬平方米的舊樓，每一平方米的拆除費用約一百元，工程就值一百萬元。政府發包時，當然會將工程的利潤算進去。但是，拆建公司（大多是廈門市內的公司，林村本身沒有）還可能將工程再分包出去。若小公司願以八十或九十元的價格承包一平方米的拆除工程，原來的大承包拆建公司就立刻賺到每平方米十元或二十元的利潤。當中牽涉到的利益很龐大。

一天中午，村民正順請我到他家吃飯敘舊。一九九六年時，正順擔任葉書記的個人商業助手。當時的小青年，此時已留了鬍子，成為一家之主。他住在林村邊上一棟出租樓房的頂層。正順夫婦、兒媳及兩個孫兒住在一起。小孫女是一胎化制度下的「超生」，當時罰了十三至十四萬元的超生費。正順的兒子大學畢業後，原本在外地公司上班，月薪六千元，算是不錯的待遇。但是，他在公司跑外務還要應酬，入不敷出，正順每月還得補貼他一、兩萬元的生活費。於是，兒子結婚後，正順就叫他辭掉工作，留在家裡幫他管理出租屋。二〇一五年時正順有五棟樓房，共二百個出租單元，自己一個人管理不了，有兒子幫忙省了他很多事。

正順估計，林村舊社區附近原本的村民將近一百戶，但有兩、三萬名外地人在此租房。林村村民平均每戶每月可有五萬元的租賃收入，基本生活很不錯。林村的優勢是交通便利，不像鄰近的其他社區，道路狹窄車子不容易進去，外地人不太願意到那裡租屋。其實，林村內也是有幾個困難戶，像是碰到車禍事故、重病、賭債等造成的生計困難。月收入若只有一萬元，生活就會吃緊，但也不至於窮到吃不飽的地步。

2　村民向外謀生，尋求致富機會

一九四九年以前的林村，因土地貧瘠且遠離廈門港，工作機會稀少，屬於貧困地區。當時，有點膽識的青壯村民，就積極向外闖蕩，到中國東南沿海港市、甚至遠赴東南亞，尋找工作機會。林村村民這種外向發展的企業精神，在中國的集體化時期（一九五三至一九七八年）受到很大的壓抑。隨著改革開放後政治鬆綁帶來的機會，又讓村民得以開啟各種創業空間。底下介紹幾位村民外出創業成功和失敗的案例，讓我們瞭解林村的創業拚搏精神。

先談成功的案例。阿里是村中林姓氏族的新一代青壯年，二〇一五年時擔任村委會主任。我於一九八四、一九九六年在林村做田野調查時，並未見過他。因為阿里小時候就被父母送到廈門市區的一個親戚家打工，沒讀過初中。照村民的說法，阿里後來當兵，才在軍隊裡「學了一點文化」。退伍後，阿里先在廈門市做些小買賣，像是拖拉機、拖拉機零件、地板材料等，還開過早餐店、炸過油條。後來會成功，主要是因為與合作金庫的工作人員相識，所以能借到貸款去炒房地產、興建並販售廠房，發財後才回到村裡定居。前村黨支部書記卸任後，就由阿里接任，同時擔任村委會主任，規劃村內的發展計畫。

某天上午，我到林村老年協會的會長林其福家中拜訪。他的女兒正好回娘家，我就和她聊天。這個當年很害羞的小女孩，如今已是掌管家務的主婦。她說自己從小喜歡美容，也喜歡閱讀這方面的報章雜誌，後來就選擇從事美容業。她自習一些美容技巧和流行款式後，就在廈門市區開了一間美容院。後來生意愈做愈大，已在廈門和郊區連開了五間美容院。此時她已不出面幫人美容了，而是僱人來做，自己只負責五間店的營收管理。偶爾到店裡看看是否需要補充美容用品或聘用新人。前一年，她才將十八歲的兒子送到澳洲讀大學。她說，兒子到國外住了一年，回來後整個人的氣質都不一樣了，懂得禮貌和講道理。所以，現在村裡很多家長都很願意將孩子送出國讀書。

聽完老年協會會長兒孫的故事，那天下午我又到洪安萊家中訪談。安萊這一天的興致特別好，話匣子一打開，就滔滔不絕地回顧他的發跡經歷。一九九二年，安萊買下三隊的土燒磚廠。在此之前，他負責管理這間磚廠，所以熟知其營運。那時，除了將廠裡生產的磚塊賣到廈門市區外，他自己也做起生意，買了輛二手解放牌卡車運私貨。他在沿海地區收購由臺灣漁船走私進來的手錶、皮貨和紡織品，裝在卡車上，運到福建山區，一個縣、一個縣地賣貨。福建省的所有縣市幾乎都跑遍了。「那時賺錢太容易！」安萊回憶道。他一有閒錢，就又買下三隊的空地，然後蓋起樓房出租給移工。錢多了，經常整天吃喝玩樂加賭博。有一回安萊的父親對他說：「你一輩子都沒蓋棟房子給我住。」安萊聽了很不服氣，就找人在前院興建一棟房子讓他父親住。房子蓋好後，父親很擔心地問安萊：「你這樣不是要欠一屁股債了？」但安萊的原則是從不借錢。所以生意再大，都沒欠過債。

二〇一二年起，安萊將龍海地區的製磚工廠交給兒子管理。他對兒子說：「你好好管這個廠，以後生活就沒問題了。」安萊還在漳州買下不少房舍與店面。像十多年前（世紀之交）漳州的房舍一平方米才七、八千元，店面也不過一萬元出頭。如今這些房地產的價值起碼翻倍。所以，安萊不賣房地產，只出租收租金。早些年，安萊就像為兒孫打點一切的傳統父母，最早購買的房子都放在兒子名下，省掉他往生後兒子還要轉移戶頭的麻煩。

不過，安萊後來也開始為自己著想了，覺得新近的置產還是放在自己的名下較好，免得將來自己需要用錢而不得不賣房時，還得跟兒子商量。如今安萊居住的房子是一九九五年蓋好的別墅型三層樓房，當年算是頂級建築，還裝設了冷氣。樓下出租作為店面，樓上全由自己住，並未分隔出租。安萊說，錢夠多了，不需要虧待自己。

村裡其他的年輕一代在外投資事業的也不少。像是葉書記的弟弟阿榮，在同安市開了間工廠，規模很大，資產應該比葉書記還多。另外，又如丁勇的兒子阿強，他在江蘇與人合資興建一間農用化肥公司，還取得美國最新的專利，產品在中國大陸銷售，賺了不少錢。

相較之下，失敗的案例似乎比較少見。或者說，也許是因為失敗也不至於影響生計，以至於無所謂而不受注意。新一代即使失敗了，似乎也仍能靠著上一代累積的財富過日子。

我的老房東林其山說他已經很久沒有做事了。他將原來的住家擴建成五層樓房，上面三層全租出去，每月租金收入兩萬多元，夠他花用了。最下面的兩層留給自己住，隔成幾個單元，他和兩個兒子及其妻小住在一起。大兒子建霖早先曾在葉書記弟弟開設在村口的加油站工作，後來自己也開店賣起建築器材和零件。但幾年來生意都不順，不是貨銷不出去，就是客戶倒債，於是關門。後來，建霖又開了一家食品店，專賣貴重食材，例如燕窩、魚翅和鮑魚。但生意依然不順，不是找不到客戶，就是被人倒債，做了一陣子後又停業了。此時已無工作，只是偶爾幫忙其山做點泥水工作。去年其山整修樓上的出租房，就是由建霖來做。建霖沒有固定收入，沒錢了就跟其山開口要，其山也懶得跟他囉嗦，總是直接給錢。

3 配合政策改革

林村得以在四十多年的改革開放浪潮中，取得顯著的成果，其中一個關鍵因素，就是連續擁有幹練的村支部書記，能夠準確解讀各級政府的新政策動向，從而採取配合的措施，並爭取村民福利。

最早一任的書記就是本書主角葉文德。他在一九八〇年代推動村內建造磚廠，將生產出來的磚塊賣到處處高樓的廈門市。又在一九九〇年代推動村內建設鍍鋅廠和熱鍍廠，其產品用於市容整頓。這兩間工廠僱用許多村民，村內的投資股東年底分紅，參與者都能取得具體的財務成果。這些規畫與實踐都是根據上述原則而來。

後來接任的村委書記許運功和阿里，也具有同樣的利人利己特質。雖然他們所受的正式教育不如葉書記多，許運功是初中畢業，阿里只有小學程度，但他們在廣義的知識面上，比起葉書記也毫不遜色。他們從豐富的社會生活經歷中，獲得各種在地知識並拓寬人際關係，才能結合村內、外的力量，順利推動創新計畫。

阿里曾向我解釋他如何處理政府和民間之間的不同利益衝突，以及他的解決之道。他認為，中國近年來所發生的諸多問題，西方社會都曾發生過。例如近年來中國各地從政府到民間的瘋狂圈地運動，幾百年前的英國就曾發生過。工業過度發展所引起的汙染問題和環保運動興起，近百年來西方社會也還未能處理完善。而他現在最擔心的兩大問題是林村如何維持永續發展和照護日益增加的老年村民。像阿里這種具長遠視野的村領導，在面對中國波濤洶湧、動盪不已的政治變動環境中，就展現出高度的彈性和適應力。

近二、三十年來，廈門市政府的組織架構已有很多改變。原本市級以下有四個行政區：

湖里、鼓浪嶼、金山和思明。林村原屬於禾山鄉，不算市區。鄉級以下為村，村民自選村委會和村黨支部書記。二〇〇三年改制後，全廈門島的鄉鎮全部取消，所有農民都變成城市居民，並有五年的緩衝期。也就是說，二〇〇八年之前，林村村民雖然已歸類為城市居民，但還是可以比照農民生育第二胎。二〇〇八年正式成為城市居民後，就只能生育一胎了。

二〇〇三年以前，村民自己選舉村委會及村支部書記。升格為城市後，村就應改為區底下的街道，村委會就應改稱辦事處。此時，原則上就沒有村民直接選舉這回事，而應由區政府直接選派街道辦事處主任。然而，二〇〇三年區政府改制後，廈門市政府卻未這麼做，仍然讓原來的村民選舉自己的社區委員，以及村黨支部委員和支部書記。

之所以改制不徹底，是因地方事務千絲萬縷，牽涉到徵地、地方家族糾紛、生育控制等事務，空降的外來主任根本無法插手，解決不了問題。例如，二〇〇五年洪文社區原來的村支部書記涉嫌貪汙而被免職。區政府派來一位書記，上任後，完全無人理睬，沒人跟他泡茶聊天。結果一任三年都沒做完，他就辭職離去。

林村的領導，對內得應付地方宗族勢力和人際關係，對外得掌握時勢並號召村民共襄盛舉。這樣的工作，外來領導難以勝任。即使是當地人，也得有兩把刷子才能內外都說得上話。當然，光靠村內領導並不可能改變林村的機會區位，遇上有遠見的上級領導，天時、地利、人和等因素都具備了，林村的前景也就更為明朗了。

林村的領導菁英們認為，影響廈門市及郊區發展最大的領導，是一位名叫何立峰的市委書記。二〇〇六年來到廈門，推出很多新政策，影響不小。何書記的前任洪書記曾訂下指示，廈門島內每位農民可有十五平方米的土地作為生產之用。何書記上任後，將這十五平方米擴大為三十平方米的企業用地，如此農民擁有的私地更多，彈性也就更大，甚至可以蓋房出租。這位何書記敢做敢拆，勇於克服困難。他規劃興建環島的BRT（Bus Rapid Transit或公交快速系統），一開始時飽受民眾批評，說是破壞風景、阻礙交通。但事後看來，要是沒有BRT，持續人口膨脹的廈門市交通一定早已癱瘓。BRT從二〇〇八年開始興建，隔年二〇〇九年即完工。之後，住在林村的工人就能搭乘公車到廈門市工作，一次車資只需五角錢，非常便利。這也是為何林村會吸引這麼多外來流動工人的原因。

二〇一五年時，村支部書記林阿里說他最關切的問題就是林村學校這塊地。他的遠見非常符合時代需求，甚至在林村富裕之後，也能超越營利賺錢的目標。當初興建林村廣場時，村委會也將學校遷至廣場旁，建在完全屬於社區的公有土地上。原則上，當林村社區捐獻新地蓋建學校時，應有權處理舊校址這塊地。但是，區政府表示，學校校址屬於教育局，所以社區不能處理這塊舊校地。阿里說，他打算向區政府提議利用舊校址興建一所養老院，這樣政府就應該沒理由不歸還土地了。若能要回這塊地，村裡可以花費一、兩千萬元建造一個高檔的養老院，並向政府申請經費補助。養老院旁還可建設一間醫院，這樣醫護人員就可支援養老院的需求。此外，學校的操場邊上還可以開闢一些土地用來種菜，讓老人有事可做。林村全村約有三百多位老人，各家照顧起來都備感吃力。若有這間養老院，就可以解決很多家庭的困難，即使收費高一點也沒關係。

阿里說等養老院建設好後，他也可以退休了，改當養老院院長。他認為，村民應該開始參與公益事業。雖然他們大概無法當義工，去做粗重或照顧小孩的工作，但可以出錢，定期到內地山區拜訪偏鄉學校，瞭解其需要，再回到廈門市發動募捐。阿里說，沿海地區生活好了，就應幫助困難地區的人，「尤其是我們都不愁吃穿了，就應有餘力幫助別人。」

4 宗族的傳統影響力

顧名思義，林村的特質便是村中有個較大的林姓宗族。林姓宗族雖然占全村人口不到三分之一，而且也並非一個內聚力強的農村宗族，但卻能通過聯姻、招贅親的關係，聚合村民，達成共識，成為一個頗有行政效率的新型社區，推動其他鄰近社區無法做到的社區發展計畫。其中最為明顯的兩個例子，就是重建林氏祖廟和新建林村廣場。

林氏祖廟重建於一九九五年，次年完工後，就恢復在此祭祖。二〇一〇年，林村水庫整治後祖廟旁邊空出一些土地，村民便將祖厝外推，興建了一處停車場，每個出租車位月收三百元，如此祖廟就有了固定收入。祖廟一年祭拜三次：農曆新年、冬至和清明。最大的慶典是冬至，當天中午「吃祖」，排出十來張祭桌，每戶派出一丁並捐錢，但捐多少則不一定。

這間祖廟每十二年翻修一次，二十年重編一次族譜。林村的林姓原本並無族譜，村民不清楚這兒的林姓宗親和另一個林厝那兒的林姓是否有所關係。上一回編纂族譜，就只是根據村內老人的回憶，追溯其可能來源，以及記錄當時的家族分支和人名。族譜印出來後發送每戶一本。

林村廣場的修建工程比林氏祖廟的重修規模更大。村委會於二〇〇七年向市政府提出興建林村廣場的構想，那時市政府正剛開始整頓湖邊水庫的計畫，也提出重建林村社區的想法。村委會和市政府雙方同意拆掉鍍鋅廠和熱鍍廠，以利考慮土地規畫。既有的鍍鋅廠所有權歸屬於三方，浙江鍍鋅公司擁有三成股份，廈門一家公司擁有三成股份，林村的投資者擁有四成股份。此投資項目當時簽約的期限為二十年。鍍鋅廠於二〇一二年上半年停工關門，合約也已到期。熱鍍廠同樣也在二〇一二年關閉。兩塊土地都收回後，都用於改建道路。

林村廣場的建案以集體投資的方式提出申請，構想包括三座連在一起的大建築：二十七層樓的大飯店、密封式四層樓的商場，以及地下室的大賣場。此時，市政府也正在考慮如何解決村民失去農地後的生活問題，因此很快地就批准了此案。市政府不但同意集體投資的申請案，還制訂了詳細的規定：村民持有的股份不得任意轉讓，以免將來財產權被其他的投資者控制，導致村民失去自主權。

不過，村委會認為市政府提出的規定不合理，而且有些村民已私下將股份轉賣他人。由於政府規定股權不能轉讓，所以已經轉賣股份的村民，無法正式地將產權轉移，只能私底下找公證人證明確有簽約之事。村幹部都認為，市政府的規定有問題，因為這種規定只能防君子，不能防小人。轉賣股份的人，由於股份仍在其名下，每年的分紅還是分配給他。要是他未來一口否認轉賣股份的事實，「那官司就打不完了」。林村村民此時已經擁抱市場，且成功致富了幾十年，很難接受再被約束而無法進入自由市場。因此，村書記阿里說，他要繼續推動修改規定，讓股份可以合法轉移。

林村廣場這片土地約有三萬一千平方米，完工後的建坪面積為十二萬八千平方米。當初一開始整地就同時招商。林村廣場的集資全來自村裡，村民每戶出資三十萬元入股。其中，每戶自行提出現金十二萬元。全村再向銀行貸款，每戶借貸十八萬元，分三十年期攤還，每戶自行負擔月息。村裡只有極少數的困難戶無法入股，他們之所以淪為困難戶，主要是因有家人賭博輸錢，家裡得負擔償還，無法拿出十二萬的現金。除了這幾戶外，大多數村民都有房子出租，光靠租金即可以過活。

然而，剛開始集資時，部分村民並不願意參加，質問為何不先建完大樓，再考慮引進商販。但是，村委會自始就決定建築與招商同時進行，以利規劃。建築部分，村委會是找廈門建設院設計。村委會同時也與廠商接觸，認識公司情況，並瞭解其進駐意願、實力和特殊需求。例如，關於地下室的大賣場，村委會曾接觸過大潤發和沃爾瑪（Walmart）兩家大型連鎖商，尤其針對梁柱的寬度、位置、地板承重量等問題，徵詢商家意見。村委會拿到這些信息後，就轉給建設院的工程師，請其根據要求調整設計。在建造過程中，廠商也會派自己的工程師來查看。如有修改意見，也會立即轉知建設院，請其修改藍圖。如此可令各方滿意。待大樓胚架完成後，村委會就正式請這些有意願的廠商來投標。得標的條件除了租金高低外，也會考慮投標廠商的實力與信譽。合約一簽就是二十年。

林村廣場的承租情況似乎很順利。飯店大樓的承租老闆是福建人，改革開放後移居澳門，後來在中國大陸擁有十多間飯店，頗具經驗，也得以調用其所有飯店的管理人才和員工來此幫忙。四層樓的商場則由「福建東百集團股份公司」整體承包，按每平方米四十五元的租金計算。村委會找上東百，是因其為老牌名店，成立於一九五七年福州東街口的百貨公司。林村商場通過消防、結構等安全檢查後，村委會就將商場大樓轉給東百，雙方簽約。東百自行尋找承租店家，可說是二房東，租約一次簽兩年，一般押金為兩個月房租。假使店家生意不好，想關店，也可能因兩年合約而繼續咬牙撐下去；若是提前解約關店，東百只需收回店面、沒收押金，再找下一個新租戶而已。

廣場的地下室由大潤發承租。據村委會表示，當初他們去福州大潤發總部談判引進事宜時，若那時就簽約，林村的大潤發就正好是其在中國的第一百家分店。不過，當時尚未完成談判細節，半年後正式簽約時，林村的大潤發已是中國的第一百五十家分店。

大潤發在林村的出現，對村內幾十間小型超市構成競爭威脅。雖然超市的東西可能便宜一些，但大潤發的貨品更新鮮，種類也多。鄰近洪山社區也有沃爾瑪大賣場，也會與大潤發競爭。不過林村的大潤發很有策略，設置了免費的交通車提供湖邊的幾個社區使用，方便人們前來購物，以確保基本的消費者。

林村廣場得以成功，可說是天時、地利、人和三項因素正好湊在一起的良好結果。廈門市將林村廣場當成農村改建的成功樣板，還組織外地的農村幹部來此參觀。不過，林村的幹部認為，其他地方應該難以模仿成功。除了天時與地利不一定剛好外，多數社區缺乏林村的地理條件和少見的領導班子。

林村故事的意義

在改革開放後趁勢而起的林村，從其自成一格的規模來看，顯得非常成功。然而，若將林村的發展放在更大的中國治理脈絡中來看，其問題就顯而易見。公與私、權利和義務、政府與民間的衝突或扞格就充分突出。

阿里擔任支部書記後，於二〇一二年推動成立「林村物業管理有限公司」，集資五百萬元。公司的主要業務是管理林村社區的資產，以及清潔和治安工作，包括林村廣場（僅指廣場外圍，廣場內部由東百集團管理）、同安的五間廠房、村內其他出租的廠房。公司現有員工四、五十人。除了部分村民外，也僱用一些外來的專業管理人員，協助管理和規劃的工作。

根據物業管理公司估計，林村的資產約二十億元。然而，儘管資產不少，也擁有專業工作人員協助規劃社區的改造工程，但卻缺乏資金進行舊村改造的具體工作。林村面臨的兩大問題是自來水和汙水排放。村內既有的自來水管陳舊，漏水率達二至三成。原來的供水設計是供應三千位居民使用，但此時居民已暴增為六萬人，加上漏水，供水量明顯不足。阿里曾去自來水公司洽談此事，水公司的回應是，他們的責任只是滿足三千位原始居民的需求。超額出來的六萬人，屬於林村的「營業收入」，應由林村自行負擔水管更換和擴建水廠的費用。顯然，公營事業部門看見社區集體發了財，眼紅而心不平。

林村的另一重大問題是汙水排放。多數村內住家都沒有設置化糞池，直接將糞便和家庭用水排放至村內暗溝。僅一米寬的暗溝，大概只剩三、四十公分的排汙量。雨季大水來時或堆積物將暗溝塞滿後，糞便眼見就要流到街上了。舊村改建勢在必行，但要如何做、如何補償居民，是頗為棘手的問題。

物業管理公司估計，自來水系統改建，可能需要花七、八百萬元。下水道的問題更大，至少三、四千萬元以上。他們認為政府應該出資部分，而由社區和房東負責大部分經費。但是，要求業主出資幾乎不可能，所以問題就一直擱置未能處理。

村裡的另一困擾是物業管理公司與村委會之間的不協調。物業管理公司是專業人員，以取得社區最大利益為主要工作目標。但是，村委會一方面要照顧到村民的意見，又認為物業管理公司是其下屬，應聽命於村委會。雙方意見不同時，矛盾難免。

阿里估計二〇一五年物業公司的收入約超過一千五百萬元。除去必要開支，近五百戶的村民每戶可分到三萬多元。錢雖不多，但對年底過年是一個大補帖。這種實質的補貼，也加強了林村村民的向心力。

治理的規模是討論治理成敗的必要條件。當小規模的治理群之間、或小規模與大規模的治理群互相衝撞，公眾性的事務若要能朝向永續性的良善方向發展，在公益理念和遊戲規則上取得共識，可能更是關鍵。過去近四十年來，我看著林村蓬勃發展，衷心為村民感到高興。如今卻難免憂心：在一個公私與權力界線始終搖擺不明的大政府治理下，還可能出現第二個林村嗎？我沒有答案，只能祝福林村平安、榮景長長久久。

結語：後農民生活方式的改變

中國改革開放後，出現了讓林村村民得以脫胎換骨的機會，從農民轉型為後農民。農民是以耕作小塊農地，以滿足自我生活需求為導向的生存方式。而後農民則是完全脫離以小農生產為生計方式，不論是成為販賣勞力或時間的勞動者，或成為依附他人勞力維生的收租者或投資者，藉其對某種有形或無形資源的管理與控制，進入市場交易系統，取得報酬。

以林村來說，經歷過去近四十年的發展，村民已完全放棄農地，完全退出農業生產的行列。藉由合法和非法模糊並置的過程，也將全村農地改為建地，仰賴收租生活。他們已不再需要從事耗費體力的農活或粗重的勞力工作，就能享受衣食無虞的生活，成為後社會主義國家中的有閒階級。

這種快速的社會變遷，自然對林村村民的日常生活產生重大影響，包括日常生活安排的改變、對個人生命和健康的重視、新型人際關係的適應、家庭住居環境等。簡言之，如何成為有閒階級，適應新生活型態，成為資深村民的新挑戰。

二〇一五年我重返林村時，印象最深刻的不只是巨大的林村廣場、村民的豪宅、排成一列的大潤發接駁車，還有看見近四十年前那些堅毅勤勞的村民，變成在富裕生活面前不知所措的有閒階級中人。

安萊私下跟我抱怨：「錢多了最大的問題是，不知道要做什麼！」每天起床後，吃過早餐，他就穿上運動服，走到湖心公園和社區繞走一圈，共六．三公里，大約耗時九十分鐘。回家後，看看報紙或電視，就等著吃午飯。午飯後，先睡個午覺，又繞湖再走一圈，就這樣消耗掉幾個小時。安萊的妻子加入村裡的廣場舞和其他活動，但安萊沒有參與。他不喜歡村子舉辦的老人活動，認為太枯燥死板。有人邀約打麻將，他又怕坐太久，對頸椎和心臟都不好。這段時間，安萊唯一的任務，就是往返林村幼兒園接送孫女上下學。如果安萊的妻子沒去跳廣場舞，就會由她接送孫女，如此安萊就連這個任務都沒了。

安萊說，二〇〇二年，他的生活真正地改變了。那一年，他突然罹患腦血栓。某天晚上他在外面喝酒，回家時感覺頭暈、胸口悶，並開始嘔吐。他覺得不對勁，打電話給一個朋友，請他立刻過來將他送院。安萊坐上車後不久就昏迷不醒，眼睛甚至流出血。很幸運的是，他被送到的那間醫院，當晚的值班醫師正是一位心血管專家，立即開刀處理，才救回安萊一命。從此之後，安萊領悟了人生的道理：再多的錢也沒用，不如好好享受人生。愛喝酒的安萊，更加放開了喝，而且都是洋酒，每月酒錢起碼花上兩萬元。

安萊每年七月一日定期到醫院做全身健康檢查。所以，六月十五日之後兩星期內都不喝酒，免得讓醫生查到。他之所以會定期健檢，是因為咽喉癌的家族史。從祖父輩開始，每一代都有兩、三人死於咽喉癌，包括祖父、父親和叔叔等，所以安萊會請醫生特別檢查咽喉系統。

安萊和幾個資深村民一起聊天時，大家經常談起健康議題。有的說自己每年也會到醫院做定期身體檢查，主要是抽血、驗尿等，抽血可以檢查十多種身體狀況。有的說自己有前列腺的問題，晚上得起來四、五次。

安萊說，農曆年時他會找幾個好友一起到外地旅遊。以前是自己開車，現在則是先搭飛機，再在當地租車，「這樣玩起來更方便」。之所以趁過年期間出遊，主要是想避開到各家喝酒。不過，只要出遊回來後，村裡的朋友還是照樣補請。像二〇一五年的春節，年初七回來後，「就沒一天停過，已經排到〔初〕二十了。每天喝酒也難過，幾乎沒有一天在家吃飯。」有一天，安萊較早回家，妻子對他說：「你都沒陪我喝酒。」結果，那晚夫妻倆又一人喝了半斤。那一年的春節，安萊說他的體重增加了五斤。

明補已經八十五歲了，雖然有慢性病，但還能自由行走，每天都在祖廟邊上的一塊地種菜。除了當成運動外，還可以將新鮮的青菜送給親友。明補說，「現在村裡有錢了，但村民習慣不好。」很多人濫賭、濫醉，還不如多辦些村內活動，像婦女會活動、跳廣場舞和烹飪班，一方面運動，一方面也可加強村民之間的交流聯繫。

其山則是經常協助村民處理喜喪事，主要是出於服務和積陰德的動機，也讓自己有事做。他常為此連續忙上幾天，換回一句「謝謝」。二〇一五年初才有人包了一個百元白包給他。從此以後，其他家都會包給他了，有的兩、三百，最多是六百。不過他要真正靠這這種收入過生活的話，三、四天只賺這點錢，根本不夠。

村民在一起也常討論下一代的問題。老黃說他的女兒最近從福州大學畢業，正在找工作，別人介紹她到一般的公司或商店做事，她都不肯去。他女兒說：「要做事，就要做管理者。」但她並沒有管理經驗，卻自認在大學時表現良好，還當過班長、副班長、社團領導人，也編過舞臺劇，當然能做好管理工作。只是，公司行號並不看重這些，他們重視的是有實際的社會工作經驗。總之，不是她看不上工作，就是公司看不上她，結果就是整天待在家裡，反正父母給錢用，不必操心。老黃說他跟妻子說，要是再過幾個月還是這樣的話，就要切斷女兒的經濟資助，逼她出去找工作。葉書記聽了對老黃說：「女孩子沒關係，了不起就是找個好丈夫嫁了，工作都不必找了。」老黃說，這樣還是會有問題，「要是別人一打聽，知道這個女人成天在家不做事，那要找到好老公也難。」

當農地蓋起高樓，生活起居的空間變動，村民的新生活也根據各自的想像而發展出不同的住家類型，也可能影響未來的親屬互動關係。

第一種住家類型，就是盡量維持傳統農村四合院的概念，所有的兒子、媳婦、孫子女全都住在一起。將自有的樓房分割成幾個單元，分配給不同的兒子和媳婦一家住。雖然有空間上的區隔，但仍盡量維持三餐一同進食的起居安排。比較守舊的村民，像其山、正順和安萊等，就如此安排住居。

第二種住家類型，就是既維持男性家族成員間的緊密性，但又更明確保持小家庭間的區隔。具體做法就是在鄰近的幾棟大樓裡買下不同間公寓，分給兒子們住。或是分散在同一棟大樓裡的不同層，如此就可互相照顧，但又維持某種獨立性。這樣的安排在幾位獨立性格較明顯的村民家中，如葉書記、林其福和丁勇家就可見到。這樣的大家庭成員之間雖會互通信息，或安排不定期聚餐，但人際之間的往來，就不如前一類型密切。

林村在不同時期的發展，似乎總是預見了中國農村的未來。近四十年前，林村領先躍入改革開放的市場化潮流；這四十年來，城市化帶來的異化和疏離感，為林村的蛻變過程再投入難以控制的新變數。眼前，當時胼手胝足的那一代仍保有家長權威，鼎立在那兒，林村的發展中仍然清晰可見傳統文化的影響力。然而，此刻與將來，傳統文化是否、如何還能發揮什麼有利於林村的作用，期待未來的新一代研究者能關注林村這個堪稱當代中國發展的縮影，深究這個攸關中國前景的大哉問。

1　當然傳統人類學也有過這樣向上研究的案例，如人類學者鮑德爾梅克（Hortense Powdermaker）在一九五〇年代研究美國加州影城好萊塢，出版 *Hollywood, the Dream Factory: An Anthropologist Looks at the Movie-*

Maker 一書。

2 一平方米（公尺）相當於〇．三〇二五坪，二十平方米約是六坪。下文以此類推。

3 「萬科企業股份有限公司」是中國最大的地產開發商，成立於一九八四年。其榮譽董事長王石是中國商界名人，近年已淡出。

Potter, Sulamith Heins

- 1983 The Position of Peasants in Modem China's Social Order. *Modern China* 9(4): 465-499.

Printz, Peggy, and Paul Steinle

- 1977 *Commune: Life in Rural China*. New York: Dodd, Mead & Company.

Rossbach, Sarah

- 1983 Feng Shui: *The Chinese Art of Placement*. New York: E. P. Dutton & Co.

Shue, Vivienne

- 1980 *Peasant China in Transition: The Dynamics of Development Toward Socialism, 1949-1956*. Berkeley, Los Angeles, and London: University of California Press.

Topley, Marjorie

- 1976 Chinese Traditional Etiology and Methods of Cure in Hong Kong. In Charles Leslie, ed. *Asian Medical System: A Comparative Study*. Berkeley, Los Angeles, and London: University of California Press.

Wolf, Margery

- 1968 *The House of Lim: A Study of a Chinese Farm Family*. New York: Appleton-Century-Crofts.

Doctrine of the Mean, and The Works of Mencius. Shanghai: The Chinese Book Company.

Leys, Simon
- 1977 *Chinese Shadows*. New York: The Viking Press.
- 1985 *The Burning Forest: Essays on Chinese Culture and Politics*. New York: New Republic Books.

Mao Zedong
- 1965 *Selected Works*. Peking: Foreign Languages Press.

Mosher, Stephen
- 1983 *Broken Earth: The Rural Chinese*. New York: The Free Press.

Nee, Victor
- 1985 Peasant Household Individualism. In William Parish, ed. *Chinese Rural Development: The Great Transformation*. Armonk, N. Y.: M. E. Sharpe.

Nee, Victor and David Mozingo, eds.
- 1983 *State and Society in Contemporary China*. Ithaca, N. Y.: Cornell University Press.

Parish, William L., and Martin K. Whyte
- 1978 *Village and Family in Contemporary China*. Chicago & London: The University of Chicago Press.

Perkins, Dwight
- 1969 *Agricultural Development in China, 1368-1968*. Chicago: Aldine Publishing Company.

Piazza, Alan
- 1986 *Food Consumption and Nutritional Status in the PRC*. Boulder, CO: Westview Press.

Huang, Shu-min

- 1979 Changing Taiwanese Peasants' Concept of Time: Its Impact on Agricultural Production. *Iowa State Journal of Research 54*(2): 243-265.
- 1980 The Development of Regionalism in Ta-chia: A Non-kingship View of Rural Social Organization. *Ethnohistory 27*(2): 243-265.
- 1981 *Agricultural Degradation: Changing Community Systems in Rural Taiwan*. Washington: University Press of America.
- 1987 The Strategy of Prosperity in a Chinese Village. *Journal of Developing Societies 3*(2): 119-136.
- 1988 Transforming China's Collective Health Care System: A Village Study. *Social Science and Medicine* 27(9): 879-888.

Jordan, David K.

- 1985 Sworn Brothers: A Study in Chinese Ritual Kinship. In Hsieh Jih-chang and Chuang Ying-chang, eds. *The Chinese Family and its Ritual Behavior*. Taipei: Institute of Ethnology, Academia Sinica, Monograph Series B, No. 15.

Ken, Ling

- 1972 *The Revenge of Heaven: Journal of a Young Chinese*. New York: G. P. Putnam's Sons.

Kleinman, Arthur

- 1980 *Patients and Healers in the Context of Culture: An Exploration of the Borderland Between Anthropology, Medicine, and Psychiatry*. Berkeley, Los Angeles, and London: University of California Press.

Lattimore, Owen and Eleanor

- 1947 *China: A Short History*. New York: W. W. Norton.

Legge, James

- 1923 *The Four Books: Confucian Analects, The Great Learning, The*

Gallin, Bernard

- 1960 Matrilateral and Affinal Relationships of a Taiwanese Village. *American Anthropologist 62*(4): 632-642.

Gallin, Bernard, and Rita Gallin

- 1977 Sociopolitical Power and Sworn Brother Groups in Chinese Society: A Taiwanese Case. In Raymond D. Fogelson and Richard N. Adams, eds. *The Anthropology of Power: Ethnographic Studies from Asia, Oceania, and the New World*. New York: Academic Press.
- 1985 Matrilateral and Affinal Relationships in Changing Chinese Society. In Hsieh Jih-chang and Chuang Ying-chang, eds. *The Chinese Family and its Ritual Behavior*. Taipei: Institute of Ethnology, Academia Sinica, Monograph Series B, No. 15.

Harrell, Stevan

- 1985 Why Do the Chinese Work So Hard?: Reflections on an Entrepreneurial Ethic. *Modern China 11*(2): 203-226.

Hinton, William

- 1966 *Fanshen: A Documentary of Revolution in a Chinese Village*. New York: Vintage Books.

Ho, Ping-ti

- 1955 The Introduction of American Food Plants into China. *American Anthropologist* 57(2): 191-201.

Hsiao, Kung-chuan

- 1960 *Rural China: Imperial Control in the Nineteenth Century*. Seattle: University of Washington Press.

Hsu, Francis L. K.

- 1949 *Under the Ancestors' Shadow: Chinese Culture and Personality*. London: Routledge & Kegan Paul.

Middlesex, England: Penguin Books.

Chesneaux, Jean

- 1973 *Peasants Revolts in China: 1840-1949*. New York: W. W. Norton & Company.

Cohen, Myron L.

- 1976 *House United, House Divided: The Chinese Family in Taiwan*. New York and London: Columbia University Press.
- 1978 Developmental Process in the Chinese Domestic Group. In Arthur Wolf, ed. *Studies in Chinese Society*. Stanford: Stanford University Press.

Elvin, Mark

- 1973 *The Pattern of the Chinese Past*. Stanford: Stanford University Press.

Fairbank, John King

- 1979 *The United States and China*. (5th ed.) Cambridge: Harvard University Press.

Freedman, Maurice

- 1958 *Lineage organization in southeastern China*. London: Athlone Press.
- 1964 *Chinese Geomancy: Some Observations in Hong Kong (mimeo)*. Paper prepared for Seminar on Cognitive and Value Systems in Chinese Society, Bermuda, January 24-25. 1964. Collected in G. William Skinner, ed. *The Study of Chinese Society: Essays by Maurice Freedman* (1979). Stanford: Stanford University Press.
- 1966 *Chinese Lineage and Society: Fukien and Kwangtung*. London: Athlone Press.
- 1968 Geomancy. *Proceeding of the Royal Anthropological Institute of Great Britain and Ireland* No. 1968: 5-15. Collected in G. William Skinner, ed. *The Study of Chinese Society: Essays by Maurice Freedman* (1979). Stanford: Stanford University.

參考書目

Ahem, Emily M.

- 1973 *The Cult of the Dead in a Chinese Village*. Stanford: Stanford University Press.

Anderson, Eugene N.

- 1988 *The Food of China*. New Haven, CT: Yale University Press.

Bernste in, Richard

- 1982 *From the Center of the Earth: The Search for the Truth About China*. Boston: Little, Brown and Company.

Bianco, Lucien

- 1971 *Origins of the Chinese Revolution, 1915-1949*. Stanford: Stanford University Press.

Buck, Pearl

- 1949 *The Good Earth*. New York: John Day Company.

Butterfield, Fox

- 1982 *China: Alive in the Bitter Sea*. New York: Times Books.

Chan, Anita, Richard Madsen, and Jonathan Unger

- 1984 *Chen Village: The Recent History of a Peasant Community in Mao's China*. Berkeley, Los Angeles, and London: University of California Press.

Chen Yuan-tsung

- 1980 *The Dragon's Village: An Autobiographical Novel of Revolutionary China*.

附錄

以下著作為作者黃樹民針對「林村」主題所發表的相關研究。

(一) 英文資料

- 1987 The Strategy of Prosperity in a Chinese Village. In *Journal of Developing Societies*, Vol.3, No. I. Pp.119-136. Leiden, the Netherland: E. J. Brill Publications.
- 1988 Transforming China's Collective Health Care System: A Village Study. In Social Science & Medicine Vol.27, No.9. Pp.879-888. Oxford and New York: Pergamon Press.
- 1992a Lincun Village, Fujian: Harmony Between Humans, Environment, and the Supernatural. In Ronald G. Knapp, ed. *Chinese Landscapes: The Village as Place*. Honolulu: University of Hawaii Press.
- 1992b Re-examining the Extended Family in Chinese Peasant Society: Findings from a Fujian Village. *The Australian Journal of Chinese Affairs*. No. 27. Pp.25-38. Canberra: Australian National University Press.

(二) 中文資料

- 1990〈中國大陸農村家庭制度的發展〉。刊於《人類學研究——慶祝芮逸夫教授九秩華誕論文集》。謝世忠、孫寶鋼主編，第 217-237頁。臺北：南天書局。

Voice
春山之聲
039

林村的故事：一個村書記眼中的新中國變遷

The Spiral Road: Change in a Chinese Village Through the Eyes of a Communist Party Leader

作　　者　黃樹民
總 編 輯　莊瑞琳
責任編輯　盧意寧
行銷企畫　甘彩蓉
美術設計　莊謹銘
內文排版　丸同連合 Un-Toned Studio
法律顧問　鵬耀法律事務所戴智權律師

出　　版　春山出版有限公司
地　　址　11670 臺北市文山區羅斯福路六段297號10樓
電　　話　02-29318171
傳　　真　02-86638233

總 經 銷　時報文化出版企業股份有限公司
地　　址　33343桃園市龜山區萬壽路二段351號
電　　話　02-23066842

製　　版　瑞豐電腦製版印刷股份有限公司
印　　刷　搖籃本文化事業有限公司
初版一刷　2022年9月

定　　價　500元

本書譯稿引用自張老師文化事業股份有限公司
譯者：素蘭

春山 出版
Email　SpringHillPublishing@gmail.com
Facebook　www.facebook.com/springhillpublishing/

填寫本書線上回函

國家圖書館預行編目資料

林村的故事：一個村書記眼中的新中國變遷／黃樹民作；
一初版一臺北市：春山出版有限公司，2022.09
　面；　公分一(春山之聲；39)
ISBN 978-626-96129-6-3（平裝）

1.CST：農村改革　2.CST：中國
545.592　111012427

林村外圍的豪華住居

林村的歐式樓房

舊村的街景

2015年完工的林村廣場

舊村的街景

舊村的街景

村內辦葬禮

舊村與背景的高樓

林姓祖廟

大潤發的免費購物公車

林村廣場外景

大賣場內景

婦女節烹飪比賽的三位廚師評審

作者與三十多年前訪問過的報導人

All Voices from the Island

島嶼湧現的聲音